Engeler
Grosser Bruder Schweiz

Urs Paul Engeler
Grosser Bruder Schweiz

Wie aus wilden Demokraten
überwachte Bürger wurden.
Die Geschichte der Politischen Polizei

WELTWOCHE

Dank

Mein Dank gilt allen, die mir Nachrichten zugetragen und Quellen freigelegt haben, allen, die sich als direkte oder indirekte Opfer meiner Informationsbeschaffung fühlen, allen, die unter meiner Fichiererei in der Freizeit zu leiden hatten; sowie allen, die meine Registrierarbeit überwacht und schliesslich peinlich genau nachkontrolliert haben.

Urs Paul Engeler
Bern, im September 1990

Umschlagtext: Aus «Berner Tagwacht»,
«Das Polizeispitzelwesen in der Schweiz»,
Ausgabe vom 18. Juni 1910

©

1990 Weltwoche-ABC-Verlag, Zürich
Alle Rechte vorbehalten
Gestaltung: Heinz Unternährer, Zürich
Satz: rw direktsatz ag, Winterthur
Lithos: Meithal AG, Glattbrugg
ISBN 3-85504-128-8

Inhalt

Vorwort **7**

I Am Anfang stand ein Kniefall
Wie sich die demokratische Schweiz vom Deutschen Reich dazu zwingen lässt, eine Politische Polizei auf die Beine zu stellen **13**

II Luccheni «erfeilt» Sissi, und das hat Konsequenzen
Die Ermordung der österreichischen Kaiserin in Genf erzeugt ein Klima, in dem das Schweizer Spitzelwesen sich mit aller Willkür entfaltet **33**

III «Die Sowjets wühlten», log Bundesrat Motta
Wie der Antikommunismus zur Staatsdoktrin wird und die Schweizer in vertrauenswürdige und verdächtige Bürger einteilt **50**

IV Gustloff, Gauleiter Schweiz: «Fall nicht weiterverfolgen»
Die Staatsschützer beobachten Nazis und Frontisten aus weiter Distanz und lassen ihnen einen bedenklichen Bewegungsspielraum **68**

V Ein mächtiger Schattenapparat operiert im rechtsfreien Raum
Wie der Vaterländische Verband einen privaten Nachrichtendienst aufzieht und mit der Bundesanwaltschaft kollaboriert **87**

VI «Wir wollen nicht ins feuerrote Loch hinunterrutschen»
Eduard von Steiger, Bundesrat von deutschen Gnaden, konzipiert die folgenschwere Geheimverordnung von 1951 **107**

VII Der Bundesanwalt erschiesst sich
Wie die Staatsschützer als Nachrichtenlieferanten für ausländische Geheimdienste missbraucht werden und sich in internationalen Agentennetzen verfangen **125**

VIII «Auffällige Spaziergänger im Wald sollten gemeldet werden»
Friedensbewegungen, Atomwaffengegner, Nonkonformisten – die Schweiz entdeckt neue Staatsfeinde und animiert Denunzianten **147**

IX Hans Walder bekämpft Sex, Subversive und Medienleute

Wie der Bundesanwalt sein Amt lächerlich macht und Kurt Furgler sich als eifriger Staatsschützer profiliert **166**

X Die Dunkelkammer der Nation

Die Bundespolizei entwickelt sich zum Staat im Staat und operiert ohne Kontrolle – fällt Licht auf ihre Methoden wie im Fall Nowosti, zeigt sich Stümperei **189**

XI Rudolf Gerber fängt sich in der eigenen Falle

Wie Drogenfahnder Jacques-André Kaeslin das Bollwerk des Bundesanwalts zum Einsturz bringt und den Fichen-Skandal auslöst **209**

XII Der Bürger sei frei

Die Politische Polizei soll nicht abgeschafft, aber in enge Schranken gewiesen werden **221**

Die obersten Staatsschützer seit 102 Jahren **229**

Chronik der Staatsschutz-Ereignisse **230**

Verwendete Literatur **239**

Register der Personen **241**

Bildteil **249**

Bildnachweis **288**

Vorwort

«Einen Voltaire verhaftet man nicht!» Diese fundamentale Einsicht entfuhr General de Gaulle, als 1968 die Pariser Polizei den an der Spitze der aufbegehrenden Studenten und Arbeiter marschierenden Jean-Paul Sartre, Schriftsteller sowie bedeutendster Vertreter der französischen Existenzphilosophie, festnehmen wollte. Obschon in ärgster politischer Bedrängnis, gestand der Staatspräsident also auch einem seiner schärfsten Widersacher das ungeschmälerte Recht auf freie Meinungsäusserung zu. Damit respektierte er die Tradition eines Landes, das seit je den Andersdenkenden nicht auszugrenzen oder in eine Schablone zu pressen suchte und dessen Revolution von 1789 die entscheidenden Signale setzte für die politische, soziale und kulturelle Entwicklung der sogenannten zivilisierten Erdhälfte. Voltaire, der grosse Denker des 18. Jahrhunderts, hatte einem Gegner einst zugerufen, er billige seine Auffassung nicht, er werde aber bis auf das eigene Blut dafür kämpfen, dass dieser sie vortragen könne.

Wäre ein Voltaire in der Schweiz von heute denkbar? Vor dem Abgrund an Borniertheit, der im Zuge der Entlarvung des Spitzelwesens helvetischer Machart sich vor unseren Augen immer weiter öffnete, findet ein solcher Freigeist kaum einen Platz. Zu viele von uns neigten dazu, die Eidgenossenschaft als bestmöglichen aller Staaten zu halten, ihre Organisationsformen für den sakrosankten Endpunkt. Der «typisch schweizerische» Hang zu unerbittlicher Ordnung bescherte dem Land eine weltweit bewunderte pünktliche Post und fahrplanmässig verkehrende Züge, eine leistungsfähige Administration (unter deren Bedürfnis nach immer ausgreifenderer

Regelungsdichte wir zwar gelegentlich stöhnen). «Das Verweilen des Angeklagten am Ort, wo er den Beamten allein die in seinem ruhenden Körper befindliche physische Kraft des Beharrungsvermögens und der eigenen Schwerkraft entgegensetzte...» – diese gleichermassen physikalisch genaue wie unüberbietbar lächerliche Darstellung von Widerstand gegen die Staatsgewalt stammt aus dem Urteil eines deutschen Gerichts, sie könnte jedoch auch schweizerischen Juristenhirnen entsprungen sein. Denn einzig äusserste Präzision und abgezirkelte Normen, so der herrschende Glaubens- und Lehrsatz, sichern den Fortbestand jener Körperschaft, die sich als eine Keimzelle der Demokratie versteht.

Demokratie aber bedeutet, auf eine Kurzformel gebracht, regieren durch Konflikt; erst aus dem Ringen zwischen These und Antithese wird sich, dies die Hoffnung, das nach Meinung der Mehrheit für alle Beste durchsetzen. Jetzt allerdings stehen wir vor der schmerzlichen Erkenntnis, dass demokratische Prinzipien in der von uns gerne zum «Musterland» erhöhten Schweiz häufig bloss noch schöner Schein waren: Der Staat und sein bislang praktisch jeder Kontrolle entzogener Repressionsapparat glaubten sich im ausschliesslichen Besitze der Wahrheit – sie steckten die Grenzpfähle für die aus ihrer Sicht zulässige Diskussion sehr eng; wer nur wenige Meter vom schmalen Pfad abwich, der trug das Kainsmal des vaterlandslosen Gesellen.

Nichts sei so tragisch, wie die Zerstörung eines Ideals durch die nackten Tatsachen. Mit der paranoiden Sammelwut ihrer Bundesanwaltschaft bestätigt die Alpenrepublik das Wort des Zynikers. Auf die pünktliche Post, schmucke Häuser, akkurate Gesetze, den von fleissigen Händen geschaffenen Wohlstand und vieles mehr mögen wir auch in Zukunft zu Recht stolz sein, hingegen besteht nicht die mindeste Veranlassung, fürderhin aus dem Elfenbeinturm der Selbstgerechten heraus zu verkünden, wir hätten die Toleranz in Erbpacht genommen. Am schweizerischen Wesen kann die Welt jedenfalls nicht genesen, wenn die Duldsamkeit im Umgang mit Gedankengut auf dem Prüfstand steht, das sich nicht fugenlos in das schnelle Urteil der Majorität und ihrer Repräsentanten einfügt.

Zentral stellt sich die Frage nach den Grenzen des Wechselspiels zwischen dem Bürger als Souverän, von dem in einer Demokratie angeblich sämtliche Macht ausgeht, und staatlicher Disziplinierung. Natürlich beinhaltet der Grundsatz der Volkssouveränität nicht, das Volk sei nun seinerseits völlig ungebunden und könne nach Belieben verfahren. Vielmehr ist der Mensch auch in der Demokratie an bestimmte allgemein verbindliche Werte gebunden. Ins Kalkül zu ziehen gilt es ausserdem, dass *der* einheitliche Volkswillen bestenfalls in einer alle betreffenden existentiellen Frage sich herausbilden könnte. Der Anspruch ist demnach theoretischer Natur: In einer pluralistischen Gesellschaft, in der Menschen und Gruppen von Menschen mit unterschiedlichsten Grundauffassungen vom Leben, seinen Inhalten, seinen Zielen und deren Verwirklichung miteinander, nebeneinander und oft genug auch gegeneinander ihre Existenz gestalten, bleibt ein übereinstimmender Volkswillen so gut wie ausgeschlossen. Die Unklarheiten über diesen Willen schaffen den Trägern der Macht aber einen erheblichen Spielraum für Gestaltungsmöglichkeiten nach eigenen Leitplanken. Naturgemäss werden sie versuchen, die Interessen der ihnen nahestehenden Gruppen soweit wie irgend möglich auszusöhnen und ein Optimum an Befriedigung der einzelnen Wunschvorstellungen zu erzielen.

Insofern handelten der Bundesrat, die kantonalen Regierungen und die Exekutiven einiger grösserer Städte sowie ihre Polizei beim Staatsschutz keineswegs im luftleeren Raum, nicht abgehoben von der Befindlichkeit einer Mehrheit der Bürgerschaft. Generationen von Schweizern verharrten in starren Denkschemata, polierten hingebungsvoll an jenen Feindbildern, die den Nährboden schufen für ein vielarmiges Spitzelwesen. Hier der brave Kleingärtner, dort eine anonyme böse Gewalt, dieses Bild wäre denn doch mit etwas gar groben Strichen gepinselt: Die berechtigte Empörung über die tentakelhafte Schnüffelei enthebt nicht von der Frage nach der Mitschuld und der Mitverantwortung des einzelnen an den monströsen Wucherungen. Offenkundig – anders sind zahlreiche Vermerke auf den Fichen der Bundespolizei gar nicht erklärbar – tummelten sich allenthalben die freiwilligen Zuträger, waren viele in die Haut des Denunzianten geschlüpft, der Nachbar, der Kollege am Arbeitsplatz, der Dienstkamerad, der Beisitzer im Vereinsvorstand. Intellektuell ist nicht sehr redlich, wenn dieselben Leute sich nun scheinheilig in die vorderste Reihe der Trauergemeinde drängen, keinen Gedanken an die üble Tatsache verschwendend, dass auch sie die Krake wacker genährt haben.

Herausgewachsen sein mag einiges aus dem traumatischen Erlebnis des letzten Aktivdienstes; geistig befand ein grosser Teil des Volkes sich bis in die jüngste Zeit hinein in einem permanenten Kriegszustand. Zulässig erscheint eine weitere These: Der Wohlstand liess Sensibilitäten verkümmern, er hat das gesunde Empfinden für den notwendigen Ausgleich zwischen Anpassung und Widerstand abgewürgt. Hinter dem hohen Schutzwall der Neutralität verschanzt, scherte die Eidgenossenschaft sich nicht um die Krisen dieser Welt, sondern förderte vorrangig das eigene ökonomische Fortkommen; schnöder Kommerz bestimmte den Gang der Dinge. Ein satter Bürger aber ist nicht so leicht geneigt, Kritik zu üben, wie ein hungriger. Zu den wesentlichen Kennzeichen einer Demokratie würde freilich gehören, dass möglichst viele sich der Problematik des Verhältnisses zwischen Staat und Bürger bewusst sind und bei allen irgendwie zweifelhaften obrigkeitlichen Massnahmen energisch Einspruch erheben. Anscheinend jedoch lähmt Wohlstand die Urteilsfähigkeit. Das Mühen, den erreichten Besitz keinen Gefährdungen auszusetzen, ist ursächlich mitbestimmend für ein kollektivistisches Denken, einen verbreiteten Hang zum Opportunismus. Sogar unter Freiheit wird heute oft materielles Wohlergehen und die auf seiner Basis bestehenden Möglichkeiten verstanden.

Eigentlich wäre der Staat eine an die ethischen Grundsätze der Verfassung gebundene Hilfsinstitution des Menschen, um ein erträgliches Zusammenleben zu gewährleisten, aber keine Einrichtung, die unabhängig von ihm besteht, der er bedingungslos gehorchen muss und die ihm vorschreiben will, in welche Richtung er die Gedanken zu lenken hat. Nur eine

Mehrheit von kritischen Bürgern – nicht eine schweigende Mehrheit, die sich mit den wässrigsten Floskeln zufriedengibt – kann verhindern, dass der Staat über Grundrechte bedenkenlos hinweggeht. Angst vor Kritik, Misstrauen gegenüber abweichenden Meinungen, Ausgrenzung und Kriminalisierung von Minderheiten, Unterdrückung innovativer Bewegungen, Bespitzelung weiter Teile der Bevölkerung sowie ein ständig vergrösserter Polizeiapparat belegen einen falsch abgesteckten Kurs, den es zu korrigieren gilt, auch zum Wohle des Staatswesens selber, soll dieses nicht schliesslich an Hypertrophie zugrunde gehen.

Die Schweiz ist gewiss keine Insel der Seligen, fernab vom Ungemach dieser Welt. Sie bildet ein Subjekt der Völkergemeinschaft, eingebunden in ein Geflecht politischer, wirtschaftlicher und sicherheitsmässiger Abhängigkeiten wie sämtliche übrigen Staaten. Spionage, organisiertes Verbrechertum, Drogenelend und Terrorismus machen an ihren Grenzen nicht halt. Die Eidgenossenschaft ist aber nicht von unzähligen Feinden bedroht, weder im Innern noch in den auswärtigen Beziehungen. Hingegen wird bei uns vielfach Urteil durch Vorurteil ersetzt, Erfahrung durch Nachahmung, mehr als in anderen westlichen Ländern.

Signifikantes Beispiel dafür liefert die Wertung des Kommunismus. Dieser spielte bei uns nie eine Rolle, allerdings weniger, weil wir uns mit ihm rational auseinandergesetzt hätten, als vielmehr deshalb, weil die Sowjetunion seit Beginn ihrer Existenz mit einem Feindbild belegt war, das nüchterner Prüfung nicht standhält. Dass mehrerlei in einen Topf geworfen wird – die unmenschliche Seite jeder Revolution, das «Unheimliche» der östlichen Lebensweise, die Untaten während der stalinistischen Ära, die Knebelung osteuropäischer Staaten, die Aggression in Afghanistan und ein auf theoretischen Grundlagen beruhender Kollektivismus, der die Gruppe vor das Individuum stellt – übersieht man ebenso locker wie die Wandlungen, die der Kommunismus in der Praxis gerade in den letzten Jahren erfahren hat; unreflektiert bleiben gleichfalls seine verschiedenen Ausprägungen in Ländern, die eher stärker dem Humanismus verpflichtet sind als wir (Frankreich, Spanien, Italien, Portugal, Griechenland).

Damit soll nicht für die Lehren von Marx und Engels geworben, sondern nur aufgezeigt werden, dass die herrschende Meinung – falls es überhaupt eine solche gibt und nicht bloss ein aus dem Schweigen der Mehrheit konstruiertes Bild – in der Schweiz auch auf diesem Gebiet von staatlicher Propaganda geprägt ist. Wir haben uns der sowjetischen Ideologie nicht zu unterwerfen, wir müssen uns jedoch mit der Wirklichkeit auseinandersetzen, um nicht eines Tages belehrt zu werden, wir hätten vor lauter Bäumen den Wald nicht mehr gesehen.

Die Bewältigung des Fichen-Skandals und der mit ihm verbundenen Vertrauenskrise bietet die Chance zur Wende. War es nicht falsch, blind dem Fetisch technischen und wirtschaftlichen Fortschritts zu frönen statt darauf zu achten, was vor allem nach sittlichen Massstäben gegenüber dem Mitmenschen und den gemeinsamen Lebensinteressen gerechtfertigt ist? Undenkbar erschien, der Staat könne Unrecht begehen, da er doch schlechthin als der Hüter der Verfassung gilt. In der täglichen Praxis aber wacht er nicht in erster Linie über die Grundrechte des Bürgers – der geschriebenen und der ungeschriebenen –, sondern er kontrolliert das Verhalten des Volkes im Umgang mit ihm: Der Geist der Verfassung wird also just von den Wächtern dauernd missachtet. Der Staat hat Friedensfunktion, mit diesem Anspruch ist er angetreten – ihn nicht immer wieder daran zu messen, wäre eine elende Perspektive.

Marcel H. Keiser
Zürich, im Oktober 1990

I
Am Anfang stand ein Kniefall

*Wie sich die demokratische Schweiz
vom Deutschen Reich dazu zwingen lässt,
eine Politische Polizei auf die Beine zu stellen*

Es ist denkbar, dass die merkwürdige Meldung Bundespräsident Karl Schenk und seine sechs Kollegen in der Regierung tatsächlich in grösste Angst und in Schrecken versetzt hat. Ebenso wahrscheinlich ist indes, dass der wirre Brief, den sie Ende Januar 1885 in Händen hielten, den hochwillkommenen Anlass bot, gegen tatsächlich aktive wie auch gegen vermeintliche Anarchisten im Land eine grossangelegte Kommandoaktion zu starten.

«Schon seit der Ausweisung des Anarchisten Schultze (Moritz Schultze, Preusse, Schriftsetzer und Agitator in Bern, der Verf.) hegten wir den Plan, das Bundesratshaus während einer Sitzung des vollzählig anwesenden Bundesrates in die Luft zu sprengen. Die Ausweisung von Neve (Johann Neve, Zürich, ein international führender Anarchist, der Verf.) machte den Plan zum Beschluss.

Sofort meldeten sich 17 Genossen zur Ausführung der Tat. Das nötige Sprengmaterial, genug, um ganz Bern zu vernichten, wurde aus Österreich beschafft, d.h. die dortigen Genossen beziehen es aus New York, und dieses Material liegt momentan in der Bundesstadt selbst und harrt nur des Befehls von Nr. 1, um an seinen Bestimmungsort plaziert zu werden und seine entsetzliche Arbeit zu verrichten. Der betreffende Genosse versichert, ohne alle Gefahr für ihn selbst den Dynamit zu legen und vermittelst einer Zündschnur zur Explosion bringen zu können.

Mich schaudert bei dem Gedanken, ein Mitwisser und Mithelfer des furchtbaren Verbrechens zu sein, ich lege daher auf das Drängen meines lieben Weibes dieses Geständnis ab (...)

Lassen Sie das Bundesratshaus Tag und Nacht bewachen, wehren Sie jeder fremden Person den Eintritt, aber vorsichtig, da alle Genossen mit Waffen und Schwefelsäure versehen sind.»
Unterzeichnet war das Schreiben, das ein Anonymus in St. Gallen der Post übergeben hatte, mit «Nummer 5». Weitere bizarre Briefe aus Frauenfeld, Winterthur und St. Gallen folgten, andere geheimbündlerische Meldungen mit neuen «Details» und Anweisungen fischte die vielarmige Polizei aus dem Briefverkehr, den sie in den Postbüros von Bern und Umgebung fast lückenlos kontrollierte.

Obwohl intime Kenner der Anarcho-Szene, wie etwa der kantonalzürcherische Polizeihauptmann Jakob Fischer, das angebliche Komplott ins Reich der «Mystifikationen» verwiesen, fasste der Bundesrat am 26. Februar 1885 den Beschluss, eine strafrechtliche Untersuchung «gegen diejenigen Individuen» zu eröffnen, «die auf schweizerischem Gebiete zur Begehung von gemeinen Verbrechen im In- und Auslande aufgefordert oder auf andere Weise versucht haben, die verfassungsmässige Ordnung und die innere Sicherheit des Landes zu stören».
Einen Bundesanwalt hatte die Eidgenossenschaft selbst in jenen unruhigen Zeiten nicht nötig. 1856 hatte es der damalige Amtsinhaber nicht mehr mit seinem Berufsethos vereinbaren können, für die faktische Untätigkeit ein Jahresgehalt von 4300 Franken zu beziehen. In der revidierten Bundesverfassung von 1874 wurde diese überflüssige Kostenstelle denn auch bewusst ausradiert: Mit Ad-hoc-Vertretern liessen die wenigen Bundesstraffälle sich allemal erledigen, lautete die Argumentation. Nun nahm die Landesregierung sich aber offenbar selbst wichtig genug, Opfer eines möglichen Attentates zu werden, und bestellte einen ausserordentlichen Generalanwalt, um den Hintergrund der Drohbriefe mit aller Akribie untersuchen zu lassen, obschon diese bei nüchterner Betrachtung mühelos als blosser Scherz zu erkennen gewesen wären. Der Berner Fürsprecher und Nationalrat Eduard Müller, der zum linken Lager des Freisinns gehörte («der rote Müller») und 1895 selbst Bun-

desrat werden sollte, wurde mit den Anarchismus-Ermittlungen betraut.

In der Zwischenzeit war aufgrund von Schriftvergleichen der Verfasser der tolpatschigen Depeschen entlarvt worden: der leicht übergeschnappte, krankhaft eitle schwäbische Frisör Wilhelm Huft, der in Heiden der appenzellischen Kundschaft das Haupthaar pflegte, mit einer grossen Zahl von Damen innig korrespondierte und schriftstellerisch dilettierte. Blosse Wichtigtuerei, eruierten die Behörden als sein Motiv, keinesfalls aber anarchistische oder verbrecherische Neigungen. Ohne ein Geständnis abgelegt zu haben, hängte der unglückliche Huft sich nach zweimonatiger Haft mit seinem seidenen Schnupftuch im Gefängnis an der Türangel auf.

Die Aufregung hätte sich damit legen können. Der Generalanwalt, ein gründlicher Mann, führte seinen Auftrag mit landesweiten Hausdurchsuchungen und Arrestierungen jedoch weiter – und kam zum Schluss, dass in der Schweiz die anarchistische Bewegung «bereits den Höhepunkt überschritten hat und dass diese Partei sich in rapidem Zerfall befindet». Der 184seitige Rapport Müllers ist zu einem bemerkenswerten Dokument geraten, das bereits damals vor genau den Fehlern warnte, die bis auf den heutigen Tag die Politische Polizei begleitet haben. Der Jurist hatte anfänglich die Errichtung einer Politischen Polizei und einer eidgenössischen Fremdenpolizei «für unumgänglich notwendig» gehalten, rückte im Gleichschritt mit seinen vertieften Erkenntnissen freilich von seinem Vorurteil wieder ab. «Es würde eine solche Massregel einerseits der Opposition der Föderalisten und andrerseits der natürlichen Abneigung unseres Volkes gegen alles, was Polizei heisst, namentlich gegen eine politische Polizei, begegnen. Und es ist allerdings die Errichtung einer Polizei, welche die ausschliessliche Bestimmung hat, eine politische Partei oder eine soziale Bewegung zu überwachen, mit grossen Gefahren verbunden. Übertriebener Diensteifer, Ungeschicklichkeit, unter Umständen sogar persönlicher Hass, können zur Verletzung der Rechte und Freiheiten von Bürgern führen, welche das Recht auf diese Freiheiten durch die Solidarität mit Most's Mordbanden (Anhänger des wortradikalen deutschen Anarchisten Johann Most, der in seiner «Freiheit» die «Propaganda der That» predigte, der Verf.) nicht verwirkt haben.»

Statt billiger Repression forderte der liberale Generalanwalt politische Anstrengungen zur Lösung der Konflikte. «Als das wirksamste Mittel zur Bekämpfung des Anarchismus betrachtet der Unterzeichnete die möglichst weitherzige Erfüllung der berechtigten Forderungen des Arbeiterstandes», riet Müller dem Bundesrat, denn «der Anarchismus ist nicht von ungefähr entstanden; er entstand und besteht, weil grosse Kreise der Menschheit wirklich Not leiden oder doch im Kampfe um's Dasein keine Aussicht haben, sich aus der elenden Lage durch eigene Arbeit zu befreien; er besteht, weil unsere Zeit zwischen Kapital und Arbeit eine unheilvolle Kluft geschaffen hat, welche ganze Klassen unserer Bevölkerung in schroffen Gegensatz zueinander bringt.» Lediglich eine «Centralstelle» zur Bündelung der Informationen erachtete Müller als sinnvolle polizeiliche Massnahme.

So klarsichtig die politische Analyse war, so wenig vermochte sie umgekehrt den Auftraggeber, der sich aus eigenem Antrieb unter Handlungsdruck gesetzt hatte, zu begeistern. (Auch Eduard Müller selbst konnte 1918 als Präsident der bundesrätlichen Delegation, die mit Militär, Polizei und dem Justizapparat die Führer des Generalstreiks überwältigte und einsperrte, sich nicht mehr an seine früheren Einsichten erinnern.) Obwohl der Generalanwalt also meldete, er habe keinen Grund für die Einleitung von Gerichtsverfahren gefunden, wies der Bundesrat am 3. Juni 1885 insgesamt 21 Anarchisten aus; die massiven Proteste aus Emigranten- und Arbeiterkreisen prallten trotz guter Argumente ab. Am 8. September stellte die Landesregierung weitere fünf Ausländer an die Grenze. Der

Widerspruch zwischen der revolutionären Entstehung der Alten Eidgenossenschaft wie auch des Bundesstaates und der zunehmenden Unterdrückung aller Rastlosen, Bewegten, Reformer und Veränderer wurde den «Regenten» der Demokratie in den nächsten Jahren noch wiederholt vorgehalten.

Die Zeiten im ausgehenden 19. Jahrhundert waren aber tatsächlich wild. Die Schweiz, ein traditionelles Asylland für versprengte Republikaner, wirkte mehr und mehr als Magnet für alle Verfolgten aus den umliegenden oder entfernteren Monarchien. Zum Teil drängten höchst radikale Elemente in den sicheren Hort: Der Anarchoterrorist Peter Krapotkin oder Sergej Netschajew und Michael Bakunin waren Russen, die den despotischen Zar stürzen wollten und glaubten, von der Schweiz aus mit Dynamit die Revolution entfachen zu können. Morde waren auch die Methode, mit denen die nach unterschiedlichen Strategien operierenden Exilrussen sich untereinander bekämpften. Die grösste und lauteste Gruppe von Flüchtlingen stellten aber die Italiener, die ihr Königshaus zum Einsturz bringen und eine Republik aufbauen wollten.

Von einer völlig herrschaftsfreien Gesellschaft in der Schweiz sprachen und schrieben insbesondere die kämpferischen Uhrenarbeiter im Jurabogen. Ein anderes Zentrum des Anarchismus bildete das unruhige und von Arbeitskämpfen immer wieder erschütterte Genf. In Zürich war es vor allem der Kreis um den Arzt Fritz Brupbacher, der eine radikal neue Gesellschaftsordnung anstrebte. Aus Deutschland strömten die von Fürst Otto von Bismarck mit den Ausnahmegesetzen gegen die Sozialisten kriminalisierten Arbeiterführer in die Schweiz, um von hier aus mit Zeitschriften, die über die Grenze geschmuggelt wurden, oder mit Aktionen auf politische Veränderungen im Deutschen Reich hinzuwirken. Nachdem der «Vorwärts», das Organ der deutschen Sozialisten, 1878 verboten worden war, gab die Leitung der als illegal erklärten Partei in Zürich den «Socialdemokraten» heraus. Neben den gemässigteren Politikern handelten aber auch radikalere Elemente vom Stützpunkt Schweiz aus und starteten zu Mordtaten ins benachbarte Ausland.

Was von den Politikern und den Polizisten der Einfachheit halber unter dem Begriff «Anarchisten» rubriziert und zur öffentlichen Empörung und behördlichen Verfolgung freigegeben wurde, bildete in Wirklichkeit eine höchst vielschichtige, wenig homogene und in sich zerstrittene Bewegung, deren einzige Gemeinsamkeit es war, auf eine Änderung der politischen und sozialen Verhältnisse hinzuarbeiten: gemässigte Sozialdemokraten, die ihre Genossen per Schmuggel mit politischer Lektüre versorgten, reine Wortradikale, Terroristen, die mit Messer, Revolver, Chemie und Sprengstoff die Weltrevolution herbeizwingen wollten, unzurechnungsfähige Spinner – und nicht wenige Lockspitzel, die von Polizeigewaltigen vieler Länder zur Wühlarbeit in die Schweiz kommandiert wurden. «Wenn drei Anarchisten zusammensitzen», spöttelte der Zürcher Sozialdemokrat Conrad Conzett, «ist mit Sicherheit anzunehmen, dass zwei davon Spitzel sind und der dritte das Opfer ist.»

Die vielfach verschlungenen Verbindungen zwischen der (über)eifrigen Polizei und den radikalsten Anarchisten sind immer noch nicht völlig geklärt. Immerhin fanden sich auf den beiden üblen Mordgesellen Anton Kammerer (ein Österreicher, der in Bern als Buchbinder arbeitete) und Hermann Stellmacher (der Deutsche operierte von Zürich aus) Briefe, die Kontakte mit den angeblichen Gesetzeshütern belegen. Die beiden erschlugen, erdolchten und erschossen in Strassburg, Stuttgart und Wien auf höchst brutale Weise Soldaten, Bankiers, Landjäger, Private, Erwachsene wie Kinder. Sie wurden 1884 in Wien aufgeknüpft. Österreichische Historiker vertreten die These, dass die zwei als Lockspitzel aktiv waren und von der Polizei benutzt und geopfert worden seien, um eine riesige Welle der Empörung auszulösen. Einzige Frucht der Gewalt war denn auch ein neues Ausnahmegesetz in Österreich-Ungarn, das der Polizei noch grössere Vollmachten gab.

Das Phänomen des «Anarchismus», ein multifunktionales Schreckgespenst, ist auf jeden Fall nicht beschreibbar ohne Hinweis auf die merkwürdige Symbiose zwischen Polizei und Anarchisten, die sich immer wieder gegenseitig die Rechtfertigung für ein noch rücksichtsloseres Vorgehen liefern: Die fatalistischen Kämpfer streben nach Verfolgung und Märtyrertum; die Ordnungshüter basteln am Apparat, der immer perfekter alle Ruhestörer unschädlich machen soll.

Einem aber gelang es, mit dem geschickten Einsatz von Spitzeln gar die Politik der Eidgenossen zu lenken, ja ihren Staat zu unterwandern. In seinen «Gedanken und Erinnerungen» rühmt Fürst Otto von Bismarck sich im Rückblick auf seine Zeit als Kanzler des Deutschen Reiches – etwas gar selbstgefällig vielleicht, jedoch nicht unzutreffend – der fortgesetzten erfolgreichen Gängelung der helvetischen Konföderation, indem «die Reichsregierung in ihrem Verhalten gegen das Nachbarland keinen andern Zweck verfolgte als die Unterstützung der konservativen Elemente in der Schweiz gegen den Einfluss und den agitatorischen Druck der fremden und einheimischen Sozialdemokratie». Das Gefuchtel seines langen und starken Armes hat die prompte Fernwirkung erzeugt, «dass wir mit den achtbarsten Schweizern in einem unausgesprochenen, aber gegenseitig befolgten Einverständnisse handelten, welches dank der Unterstützung, die wir unsern Freunden gewährten, praktisch zu dem Ergebnisse führte, dass die politische Zentralgewalt der Schweiz eine festere Stellung und schärfere Kontrolle als früher über die deutschen Sozialisten und die Kantönlipolitik der Demokratie gewann».

Der diplomatische Grosserfolg, zu dem der alte Fürst, der das Deutsche Reich als dessen Mitschöpfer seit der Gründung von 1871 bis zu seinem jähen Sturz 1890 autoritär führte, sich hier gratuliert, ist die Schaffung der Politischen Polizei und der Schweizerischen Bundesanwaltschaft vor gut hundert Jahren – als Kontrollorgan gegen die umtriebigen Revolutionäre, Sozialisten, Sozialdemokraten und andere kritische Geister. Vorbereitet haben den Coup die omnipräsenten Spitzel und Agitatoren, die mit ihrer Wühlarbeit zwar nicht den jungen Staat, jedoch die Selbstsicherheit der Behörden destabilisieren konnten.

Die regelmässig entlöhnten Informanten hatten nicht nur die Stärke der Sozialdemokratie auszuspähen, sondern gleich auch kräftig Hand mitanzulegen, wenn es galt, illegale Aktivitäten zu fördern, Schmuggeltransporte zu organisieren und aufreizende Artikel zu verfassen und zu drucken. Aus der allgemeinen Verwirrung heraus, so der Plan, musste die Gefährlichkeit der Sozialdemokratie für den Staat evident werden und ein hartes Durchgreifen als einzig richtige Antwort provozieren. Schliesslich wären mit solchen Manövern auch die Schweizer Behörden blosszustellen, die den Umtrieben gar nicht Herr zu werden vermöchten. Zweimal erwies der Bundesrat dem cholerischen Bismarck den Gefallen, nach dessen Drehbuch zu handeln.

Als 1888 der Reichstag unter dem Diktat des Eisernen Kanzlers über Verlängerung und Verschärfung der Sozialistengesetze beriet, warteten die beiden Abgeordneten August Bebel und Paul Singer mit einer erstklassigen Enthüllung auf und breiteten vor den unangenehm berührten Parlamentariern hochnotpeinliche Einzelheiten über die Dreckarbeit der deutschen Agenten in Zürich aus. «Ich habe hier die Beweise in Händen, dass Vertreter der preussischen Geheimpolizei für teures Geld in der Schweiz tätig sind und dort Arbeiter zu anarchistischen Verbrechen verleiten wollen, damit Sie die Notwendigkeit, deutsche Sozialdemokraten heimatlos und vogelfrei zu machen, hier beweisen können!», rief Singer in den Saal. Die detailreiche Darstellung der Mineurarbeit der Bismarckschen Söldner hatten die beiden Abgeordneten dem Zürcher Polizeihauptmann Jakob Fischer zu verdanken, der das fortgesetzt illegale Tun der Gesetzeshüter an die Öffentlichkeit tragen wollte.

Karl Schröder hiess der eine Agent provocateur, der für ein Gehalt von 300 Franken pro Monat Arbeiter zur Gewalt aufhetzte und auch den Druck der aggressivsten anarchischen Postille, der «Freiheit», besorgte. Er hatte sich zu allerlei Ehrenämtern und bis zum Präsidenten der schweizerischen Holzarbeitergewerkschaft emporschleichen können. Bei ihm, der sich noch rechtzeitig einbürgern liess, wurde eine ganze Kiste voller

Dynamitpatronen aus der Pulverfabrik Opladen gefunden. Christian Haupt, der andere Lohnbezüger der Berliner Polizei für ähnliche Einsätze, wurde in der Folge ausgewiesen.

Bismarck tobte. Dann aber kehrte er den Spiess rasch um. Die besondere Gefährlichkeit der Sozialdemokratie mache es notwendig, mit derart verdeckten Methoden zu arbeiten, stempelte er die Opfer flugs zu den Sündern. Und die bürgerliche Schweizer Presse zögerte nicht lange, dem Linkenhasser zu applaudieren. «Ist unser Boden gründlich davon (die Sozialdemokratie, der Verf.) rein, kann auch die Sumpfpflanze des Spitzeltums nicht mehr gedeihen», profilierte sich am 16. Februar 1888 die «Neue Zürcher Zeitung» als Polit-Hygienikerin. Gazetten wie das ebenfalls freisinnige «Aargauer Tagblatt» kaschierten gar eine gewisse Demokratiefeindlichkeit nicht: Die Eidgenossenschaft müsse ihre Unabhängigkeit nicht nur gegenüber fremden Fürsten, sondern auch in der Verfolgung des ausländischen Pöbels beweisen, denn: «Die deutsche Monarchie ist eine geringere Gefahr für die Schweiz als eine deutsche Republik.»

Diese Haltung machte sich auch die Mehrheit des Bundesrates zu eigen und verwies, um dem wütenden Nachbarn im Norden Satisfaktion zu erteilen, vier Redaktoren am «Socialdemokraten» des Landes, darunter den führenden Theoretiker und bedeutenden Schriftsteller Eduard Bernstein. Verantwortlich für diese Kapitulation war Bundesrat Numa Droz, Chef des Departements des Auswärtigen (wie das Aussenministerium damals hiess), der ganz auf die preussische Pfeife gedrillt war und seine «Kenntnisse» der sozialen Bewegungen vor allem aus Polizeihandbüchern bezog. Gegen den Skandal, die vier Deutschen auszuweisen, stellte sich Antoine-Louis Ruchonnet, Vorsteher des Eidgenössischen Justiz und Polizeidepartements (EJPD). Vergeblich: Seine Gegenstimme ging im Kollegium unter.

Um so unverständlicher ist auf den ersten Blick darum das Bemühen des sonst so souveränen Ruchonnet, der deutschen

Regierung einen zusätzlichen Blitzableiter für deren grossen Zorn anzudienen: die klammheimliche Etablierung einheimischer Polit-Schnüffler. In einem «konfidentiellen» Kreisschreiben wies nämlich der Bundesrat am 11. Mai 1888 die Kantone an, «ihre Aufmerksamkeit auf die öffentlichen und geheimen Versammlungen, sowie auf die Zeitungen und Publikationen, in welchen Fragen unserer sozialen Organisation und der politischen oder sozialen Organisation anderer Staaten behandelt und diskutiert wird», zu richten. «Ohne weitere Einladung» sei hierüber regelmässig dem Justizdepartement Bericht zu erstatten. «In betreff derjenigen Personen», die in diesen Kreisen aktiv seien, «sammeln die kantonalen Polizeidirektoren sorgfältig alle Notizen, welche geeignet sind, über deren Namen, Herkunft, Beschäftigung, Subsistenzmittel und Antecedentien Auskunft zu erteilen.» Mit solch delikaten Aufträgen, mahnte Bern, müssten Personen mit der «erforderlichen Bildung und dem richtigen Takt» betraut werden. Entlöhnt würden die Infiltreure aus der Bundesschatulle, in der es nun plötzlich verlockend klimperte: Kurz zuvor hatte der Bundesrat per Nachtragskredit beim Parlament 20 000 Franken «zum Zwecke einer besseren Organisation der politischen Polizei» und vor allem für die anfallenden Spesen der Spitzel lockermachen können. Denn ohne Männer mit langen Ohren, die sich in die Zirkel einschleichen konnten, und Denunzianten hätte das Kreisschreiben Makulatur bleiben müssen.

Als der Arbeiterführer Albert Steck im «Schweizer Sozialdemokraten» ein halbes Jahr später, nach einer Indiskretion, die vertrauliche Schnüffler-Fibel für das Publikum öffnete, war die Empörung bei der Linken gross: Das dunkle Blatt der Schweizergeschichte müsse fort, forderte Steck, «fort mit dem Bundesrat oder ohne denselben. Denn unsere Nachkommen sollen sich nicht sagen lassen, dass es am Ende des 19. Jahrhunderts eine Zeit gab, in welcher der Schweizer, der sich anmasste, zu politisieren, d.h. seine demokratischen Rechte auszuüben, unter Polizeiaufsicht gestellt wurde.» Auch einige freisinnige und demokratische Blätter werteten den Erlass als «unhaltbar», verunsicherte Kantonsregierungen sprachen in Bern vor. Die heftigen Debatten in beiden Kammern des eidgenössischen Parlaments änderten jedoch nichts mehr daran, dass der Berner Fritz Hodler zum ersten «Kanzleisekretär für die Fremdenpolizei» gewählt wurde und die Polizeispione auf Bundesgeheiss ausschwärmen konnten.

Auffallend in den Stellungnahmen ist, wie sehr Bundesrat Ruchonnet bemüht war, die verfassungsmässig garantierten Freiheitsrechte weit über das unglückliche Kreisschreiben zu stellen und die Polizeibefugnisse eng einzugrenzen. Der Justizminister nämlich studierte die Schriften der Führer der sozialen Bewegung, war deren Anliegen gegenüber sehr offen und nahm sich zuweilen persönlich der Familien an, die Not unter der Landesverweisung eines ihrer Mitglieder zu leiden hatten. Die Politische Polizei war ihm zutiefst verhasst. Der offenkundige Widerspruch zum Ukas vom 11. Mai 1888 löst sich auf, wenn man seinen Departementssekretär Johann Jakob Trachsler als wahren Verfasser der Kreisschreibens erkennt. Die graue Eminenz, die jahrzehntelang alle Fäden im Ressort hielt und bewegte, startete damit den Versuch, die Politische Polizei in der ganzen Schweiz in seinen kraftvollen Griff zu bekommen. Trachsler sei ein «enragierter Sozialistenfresser», mokierte Ruchonnet sich über seinen ersten Mitarbeiter: «Wenn ich Herrn Trachsler nicht in den Zügeln hielte, so würde er den letzten fremden Sozialdemokraten ausweisen.» Trachsler aber wollte noch mehr: Die gesamte Arbeiterschaft des Landes, die Gewerkschaften und insbesondere der Vorbereitung von Streiks verdächtige Komitees mussten peinlich genau überwacht werden. Davon allerdings war bei der Schaffung des Postens eines Sekretärs für die «Fremdenpolizei» (noch) nicht die Rede.

Der verfassungsmässige Boden war zwar viel zu dünn, doch die Wucherung der Polizei wurde seit einiger Zeit klimatisch vorbereitet. Als privater Subversivenjäger schoss Eduard Attenhofer, der in Zürich die Hetzblätter «Stadtbote» und «Limmat» herausbrachte, auf alle linksstehenden Männer, die er global als «Hintermänner des revolutionsbesessenen und blutrünstigen Anarchoterrorismus» verunglimpfte. Im Visier hatte er vor allem den aufgeklärten Polizeihauptmann Jakob Fischer, dessen Vorgesetzten Johannes Stössel und Nationalrat Theodor Curti, beides Demokraten, die sich gegen die totale Polizei stemmten. «Zürich», schrieb darum Attenhofer, sei das «Rendez-vous der internationalen Dynamitbande», und Curti sitze «mitten in dem Spinnengewebe, das seine Fäden bis Paris, Rom, Berlin, St.Petersburg, Odessa und London ausbreitet». Für seine Attacken verwendete Attenhofer mit Vorliebe Munition, die ihm aus dunklen Quellen in Deutschland zugeschoben wurde. Zu treffen suchte der Stimmungsmacher letztlich die Landesregierung: Er wolle den Bundesrat «erpressen», verkündete er, bis dieser zur «Vernunft» komme.

Das Terrain war also vorbereitet, als Bismarck mit einem zweiten blitzschnellen Konter die Schweizer Behörden abermals zu Boden zwang. An einem festlichen Ostersonntag beginnt die nächste unrühmliche Geschichte: Am 21. April 1889 nämlich fasste der frühere «Ochsen»-Wirt Baumer, Bezirkshauptmann im aargauischen Rheinfelden, den preussischen Polizeiinspektor August Wohlgemuth und steckte den Oberagenten ins örtliche Arrestlokal. Obwohl der deutsche Gesandte, Otto von Bülow, sofort und mit unverhüllten Drohungen die Freilassung des geschnappten Beamten forderte, beschloss der Bundesrat am 30. April, den in Mülhausen stationierten Mann des Landes zu verweisen, weil er die Spitzel geführt habe, die im damals zum Reich gehörenden Elsass und in der Schweiz die Sozialdemokraten (besonders die deutschen Emigranten) aushorchten und «aufmunterten».

Auf schweizerisches Territorium gelockt hatte ihn ein vermeintlicher Gehilfe, der gegen ein monatliches Honorar von 200 Franken angeheuerte Balthasar Anton Lutz-Ehrle aus dem bayerischen Forst. Die Aufträge an seinen für den Raum Basel bestimmten Agent provocateur hatte Wohlgemuth in einem Brief formuliert, der ihm nach der Verhaftung des ungleichen Schnüffler-Duos als Beweis vorgehalten wurde: «Jetzt (nach der Regelung der pekuniären Angelegenheiten, der Verf.) sehe ich aber ihren regelmässigen Berichten entgegen, von welchen ich jeden Monat einen erwarte. Halten Sie mich beständig auf dem Laufenden und wühlen Sie lustig darauf los.»

Das Echo auf die Ausweisung schwoll in Berlin zu einem bedrohlichen Donnergrollen an. Reichskanzler Bismarck, der mit seinen Sozialistengesetzen die Aktivitäten der Emigranten nie hatte unterbinden können, sah im Falle Wohlgemuth «den Tropfen zum Überlaufen»: Seit Jahren, schnaubte der zornige Alte, fänden Sozialdemokraten, deren Treiben «gegen die Grundlagen der deutschen Staats- und Rechtsordnung gerichtet sei», in der Schweiz Aufnahme und überdies gar behördliche Unterstützung. Deutschland befinde sich daher in «Notwehr» und werde zu einem eigenen Informationsdienst auf eidgenössischem Hoheitsgebiet («ein wildes Land») förmlich gezwungen. Nun aber riskierten die eifrigen deutschen Beamten, wie gemeine Verbrecher behandelt zu werden.

«Zur Zeit ist das Tischtuch zwischen Deutschland und der Schweiz zerrissen», schnauzte Bismarck den Gesandten der Eidgenossenschaft, Arnold Roth, am 10. Mai 1889 an. Der Eiserne Kanzler drohte mit schlimmsten Repressalien: wirtschaftliche Blockade, strenge Kontrolle des gesamten Grenzverkehrs (einschliesslich der Post), notfalls reziproke Verhaftung von Schweizer Beamten. Gemeinsam mit dem russischen Zaren Alexander III. und Österreich-Ungarn werde jetzt Druck auf die Demokratie gemacht, deren Neutralität man unter solchen Umständen nicht weiter garantieren könne! Der Niederlassungsvertrag zwischen den beiden Staaten wurde darauf gekündigt.

Am 2. Juni wies Numa Droz als Aussenminister den Gesandten in Berlin an, der Reichsregierung mitzuteilen, dass der Bundesrat zur Besänftigung der zornigen deutschen Obrigkeit zusätzliche Massnahmen ins Auge fasse gegen «die Anarchisten und Revolutionäre», die sich in der Schweiz aufhielten. Ohne die Meinung des Kollegiums vorwegnehmen zu wollen, votiere er, Droz, dafür, die Stelle eines ständigen Bundesanwalts wieder einzuführen. Neben seinen Aufgaben im Rahmen der Strafprozessordnung des Bundes könne dieser

Mann der Zentralverwaltung in Bern die kantonalen Polizeiposten beaufsichtigen und deren Arbeit politisch begleiten. Er, Droz, sei zudem der Meinung, dass an den neuralgischen Stellen des Landes auch Polizeiagenten des Bundes stationiert werden sollten.

Die devote Botschaft kam in Berlin gut an. Am 13. Juni erteilte der Gesandte Roth per Telegramm Aussenminister Droz folgenden Tip: «Deutschland wäre geneigt Fall Wohlgemuth und Collectiv Reclamation als erledigt zu betrachten wenn Sie Bülow in Antwort auf gestrige Note Namens Bundesrathes mutatis mutandis erklären würden, der Bundesrath habe im Allgemeinen Remedur puncto Fremdenpolizei schon vor Fall Wohlgemuth ins Auge gefasst. Er beabsichtige besonders die alsbaldige Einsetzung eines Bundesanwalts.»

In seiner Geschichte der Schweizerischen Bundesanwaltschaft versucht der spätere Leiter dieses Amtes von 1949 bis 1955, Werner Lüthi, die peinliche Geschichte so zu drehen, dass lediglich eine terminliche Überschneidung vorgelegen habe, denn das Handeln Berns sei zu sehen «als der natürliche, in einem aussenpolitisch heiklen Zeitpunkt geschickt einsetzende Abschluss von Massnahmen, die längst zur Erörterung standen und durchaus im Rahmen unbeschwerter Souveränität zur Ausführung gelangten». Was einer Geschichtsklitterung sehr nahe kommt. Obendrein widerspricht Lüthi sich in seinen Schlussfolgerungen selbst, wenn er argumentiert, der Bundesrat habe in gewissen Noten «absichtlich» nichts von den geplanten Massnahmen gesagt, um der Gegenpartei nicht zu signalisieren, er lasse sich fremdbestimmen...

Innert kurzen vierzehn Tagen im Juni 1889 beschlossen der Bundesrat und anschliessend die eidgenössischen Räte einstimmig, das Amt eines ständigen eidgenössischen Generalanwalts zu schaffen. Linksbürgerliche Skeptiker und die im helvetischen Parlament noch nicht vertretenen Sozialdemokraten verhöhnten ihn als «Bundesoberpolizeidiener» und als neuen «Landvogt». Der in Bern erscheinende «Schweizer Sozialdemokrat» rief zum Referendum auf: «Habemus papam! – Wir bekommen ihn – Freu dich, o Christenheit der Schweiz! – Wir bekommen ihn, den Retter des Vaterlandes vor der Sozialistengefahr, den Anarchistentöter und Revolutionsbesieger, den ständigen eidgenössischen Staatsanwalt. Der Bundesrat bringt ihn auf den Flügeln der freudigen Erleichterung nach grosser Wohlgemuthgefahr.»

Trotz des rhetorischen Grossaufwandes konnten die Sozialdemokraten und Grütlianer – der «Grütliverein» sammelte früher Gesellen und Kleingewerbler mit radikal-freisinnigen Idealen, öffnete sich später auch Fabrikarbeitern und näherte sich schliesslich der gemässigt-reformerischen Sozialdemokratie – den Aufbau der Bundesanwaltschaft und der Politischen Polizei nicht verhindern: Statt der erforderlichen 30 000 kamen beim Referendum nur 23 928 gültige Unterschriften zusammen. Erster «Oberschermauser in Bern», wie ihn die enttäuschte Linke begrüsste, wurde Ständerat Albert Scherb, ein Thurgauer Demokrat. Der liberale und grossherzige Ruchonnet aber war ausgebremst: Die Bundesanwaltschaft erhielt einen Sonderstatus; und der EJPD-Chef beklagte sich bald, er wisse gar nicht mehr, was in polit-polizeilichen Angelegenheiten, die ihn immer interessiert hätten, eigentlich vor sich gehe.

Als Aufgabe wurde Scherb insbesondere übertragen: «Er überwacht die Fremdenpolizei in Beziehung auf Handlungen, welche die innere oder äussere Sicherheit der Schweiz gefährden, sowie die bezüglichen Untersuchungen, und unterbreitet dem Bundesrat auf Anwendung des Art. 70 der Bundesverfassung gehende Anträge.» Nationalrat Ludwig Forrer, der «Löwe von Winterthur», deponierte zuhanden des Protokolls die einschränkende Definition, dass der Generalanwalt nicht die Fremdenpolizei insgesamt zu überwachen habe, sondern nur soweit die innere oder äussere Sicherheit (Art. 70 der Bundesverfassung) der Schweiz tangiert sei. Der liberale Vorbehalt wurde vermerkt, aber nie in die Praxis umgesetzt, wie die rasche Eigendynamik des neuen Amtes in der Folge beweist. Die Bundesanwaltschaft, damals nur rein administrativ dem Justiz- und Polizeidepartement zugeordnet, bestand am Anfang aus drei Personen: dem Generalanwalt, dem «Kanzleisekretär für die Fremdenpolizei», der zum «Sekretär der Bundesanwaltschaft» umgetitelt wird, und einem Registrator-Kanzlisten. 1901 wurde das Personal um eine Stelle aufgestockt.

Da die Arbeit für die Beamten sich offenbar stark vermehrte, wurden nach und nach Funktionäre formell in andere Abteilungen gewählt, faktisch jedoch mit bundesanwaltschaftlichen Aufgaben betraut. Von einer Neuorganisation im Jahre 1919 profitierte die Bundesanwaltschaft insofern, als nun Adjunkte, Sekretäre und Kanzlisten nach den vorhandenen Bedürfnissen vom Bundesrat direkt eingesetzt werden konnten.

Die aus grosser aussenpolitischer Not heraus geborene Einmütigkeit von Regierung und Parlament kontrastiert scharf mit den lebhaften Bedenken der führenden Staatsrechtslehrer jener Zeit. «Die heutige ständige Bundesanwaltschaft ist unrechtmässig und unzweckmässig. Unrechtmässig: sie ist verfassungswidrig, weil die Bundesverfassung von 1874 die Errichtung einer ständigen Bundesanwaltschaft in bewusster Absicht hatte fallen lassen», urteilte bündig der Zürcher Staatsrechtler Jakob Schollenberger. In seinem 1905 erschienenen Kommentar zur Bundesverfassung analysierte er, dass das neue Amt «der Verfolgung der Sozialdemokraten zuliebe, nicht wegen Anarchisten» geschaffen worden sei. Der Professor konnte sich die bissig-böse Bemerkung nicht verkneifen: «Von der Fasnacht spricht man, bis sie kommt, und vom Bundesanwalt, bis er geht.»

Das «famose Institut» (Schollenberger) war der organisatorische Abschluss der Bestrebungen vieler bürgerlicher Politiker, mit präventiver polizeilicher Erfassung die soziale Unrast in den Griff zu bekommen. Der allmähliche Umbau der wilden Bürgerdemokratie in einen obrigkeitlichen Verwaltungsstaat konnte beginnen. Es war dies auch genau die Zeit, als der ehemals avantgardistische Freisinn sich mit den restaurativen Kräften zu verbinden begann: 1891 wählte er den Führer der Katholisch-Konservativen, den Luzerner Joseph Zemp, in den bisher Freisinnigen vorbehaltenen Bundesrat. Die Geburt der Bundesanwaltschaft aus dem grossen Zorn des Fürsten Bismarck heraus und ihr damit prädestiniertes Amtsverständnis ist die Erblast der Institution bis heute.

Die nächsten Schritte waren also vorbestimmt: 1892 wurde ein neues Auslieferungsgesetz erlassen, wonach politische Vergehen nicht mehr vor einer Verbannung aus dem Asylland Schweiz schützen. 1894 wurde als nächste Novität auch die rein publizistische Anstiftung zu Verbrechen unter Strafe gestellt. Der je nach Optik «Anarchistengesetz» oder «Sprengstoffgesetz» genannte Erlass erfasst nicht nur den Gebrauch oder Besitz von Sprengstoff zu verbrecherischen Zwecken, sondern gleich auch noch Aufrufe «in der Absicht, Schrecken zu verbreiten oder die allgemeine Sicherheit zu erschüttern». Strafbar machen sich dabei «sämtliche Teilnehmer»: Falls die Aufmunterung zu Taten gegen die Sicherheit von Personen oder Sachen durch die Druckerpresse erfolgt, werden Setzer oder Gehilfen ebenso belangt wie die Redaktoren. Das Betätigungsfeld der Bundesanwaltschaft wird immer breiter.

Die Befürchtungen der Sozialdemokraten, Grütlianer und Demokraten trafen ein: Die Polizei überwachte, wie aus den Bergen der im Bundesarchiv eingelagerten Dossiers heute zutage zu fördern ist, gleichermassen Schweizer (was lange Zeit abgestritten wurde) und Ausländer, Anarchisten wie Gewerkschafter – oder irrtümlich in einen Rapport gerutschte Bürger. Als in München beispielsweise die Adresse eines Druckers beim Berner «Bund» gefunden wurde, forschte die von den deutschen Amtsstellen unverzüglich informierte Bundesanwaltschaft im Verein mit den örtlichen Spähern das ganze Umfeld des Mannes aus, um zum einzigen Ergebnisse zu gelangen, er spreche in den Pausen häufig und intensiv mit seinen Kollegen...

Kurz vor der erstmaligen Feier des Tags der Arbeit am 1. Mai 1890 verlangte der Bundesanwalt die Überwachung sämtlicher Veranstaltungen mit anschliessenden Meldungen nach Bern: «Da es für die Bundesbehörden von Werth ist, nicht nur durch die Presse zu erfahren, ob und in welcher Weise dieser in Aussicht genommene internationale Festtag in unserm Land gefeiert wird, so ersuchen wir Sie, die bezüglichen Vorgänge am 1. Mai in Ihrem Canton beobachten zu lassen und uns zu Handen des Bundesrathes über das Vorgefallene (öffentliche Versammlungen, dabei gehaltene Reden, Umzüge, etc.) einlässliche Mitteilungen zu machen.» Dieser Überwachungsbrauch hat sich bis auf den heutigen Tag gehalten. Ebenso wurden sämtliche anderen Versammlungen linker Couleur von Detektiven kontrolliert. Neu allerdings war vor allem, dass die Krakenarme der Polit-Polizisten nun zentral von Bern aus gesteuert wurden.

In Zürich hatten die Arbeiterführer sich seit längerem bereits der (gesetzlich nirgends legitimierten) Aufmerksamkeit der Polizei erfreut. Schon 1878 etwa fertigte ein Wachtmeister Sigg eine Fiche über den populären Herman Greulich («Papa Greulich») an: «Redactor der Tagwacht, wohnhaft in Hirslanden, verheiratet, Besitzer eines eigenen Häuschens. Rädelsführer, Agitator, Redner in den Arbeiterversammlungen der Internationalen, besudelt in seinem Blatte öfters rechtschaffene Bürger, ein entschiedener Feind der besitzenden Klasse, eine sehr bekannte Persönlichkeit in der Schweiz und in Deutschland.» Das Blatt mit den Angaben über den zur gemässigten Fraktion zählenden Arbeitersekretär, Kantonsrat und Nationalrat mit dem imposanten weissen Bart fand später auch den Weg in die Schnüffel-Registratur in Bern.

Die Kriterien der Überwachung waren schon in den Anfängen der Politpolizei völlig diffus. «Den Polizeibeamten», erkannte der Zürcher Oberrichter und SP-Politiker Otto Lang vor hundert Jahren, «fehlt die Fähigkeit, dieses Amt richtig auszuüben, da sie die Arbeiterbewegung nicht kennen und zwischen den unterschiedlichen Zielen der einzelnen Gruppen nicht unterscheiden können. (...) Wir können uns eine Vorstellung machen von dem grauenhaften Unsinn, der den unteren Polizeirapporten unterlaufen ist.» Allerdings waren auch die oberen Chargen nicht vor Lächerlichkeiten tragikomischen Zuschnitts gefeit: 1890 erwog die Bundesanwaltschaft gar ein Truppenaufgebot wegen eines «anarchistischen» Kongresses im Tessin. Nur richteten die obersten Aufpasser sich auf einen ganz falschen Termin ein und konnten post festum in den Gazetten nachlesen, dass die Radikalen (Freisinnigen) sich besprochen hatten... (Als die Radikalen im September 1890 gegen die konservative Regierung putschten, wurde in der Südschweiz allerdings Militär eingesetzt.) Dramatisch für die Betroffenen war eine Serie von Landesverweisen aufgrund offensichtlicher Fehlinformationen.

Zwei Gewissheiten hätten sich in jener Zeit «in Millionen von Durchschnittshirnen festgesetzt», analysiert Erich Gruner, Doyen der Schweizer Politologie, in seiner Geschichte der helvetischen Arbeiterschaft: Sozialdemokratie und Anarchismus strebten in gleicher Weise den gewaltsamen Umsturz an und seien daher identisch, laute der eine Glaubenssatz. Und das andere irrige Axiom sei, die Ausbreitung der revolutionären sozialdemokratischen Doktrin lasse sich unterbinden, wenn die Rädelsführer isoliert und dingfest gemacht würden. Dabei provoziere das diffuse behördliche Bild des Anarchismus nachgerade immer schärfere Polizeimethoden. Mit den Repressionsinstrumenten sieht Gruner den «Klassenkampf von oben» eröffnet, der eine «revolutionäre Gegenbewegung» initiiert habe.

Derartige Subtilitäten, die von oppositioneller Seite immer wieder reklamiert wurden, mochte die NZZ schon damals nicht gelten lassen. «Noch jeder Anarchist», wusste sie am 13. März 1889, «ist durch die Sozialdemokratie hindurchgegangen. Es ist eine Sache des Temperaments und der sozialen Stellung, ob ein Sozialdemokrat schliesslich zum Anarchismus vorschreitet oder nicht.»

Ohne Echo fast widersprach in liberaler Dialektik der Sozialdemokrat Otto Lang, dass Taktik und Ideologie der Opposition immer vom Handlungsspielraum bestimmt werde, den ihr die Mehrheit gewähre. Das Schema zur Bewältigung sozialer Konflikte war auf Jahrzehnte hinaus vorgezeichnet.

Sogar über den nachmaligen ersten sozialdemokratischen Bundesrat Ernst Nobs (in die Landesregierung gewählt am 12. Dezember 1943) finden sich in den Schränken der Politischen Polizei gegen sechzig Dossiers, Fichen und Rapporte.

II

Luccheni «erfeilt» Sissi, und das hat Konsequenzen

Die Ermordung der österreichischen Kaiserin in Genf erzeugt ein Klima, in dem das Schweizer Spitzelwesen sich mit aller Willkür entfaltet

In den schönen Tagen des Septembers 1898 treibt sich in Genf ein untersetzter, kräftiger Mann herum. Im Wams hält er eine zugespitzte Feile versteckt, die er mit einem groben Griff zu einer Stichwaffe umgebastelt hat. An die Rhone ist er eigentlich gekommen, um den Herzog von Orléans zu töten, von dem die Zeitungen berichtet haben, er halte sich an den Gestaden des Léman auf. Doch er bekommt den Adeligen nicht zu Gesicht, auch in Evian nicht, wohin er ihm gefolgt ist.

Luigi Luccheni heisst der Wirr- und Hitzkopf. Seit einem Monat ist sein Name auch der Bundesanwaltschaft bekannt. Am 18. August war Luccheni, der dort als Handlanger im eidgenössischen Postgebäude gearbeitet hatte, einem Polizisten in Lausanne aufgefallen, der sich vor allem für die aus der Tasche des Italieners quillenden Blätter interessierte: Es war dies eine Sammlung von Liedern umstürzlerischen Gedankenguts, «Cantici anarchici» mit dem Originaltitel. Ebenso wie das neapolitanische Dienstbüchlein des Wandervogels wurden die aufrührerischen Canzoni als Beilage zum Polizeibericht aus der Waadt in Bern sorgsam archiviert – gleich allen andern laufend eintreffenden Rapporten über Anarchisten, Sozialisten oder Sozialdemokraten.

Am Samstag, dem 10. September 1898, verlässt Kaiserin Elisabeth von Österreich, «Sissi» genannt, um die Mittagszeit das Hotel «Beau Rivage» und strebt unter ihrem Sonnenschirm auf der Seepromenade dem Dampfschiff «Genève» zu. In der Nähe des «Hôtel de la Paix» kommt ein Mann auf sie zu, schaut unter ihren Schirm und versetzt ihr blitzschnell einen

Stoss mitten in die Brust. Die 61jährige, häufig schwermütige und rastlos durch die Welt ziehende Gemahlin von Kaiser Franz Joseph stürzt rückwärts, erhebt sich aber mit Hilfe ihrer Hofdame Gräfin Sztaray wieder und setzt den Gang zum Schiff allein fort. «Ich glaube, die Brust ist getroffen», sagt sie noch; auf dem Schiff fällt sie in Ohnmacht. Der Dampfer hat bereits abgelegt, als sie wieder zu sich kommt und fragt: «Was ist mir geschehen?» Die «Genève» wendet, auf einer Bahre wird die tödlich verletzte Monarchin ins Hotel getragen, wo sie wenige Minuten darauf stirbt. 85 Millimeter tief sei die Wunde, stellt der Gerichtsmediziner fest.

Passanten haben sich inzwischen auf die Verfolgung des Täters gemacht, den sie in der Rue des Alpes stellen können. Er singt, als sie ihn auf den Posten führen. Seine Freude steigert sich nochmals, als er im Verlaufe des Verhöres vernimmt, dass Elisabeth gestorben ist. Er, Luigi Luccheni, sei Anarchist, prahlt er, im Interesse dieser Bewegung habe er «Sissi», Kaiserin von Österreich und Königin von Ungarn, ermordet.

Zum erstenmal hatte ein Anarchist im Gastland Schweiz selbst ein Kapitalverbrechen verübt; früher waren Terroristen von eidgenössischem Gebiet aus höchstens in die umliegenden Staaten geeilt, um Gewaltakte zu verüben. Eine ungeheure Bewegung ging durch das ganze Land; eine Welle des Mitgefühls erfasste das gesamte Volk. Und in der schweizerischen Presse ertönte der Ruf: «Hinaus mit den Anarchisten!» Der Bundesrat agierte nach dem Willen des Publikums und wies bis Ende Jahr 86 Ausländer weg, Italiener vornehmlich, obschon Umstände und Hintergründe der Tat gerichtlich noch nicht geklärt und beurteilt waren. Und die Exil-Italiener hatten sich in ihrer Gesamtheit nicht plötzlich strafbar verhalten.

Im Prozess gegen den provozierend auftretenden Luccheni stellte sich heraus, dass der geltungssüchtige Kraftmeier alleine, ohne jede Instruktion und ohne Unterstützung durch eine Gruppe gehandelt hatte. Obzwar Psychiater bei ihm massive geistige Defekte erkannten, mündete sein verpfuschtes Leben in eine lebenslange Zuchthausstrafe.

Selbst seine angeblichen Freunde, die Anarchisten, sahen in der Ermordung der Kaiserin keinen politischen Sinn. Die agitatorische «Freiheit», vom wortgewaltigen Deutschen Johann Most bis 1880 in der Schweiz, später in New York verfasst, höhnte: «Am letzten Sonnabend hat in Genf ein junger italienischer Arbeiter namens Luchesi (oder?) die österreichische Kaiserin über den Haufen gestochen. Eigentlich müsste ich die Achseln zucken; denn es liegt ja auf der Hand, dass man durch die Abmurksung harmloser alter Weiber weder die Welt umkrempeln noch überhaupt im freiheitlichen Sinne Effekt machen kann. Diese vagabundierende Kaiserin hat nie eine politische Rolle zu spielen gesucht. Welcher Schaden durch das Verschwinden diese Weibsbildes der Welt entstanden ist, das wird wohl auch ewig ein Geheimnis bleiben. Das aber sollte klar sein, dass es eine Absurdität ist, wegen der Beseitigung dieser armseligen, nichtssagenden Person so viel Aufhebens zu machen. Anderseits lehne ich es ab, hinter der Erdolchung oder Erfeilung dieser Kaiser-Liesel eine prinzipielle Anarchistentat zu wittern.»

Die Schuld, darin waren nüchterne Analytiker des Terroraktes sich bald einig, trugen der Kanton Genf und dessen Polizeidienst, welche die vorgeschriebenen Sicherheitsmassnahmen für hochgestellte ausländische Persönlichkeiten sträflich vernachlässigt hatten. Genüsslich konstatierten die Gegner der Bundesanwaltschaft und der Politischen Polizei, dass auch die flächendeckende Beobachtung, die Kontrolle und Registrierung von Personen derartige Verbrechen eben nicht verhindern können.

Der «Fall Lucchemi» ermunterte indes die Behörden, den einmal eingeschlagenen Weg der polizeilichen Überwachung politisch auffälliger Akteure weiterzugehen. Um dem bis dato wenig erfolgreichen Programm etwas Profil zu verschaffen, begannen die bedrängten Regierungen ihre Abwehrmittel zu bündeln und beriefen – dies als unmittelbare Reaktion auf die Mordtat von Genf – in Rom einen grossen internationalen Anti-Anarchismus-Kongress ein, den ersten dieser Art. Auch die Schweiz musste in die Ewige Stadt wallfahren – aus internationaler Rücksicht, wie die Verhandlungsprotokolle des Bundesrates belegen. Denn die Eidgenossenschaft wurde weiterhin als «Schlupfwinkel gefährlicher Anarchisten» gebrandmarkt, der Druck auf eine Verschärfung des helvetischen Asylrechts wuchs. Bundesanwalt Albert Scherb führte den Pilgerzug an, Gaston Carlin, der Schweizer Gesandte in Rom, und der Basler Nationalrat Isaac Iselin folgten in der Prozession. Obwohl die Alpenrepublik sich gegen viele Ansinnen und Zumutungen der Nachbarn wehrte und Vorbehalte am verlangten ungebremsten Ausbau der Polizeivollmachten anbrachte, musste sie weitere Zugeständnisse machen: Ausgewiesene durften nun nicht mehr in das Land ihrer Wahl ausreisen, sondern waren direkt den Behörden ihres Heimatstaates zu überstellen – was einen wesentlichen Bruch mit der alten Asyltradition bedeutete. Zugleich wurde die zwischenstaatliche Zusammenarbeit, vor allem über den schlanken Informationsaustausch, verstärkt mit dem Versprechen, sich gegenseitig «alle nützlichen Aufschlüsse zu erteilen». 1903 wurde zur direkten Steuerung des internationalen Nachrichtenflusses in der Bundesanwaltschaft das Zentralpolizeibüro eingerichtet.

In der Folge nahmen die Landesverweise an Tempo, Zahl und relativer Willkür derart zu, dass Professor Emil Zürcher der Schweiz ernsthaft den Charakter eines Rechtsstaates absprach. Ein Rekurs des liberalen Zürcher Juristen gegen die rechtlich nicht haltbare Ausweisung der drei Italiener Ettore Jotti, Eugenio Ciacchi und Francesco Speroni wurde weder vom Bundesgericht noch von den eidgenössischen Räten behandelt. Eine Ausweisung, befanden Bundesrat und Parlament, sei ein reiner Regierungsakt, den weder die beiden Kammern noch ein Gericht neu beurteilen könnten. Ja, das Ausweisungsrecht insgesamt würde illusionär, wenn den hinauskomplimentierten Ausländern die Möglichkeit geboten werde, den Entscheid anzufechten. Auch aus Gründen der Gewaltentrennung, und weil die Politische Polizei einen sehr delikaten Bereich berühre, dürften die obrigkeitlichen Verfügungen von keiner anderen Instanz beurteilt werden. Der Bundesrat käme sonst womöglich «in eine unwürdige» Lage. Folgerichtig schloss Professor Zürcher: «Es steht der politischen Polizei das souveräne Urteil darüber zu, was zulässig sei, was geduldet werde und was nicht.»

Ausgelöst wurde die «Säuberungswelle» gegen aufmüpfige Italiener auch durch den Mailänder Aufstand im Mai 1898, der zusammen mit dem Genfer Attentat und einigen Streiks monokausal als Frucht der bösen Saat des Anarchismus verstanden wurde. In der lombardischen Metropole erhob sich eine hungernde Bevölkerung, bis die Regierung mit Gewehrkugeln und Kartätschen den waffenlosen Protest niederschlagen liess und damit in Gewalttätigkeiten sich entladende Empörung auslöste. Die Aufregung griff auf die Schweiz über, wo der berühmt-berüchtigte «Italienerzug» mit mehreren hundert Exilierten sich in Bewegung setzte. Der Marsch endete in einer Katastrophe. Die überforderten Tessiner Behörden wandten sich an den Bundesrat mit der Bitte um ein Truppenaufgebot. «Es ist unmöglich, vom Fort Airolo weitere Mannschaft zu detachieren», telegrafierte die Landesregierung aber in die Südschweiz, «alle Rädelsführer sind in Haft zu nehmen. Die übrige Mannschaft ist als mittellos in kleinen Trupps an die Grenze zu eskortieren und dort den italienischen Behörden zu übergeben. Nach unsern Berichten scheint dies der letzte Transport zu sein; allein es ist nötig, jede Ansammlung zu verhindern. Gegen Widerstand sind Waffen zu gebrauchen.» Tags darauf bestätigte der Bundesanwalt die Zuführung der Republikaner an ihre Schergen, als er befahl, dass «jene Bande unter militärischer Bedeckung an die Grenze gebracht und den italienischen Behörden übergeben werden soll».

Die zwangsweise Abschiebung der rund 250 Italiener wurde von linker wie auch von bürgerlicher Seite bis hin zur «Neuen Zürcher Zeitung» scharf als unvereinbar mit den schweizerischen Traditionen und den Grundsätzen des Asylrechts verurteilt. Der Bundesrat wand sich und wollte keine Verletzung der Asylgesetzgebung anerkennen. Die Ausgeschafften seien politisch nicht verfolgt gewesen, zudem hätten die Italiener ja selbst in ihre Heimat zurückkehren wollen (!), verriet er makabren Zynismus. Ohnehin liege gar keine Auslieferung, für die eine formelle Verfügung erforderlich gewesen wäre, vor, weil die italienischen Behörden keine solche verlangt hätten. Die Abgeschobenen seien vielmehr als subsistenzlos ausser Landes gebracht worden, sie hätten mit ihrem Verhalten die Massnahme selbst provoziert. Der Nationalrat allerdings zeigte sich von diesen gewundenen Erklärungen keineswegs angetan und hielt seine Kritik an der formlosen Verbannung der 250 Menschen von schweizerischem Territorium aufrecht.

Mittlerweile war es Bundesrat Eduard Müller, dem Vorsteher des Justizdepartements, auch nicht mehr ganz wohl. Die Übergabe unter militärischer Bedeckung habe die Landesregierung nicht gewollt, entschuldigte er sich. Niemand im Bundeshaus wisse mehr, wie diese Anweisung in das Fernschreiben nach Bellinzona gerutscht sei. Jedenfalls sei der Auftrag gegen den Willen des Bundesrates an die Tessiner ergangen. Die ausdrückliche Wiederholung des Befehls für den Einsatz militärischer Mittel sowie die rüde Wortwahl («Bande») zwingen zum Schluss, dass es die Bundesanwaltschaft war, welche die Politik der Exekutive selbstherrlich diktiert und die günstige Gelegenheit wahrgenommen hat, ein Exempel zu statuieren und den «nucleo socialista» zu zertrümmern. Das sozialdemokratische «Volksrecht» sah den Beweis erbracht, dass die Landesregierung erschreckend abhängig von ihren Untergebenen sei. Eine Aussage, deren Wahrheitsgehalt die Bundesanwaltschaft erheblich beschäftigt haben muss: Die Passage wurde im Amt des Generalanwalts besonders deutlich markiert...

Unterdessen hatten die Händel mit Italien die Konflikte mit dem Deutschen Reich abgelöst; der Druck zur laufenden Verschärfung der Gesetze kam jetzt aus dem Süden. Der umtriebige Italo-Tessiner Luigi Bertoni, ein feuriger Mann, der in Genf als Typograph arbeitete und daselbst die anarchistischen Kampfblätter «Risveglio» respektive «Réveil» edierte, feierte in seinen Zeitungen Gaetano Bresci, der am 19. Juli 1900 in Monza den italienischen König Umberto I. mit Revolverschüssen vom Leben in den Tod befördert hatte: «Gaetano

Bresci gab sein eigenes Leben dahin für die soziale Revolution und die Vernichtung von Umberto. Sein Namen gehört der Geschichte an, aber die Arbeiter wissen zu unterscheiden zwischen den Verbrechen des Königs und dem Märtyrer des Volkes.» Bertoni beschuldigte den neuen König Vittorio Emmanuele III., der 1922 den Faschistenführer Benito Mussolini an die Macht berief, überdies, er habe Bresci umbringen lassen.

Als Italien ein Eingreifen der Schweizer Justiz gemäss dem «Anarchistengesetz» von 1894 verlangte (wonach sich strafbar macht, wer zur Begehung eines Verbrechens gegen die Sicherheit von Personen oder Sachen aufreizt, wenn dies in der Absicht erfolgt, Schrecken zu verbreiten oder die allgemeine Sicherheit zu erschüttern), entwickelte sich zunächst wieder eine Krise in den zwischenstaatlichen Beziehungen. Bundesrat und Bundesanwaltschaft waren nach einigen Schlappen vor Gericht nicht bereit, nochmals einen Publizisten einzuklagen. Während der «Réveil» den bereits offenen diplomatischen Konflikt munter mit neuen Angriffen anheizte, eskalierte die Verstimmung bis zum Abbruch des Dialogs: Gaston Carlin wurde aus Rom zurückgerufen, Giulio Silvestrelli, Gesandter des italienischen Königs, verliess Bern.

Eingerenkt wurde die Angelegenheit schliesslich mit der beinahe schon traditionellen Reflexhandlung des Bundesrates: Ein neues Gesetz, die «Lex Silvestrelli», wurde den Räten vorgelegt. Die reaktionären Kräfte im Parlament nutzten die Gunst der Stunde und kriminalisierten erstmals Gesinnungsdelikte. Dem Bundesstrafrecht wurde ein gewagter Passus eingefügt: «Wer öffentlich zur Begehung anarchistischer Verbrechen auffordert und dazu Anleitung gibt oder derartige Verbrechen öffentlich in der Absicht verherrlicht, andere zur Begehung solcher Handlungen anzureizen, wird mit Gefängnis bestraft.» Nicht diskutiert wurde der Begriff des Anarchismus und ebenso nicht die Frage, warum derart radikale Saat auf demokratischem Boden gedeihe und was dies mit den gesellschaftlichen Verhältnissen zu tun haben könnte.

Nur ein Abgeordneter, der in Bern als Jurist arbeitende Alfred Brüstlein, warnte davor, mit rein repressiven Methoden soziale Bewegungen stoppen zu wollen. Dem Gesetz sprach der Sozialdemokrat, der als ehemaliger Chefbeamter im EJPD die Zustände in der Bundesanwaltschaft sehr genau kannte und während Jahren Wortführer gegen die Bestrebungen für mehr Polizei war, jeden vernünftigen Effekt ab. «Dem allgemeinen Interesse», zitierte er berühmte Strafrechtler, «darf die Freiheit des Einzelnen nicht schutzlos preisgegeben werden. Im Rechtsstaat rechtfertigt sich die Verhängung des Strafübels nur dann, wenn der Täter seine feindselige Gesinnung durch eine bestimmte, gesetzlich genau umschriebene Tat bewiesen hat.» Immerhin, das sei auch notiert, tönte der Wortradikalismus der aufwühlenden Seite einigermassen bedrohlich, und die (aus heutiger Sicht) in ihrer Wirkung massiv überschätzten Aufforderungen zu Gewalttaten, wie sie etwa Johann Most in seiner «Freiheit» noch und noch verbreitete, hatten System und Ziel: «Eine jede solche Tat wird bei dem heutigen Verkehrs- und Zeitungswesen binnen wenigen Stunden in der ganzen Welt bekannt. Man spricht in jeder Werkstatt, in jedem Wirtshaus, in jeder Hütte darüber. Die Gründe der Tat werden erwogen, man kommt auf den Täter selbst, damit auf die Grundsätze zu sprechen, denen zulieb er die Handlung vollbracht hat.» Die «Propaganda der That» sollte eine breite Bewegung zur Bewusstseinsbildung einleiten.

Ebenfalls traditionell waren die Reaktionen auf die «Silvestrelli»-Novelle: Die Sozialdemokraten ergriffen 1906 aus Angst, jede Maifeier könnte künftig als Aufruf zur Anarchie verboten werden, das Referendum, erreichten aber nur 28 874 Unterschriften. «In Wirklichkeit hatte das Gesetz jedoch keine, weder für die Sozialdemokratie nachteilige noch für den schweizerischen Anarchismus einschneidende Folge als die, dass Herr Bertoni hie und da für kurze Zeit einem Gefängnis einen Besuch abzustatten hatte», beschreibt der Historiker und Politologe Erich Gruner die Wirkung des Erlasses. Immerhin beklagt er eine zusätzliche Verfolgung aller linken Kräfte, «förderte das Gesetz doch die Übernahme polizeistaatlicher Bespitzelungs- und Lockspitzelmethoden von den damals in Europa vorherrschenden Polizeiregimes».

Das Spitzelwesen hatte sich zu jener Zeit allerdings bereits auch in der Schweiz zum Nährboden für allerhand Pflänzchen entwickelt. Das ominöse Kreisschreiben von 1888 war ohne getarnte Mithörer und eingeschleuste Versammlungsteilnehmer, ohne Trinkgelder für Informanten, ohne leidenschaftliche Schnüffler ja gar nicht zu befolgen.

Am 5. Oktober 1901 wurde der preussische Staatsangehörige Wilhelm Metzger in volltrunkenem Zustand im Zürcher Niederdorf aufgegriffen und auf den Posten geführt. Dort fand man auf ihm anarchistische Zeitungen, die Sammelliste Nr. 31 «Zur Gründung einer Monatsschrift, welche freiheitlichen Ideen dienen soll», aber auch einen Brief, aus dem hervorging, dass der Mann nicht aus Überzeugung und selbstlos für freiheitliche Ideale kämpfte, sondern vor allem gegen gutes Entgelt dem Gewerbe eines Spitzels nachging. Die einfachen Ordnungshüter überstellten ihn zu «gutfindender Verfügung» dem Polizeikommando, dem die vielseitige Verwendbarkeit des Schnüffeltalents nicht entging. Mit bescheidenem Salär und einer landesüblichen Gratifikation (bei befriedigenden Leistungen) wurde Metzger der eigenen Fremdenpolizei zugewiesen. Insgesamt erhielt er in den nächsten Jahren aus den schwarzen Kassen der Polizei runde 400 Franken – vierteljährlich 25 Franken für angelieferte anarchistische Literatur, per Ende Jahr 15 bis 20 Franken als Zulage und Entschädigung der Spesen.

Schwankend zwischen Heiterkeit und Empörung, registrierte am 21. Februar 1905 der Zürcher Kantonsrat die gefährlich-dilettantische und unsaubere «Geschäftsgebarung der politischen Polizei». Initiant einer gründlichen Untersuchung mit nachfolgender turbulenter Debatte war der Sozialdemokrat und Arbeitersekretär Herman Greulich. Als Mitglied der Geschäftsprüfungskommission war ihm aufgefallen, dass dubiose Elemente, die aus der Zudienerei ihre Trunksucht finanzierten, im Solde der Politischen und der Fremdenpolizei standen. In den Arbeiterkreisen waren sie mit ihrer anarchistischen Renommiersucht zu suspekten Subjekten geworden.

Genf, rechtfertigte der angeschossene Polizeihauptmann

Niklaus Rappold sich vor der besonderen Untersuchungskommission, gebe für solche Mitarbeiter mindestens das Achtfache aus, und er enthüllte: «Wir hatten noch einige Privatleute in unserm Dienst. Ich bin bald hier und bald dort mit ihnen zusammengetroffen, meist an Sonntagnachmittagen, ausserhalb von Zürich. Ich hatte drei Spitzel zur gleichen Zeit, damit ich den einen durch den andern kontrollieren konnte.» Rappold berief sich auf eine schriftliche Order des Bundesanwalts zu den Recherchiermethoden der Politpolizei: «Da müssen Sie eben Drittpersonen gewinnen, die in diese Versammlungen Zutritt haben und Ihnen Berichte liefern können.» Von 1900 bis 1904 zahlte die Bundesanwaltschaft, der nun der Winterthurer Otto Kronauer vorstand, dem Kanton Zürich verdeckt immerhin 2386 Franken für die getarnten Informanten.

Auf jedes noch so unsinnige Gerücht hin, das in Bern, in Deutschland oder in Italien umlief, schickte der Bundesanwalt seine Horcher und Späher in den Regionen auf die Pirsch: «In Zürich soll sich unter einer bei Orell-Füssli zu erfahrenden Adresse aufhalten ein gewisser W., etwa 19 Jahre alt, gebürtig aus Halle a.S., Kunstmaler. Derselbe soll Mitglied eines anarchistischen Klubs und im Besitze eines Albums sein, in dem die Daten der geplanten Ermordung verschiedener europäischer Fürsten, insbesondere auch des deutschen Kaisers vermerkt sein sollen.» Die aufwendigen Nachforschungen zu diesem am 21. November 1902 gestellten Begehren zeitigten einen Wust an Papieren und ein Nichts an Ergebnissen.

Die Sinn- und Inhaltsleere der Ameisentätigkeit des Geheimverbandes illustriert der Schriftenwechsel zur öffentlich angekündigten «Première Assemblée du groupe international pour les camarades de la langue italienne et française» am 9. Januar 1904 im Hotel «Sonne» in Zürich. Laut Warnung des Bundesanwalts handelte es sich um eine «anarchistische Zusammenkunft», über die er genauestens unterrichtet werden müsse. Polizeisoldat Meier, offenbar nicht nur leicht überfordert, rapportierte: «Auftragsgemäss begab ich mich in die ‹Sonne›, um der Versammlung beizuwohnen. Dieselbe wurde abends um 8 Uhr eröffnet, es wurde über soziale Verhältnisse gesprochen. Bekannte Persönlichkeiten waren keine anwesend und vom Wirt M. erhält man keine richtige Auskunft, denn solcher ist der Polizei nicht gewogen. Die Versammlung verlief ganz ruhig und ohne irgendwelche Störungen zu verursachen.» Diesen Bericht, der in die Rubrik des niederen Blödsinns zu stecken gewesen wäre, schrieb das Kommando zu einer andeutungsreichen Polizei-Prosa um: «Bei diesem Anlass wurde von den Rednern ausschliesslich italienisch gesprochen und es beteiligte sich hiebei auch ein Frauenzimmer. Über den näheren Inhalt der Reden und die Personen konnten wir nichts in Erfahrung bringen. Wir werden indessen nicht ermangeln, in dieser Richtung die polizeilichen Recherchen fortzusetzen.»

Welch gigantischen Haufen an Groteskem die unermüdlich ausschwärmenden und blindlings Material heimtragenden Sammler angehäuft hatten, erschliesst ein Protokoll des Polizeiwachtmeisters Treichler: «Auftragsgemäss begaben wir uns nach der Wirtschaft X., wo K. namens eines Goethevereins einen Rezitationsabend veranstaltet hatte. Wir blieben auf dem Üetliberg, gewärtig der Dinge, die da kommen sollten. Um eine Übersicht durch den Saal und die Überwachung der Versammlung zu ermöglichen, stellte uns Frl. G. freie Hand. Trotz anfänglicher Bedenken wegen Entdeckungsgefahr wählten wir dann das Bureau als unser Versteck, von welchem aus ein Fenster in den Saal geht. Wir schlossen dasselbe ab, löschten das Licht aus und verdeckten das Fenster mit Ansichtskarten, Photographien, etc., so dass niemand hinein, wir aber zwischenhindurch alles übersehen und hören konnten. In diesem Versteck lösten wir uns die ganze Nacht abwechslungsweise ab bis morgens um 6 Uhr, ohne dass die Überwachten eine Ahnung hatten. Zwischen 8 und 9 Uhr erschienen im ganzen 20 Personen, nämlich 10 Männer, 7 Frauen und 3 Kinder, wobei es denn auch sein Bewenden hatte. Sie unterhielten sich mit Gesang, Tanz, Billardspiel und Deklamationen. Es war ein reiner Familien- und Unterhaltungsabend, von politischen oder anarchistischen Verhandlungen war keine Spur. Es wurde à la carte gegessen und Wein, Bier und Kaffee getrunken. Es gab keine Gruppierung einzelner Teilnehmer und keine geheime Besprechungen. – Das Ganze schien mehr von K. arrangiert zu sein, um seine Tochter an den Mann zu bringen.»

Prekärer war es für die Voyeure, wenn sie erkannt wurden, wie es dem tüchtigen Polizeisoldaten Spörri erging, der über eine Versammlung italienischer Sozialisten zu berichten hatte, jedoch Verdacht erregte. Einige schrien: «Polizei!» «Raus!» Spörri verliess den Saal, souverän und eiskalt, wie er der Nachwelt überlieferte: «Kaltblütig schritt ich sodann die Front dieser Anarchisten ab, jeden Einzelnen mit stechendem Blick, wie ich ihn mir in Tunesien angewöhnt habe, bemessend. Um den Verdacht von mir abzulenken, sagte ich zu einem Hinausgehenden: ‹Er hat gut gesprochen›, indem ich ihm zugleich eine Brissago anbot.» Für den rettenden Glimmstengel verrechnete der unerschrockene Wächter der Eidgenossenschaft «Fr. 2.50».

Neben dem unkontrolliert grassierenden Spitzelwesen förderte die Zürcher Untersuchung von 1905 weitere Ungeheuerlichkeiten zutage: Briefträger, Postbeamte und auch die PTT-Direktion hatten fortlaufend das Postgeheimnis verletzt, liessen sich ohne Skrupel dafür einspannen, ganze Abonnentenlisten bestimmter Periodika der Polizei zuzuhalten oder gezielt Postsendungen für gewisse Personen zu durchforschen. «Einsichtnahme aller Postsendungen (Imprimate), welche von Genf aus an die Adressen der Obigen gelangen», hatte Polizeihauptmann Rappold von den Pöstlern beispielsweise verlangt. Kellnerinnen und Wirte wurden bestochen und dazu ermuntert, ihre Gäste auszuhorchen.

Gravierend war auch der Befund, dass das Kommando der Zürcher Kantonspolizei in gewisser Hinsicht als willfährige Filiale des italienischen Konsulats tätig war: Landjäger bezogen Instruktionen direkt von den Funktionären Roms und deren äusserst aktiven Spitzeln. Ein üppiger Informationsaustausch spielte gleichfalls mit dem nördlichen Nachbarn, der manche Nachforschung anbegehrt hatte und an der Limmat eine Polizei vorfand, die ihm stets zu Diensten war.

Die gesammelten Gesetzesverstösse brachten sogar den freisinnigen Kantonsrat Theodor Frey-Nägeli in Wallung: «Wegen eines Pfifferlings wird von Bern aus alles in Bewegung gesetzt, um irgendeinen unschuldigen Bürger auszukundschaften. Dieses Spitzelwesen auf dem Boden des Kantons müssen wir verdammen. Das sind Halunken in meinen Augen und keine Ehrenmänner.»

Der sozialdemokratische National- und Kantonsrat Herman Greulich, selbst Opfer der Überwacher, wetterte, dass «nicht bloss einzelne Übergriffe und Missgriffe begangen worden sind, sondern dass hier ein Krebsschaden besteht». Die Politische Polizei mit ihrem schändlichen Tun sei ein fremdes Gewächs, von aussen aufgezwungen: «Es herrscht Willkür statt Recht.» Die Abschaffung der Politischen Polizei sei ein urliberales Postulat, kein sozialistisches.

Auf ein Reformprogramm von fünf Punkten konnten die Zürcher Volksvertreter sich trotz der Opposition des rechten Flügels der Freisinnigen einigen: Jede Überwachung von Vereinen und Versammlungen der Arbeiter sei unzulässig und nur in Ausnahmefällen gestattet. Bei Landesverweisungen müsse, soweit kantonale Behörden mitentscheiden könnten, vermieden werden, dass Abgeschobene im Ausland der Polizei in die Hände fielen. Der Einsatz von Privatpersonen im polizeilichen Nachrichtendienst wird untersagt. Viertens sei das kantonale Polizeikommando nicht mehr befugt, seitens fremder Konsulate direkt Aufträge entgegenzunehmen. Und schliesslich werden die geheimen Kassen des Polizeikommandos geschlossen: Alle Rechnungen müssten sofort völlig transparent geführt werden.

Weitergehende Forderungen der Linken – unbedingte Respektierung der Unverletzlichkeit des Postgeheimnisses sowie das Verbot der Überwachung von Personen, denen nichts anderes als eine politische Überzeugung zur Last gelegt werden könne – werden von der bürgerlichen Mehrheit weggewischt. Trotz der neuen Richtlinien hat aber die Politische Polizei keinen Rückschlag erlitten; der Alltag der Archivführer und Zuträger, lässt sich aus den Tausenden von Dossiers herauslesen, wurde durch diese Debatte und die Beschlüsse kaum gestört.

Nationalrat Herman Greulich wusste zwar, dass es «Anstrengungen kosten» wird, in Bern «in das Allerheiligste vorzudringen und alle Hindernisse, Erdwälle, Stacheldrahtzäune zu übersteigen, die zum Schutz der Bureaux und der Archive der Bundesanwaltschaft gezogen worden sind». Gleichwohl wollte er dem 50 000-Franken-Budget für diese Amtsstelle das sonst übliche Kopfnicken versagen, weil damit doch nur Polizeispitzel alimentiert würden. Wortreich und mit Schauder verursachenden Beispielen von angeblicher politischer Übeltäterei verteidigte der damalige EJPD-Chef, Bundesrat Ernst Brenner, ein vehementer Verfechter aller möglicher Staatsschutzaktivitäten, die Bundesanwaltschaft und stellte gleichzeitig jede Entlöhnung von Spitzeln in Abrede. Mehr noch, der Bundesrat missbillige den Einsatz von Spitzeln, ausländische schiebe er jeweilen ab. Der Zürcher Polizeihauptmann Niklaus Rappold habe aus eigenem Antrieb heraus gehandelt.

Die Stellungnahme Brenners war eine glatte Lüge. In einem Gutachten für das Justiz- und Polizeidepartement hatte nämlich der Bundesanwalt den Einsatz von Lockspitzeln ausdrücklich als erwünscht und nötig bezeichnet: «Wenn auch dieses Gewerbe ein moralisch verwerfliches ist, ist doch ein solcher Nachrichtendienst – nach Ansicht des Generalanwalts – keine rechtswidrige Handlung. (...) Es werden nicht unzulässige polizeiliche Funktionen ausgeübt. Die Sammlung von Nachrichten, Nachspüren und Mitteilungen der gemachten Beobachtungen an Drittpersonen ist statthaft und nicht unter Strafe gestellt. Es ist auch nicht einzusehen, wie durch den erwähnten Spionendienst die innere oder äussere Sicherheit der Schweiz gefährdet werden könnte.» Den um Rat fragenden Kantonsregierungen empfahl der Bundesanwalt ausdrücklich den Einsatz von Agents provocateurs.

Der Deutsche Wilhelm Metzger übrigens, dessen Ungeschicklichkeit in Zürich die Affäre zum Platzen gebracht hatte, war der Bundesanwaltschaft als Mitarbeiter der preussischen Polizei bekannt. Die helvetischen Kontrolleure hatten 1895 im Anarchistenblatt «Freiheit» gelesen, er sei wohl ein Polizeispion, und Nachforschungen veranlasst. Sein Dossier hielt fest, dass er monatlich 160 Franken aus Deutschland zugeschickt erhielt und mit Geheimräten in Berlin in Briefverkehr stand. Das Spitzelwesen war allerdings keine Zürcher Spezialität, sondern gesamtschweizerisches System.

Abgebogen wurden die teilweise heftigen Debatten immer wieder mit dem beruhigenden Hinweis, alle diese Aktivitäten richteten sich allein gegen Ausländer. Indes stand diese Beschwichtigung mit der Realität in keinem Zusammenhang. 1895 kam Bundesrat Joseph Zemp zu Ohren, dass die Betriebsangestellten der Jura-Simplon-Bahn im Berner «Café des Alpes» eine Versammlung einberufen hatten, um über einen «Musterstreik» zu beraten. Fritz Hodler, der eifrige Sekretär der Bundesanwaltschaft, hatte dem Verkehrsminister die Bähnler-Besprechung, die wohl weder unter «anarchistischer Verschwörung» noch unter sicherheitsgefährdenden «Umtrieben von Ausländern» zu behandeln war, eilig hinterbracht. In Zemps Auftrag setzte sich der Berner Landjägerwachtmeister Mollet in Bewegung, um «zu erfahren, was an der Versammlung des J.-S.-Personals im ‹Des Alpes› gehen wird». Solche Regelverstösse wurden immer wieder publik, blieben jedoch stets ungeahndet.

Die Bundesversammlung, die bereits damals einen nur minimalen Willen zeigte, über die Vorgänge in der sorgsam abgedunkelten Staatsschutzkammer unterrichtet zu werden, mochte dennoch die Überwachung von Schweizerbürgern nie im Gesetz festschreiben. Als um die Jahrhundertwende die Bundesanwaltschaft reorganisiert wurde, setzte zwar der Nationalrat die Generalvollmacht in deren Pflichtenheft, «dass sich die polizeiliche Tätigkeit der Bundesanwaltschaft auf alle Landesbewohner ohne Unterschied zwischen Einheimischen und Fremden erstrecke». Der Ständerat aber radierte diesen Passus wieder aus und beschränkte den Aktionsradius der Berner Wächter weiterhin auf die Fremdenpolizei nach bisherigem Gesetz.

Diese Anweisung freilich war mehr ein Verschliessen der Augen vor der Wirklichkeit als ein klarer politischer Auftrag.

Aus dem Selbstverständnis der immer feinmaschiger organisierten Institution heraus musste auch die Observierung von Schweizern zwangsläufig zur konstanten Praxis werden. Der Publizist Johann Langhard, Apologet einer zugriffigen Politischen Polizei, dessen Sicht der Probleme recht eigentlich identisch war mit der bundesanwaltschaftlichen Perspektive, rechtfertigte die widerrechtliche Expansionspolitik: «Die Tätigkeit der politischen Polizei besteht daher nicht bloss in der Fremdenpolizei, sondern sie wendet ihre Aufmerksamkeit auch Schweizerbürgern zu, welche in der anarchistischen oder antimilitaristischen Bewegung eine Rolle spielen, überhaupt die internationalen Beziehungen oder die innere oder äussere Sicherheit der Schweiz gefährden. Demgemäss macht das Kreisschreiben vom 11. Mai 1888 in bezug auf die den kantonalen Polizeibehörden im Gebiete der politischen Polizei erteilten Weisungen keinen Unterschied zwischen Fremden und einheimischen Bürgern. (...) Die Überwachung auch von Schweizerbürgern ist konstante Praxis der eidgenössischen politischen Polizei», verteidigte Langhard den Aufbau der flächendeckenden Kontrolle, dabei unbekümmert ein Kreisschreiben über die Beschlüsse der eidgenössischen Räte stellend...

«Das Hochwasser der letzten Tage, das ja verschiedenerlei unappetitliches Zeug mitschwemmte, trieb uns ein Schriftstück zu, das die Leser in der verkleinerten Form hier vorfinden», ritt am Samstag, dem 18. Juni 1910, die Berner «Tagwacht» mit dem Faksimile-Abdruck eines weiteren «Kreisschreibens» die nächste Attacke auf die Bundesanwaltschaft. Zuoberst auf der Liste von über dreissig als «Anarchisten» und «Antimilitaristen» bezeichneten Männern, die von den Kantonsbehörden ganz speziell im Auge behalten werden sollten, figurierte «GRABER Achille, Mechaniker und Redaktor, (Kreisschr. 1907 No. 12 Ziff. XI), befindet sich seit August 1909 in Genf, wo er sich bis jetzt weder als Antimilitarist noch sonstwie bemerkbar gemacht hat». Graber, und das weckte den besonderen Zorn der Genossen, war Sekretär des grössten schweizerischen Gewerkschaftsverbandes und von den Politpolizisten auch registriert worden, weil die sozialdemokratische Partei des Kantons Bern ihn als Redner gegen das bernische Streikgesetz nominiert hatte. Darin sah die «Tagwacht» den Beweis, dass schlicht alle Versammlungen der Gewerkschaften beschnüffelt würden. Dass Graber die Aufmerksamkeit der Staatswächter erregt hatte, ging auf einen falsch interpretierten Artikel des Syndikalisten in der Zeitung «Voix du peuple» zurück.

Dem sofort interpellierenden Deputierten Alfred Brüstlein gegenüber musste Bundesrat Ludwig Forrer, der den erkrankten Justizminister Brenner vertrat, eingestehen, dass die Politische Polizei auch in allen bürgerlichen Ehren stehende Schweizer in ihren Registern erfasst habe. Grundlage dafür sei die «Lex Silvestrelli». Allerdings konzedierte Forrer, der 21 Jahre zuvor die Kompetenzen der Bundesanwaltschaft auf die Kontrolle von Ausländern beschränken wollte, dass eine bessere gesetzliche Fundierung dieses selbstherrlich definierten Wächteramtes wünschbar wäre. In merkwürdiger Logik kehrte der alt gewordene, früher so reformfreudige Politiker die Beweislast wieder einmal um: Überwachte Schweizer würden sich mit den gegen sie angeordneten Massnahmen selbst qualifizieren, so dass sie sich nicht zu beklagen hätten.

Nicht ohne Stolz verkündete Forrer vor dem Nationalrat noch, der Bundesrat könne alle in der Schweiz lebenden Anarchisten aufgrund einer 1902 eingerichteten Kartei namentlich benennen. Sämtliche seien mit ihren Signalementen (inzwischen wurde auch ein anthropometrisches Register geschaffen) erfasst. An 25 Orten der Schweiz kenne die Landesregierung rund 150 Anarchisten, 50 allein in La Chaux-de-Fonds. Aus den Andeutungen muss geschlossen werden, dass der Magistrat die erste «Verdächtigen-Liste» meinte, die den Behörden die präventive Internierung «unsicherer Elemente» erlaubt hätte.

III

«Die Sowjets wühlten», log Bundesrat Motta

Wie der Antikommunismus zur Staatsdoktrin wird und die Schweizer in vertrauenswürdige und verdächtige Bürger einteilt

Am Abend des 10. März 1923 will Waclaw Worowski, Spitzendiplomat in sowjetischen Diensten und Delegierter an der Konferenz über die Meerengen von Bosporus und Dardanellen, in seinem Hotel in Lausanne das Nachtessen verzehren, als ihn ein Mann attackiert und mit mehreren Schüssen tötet; sein Begleiter wird verletzt. Der Mörder heisst Moritz Conradi; als Sohn eines reichen Schweizer Fabrikanten in Petersburg geboren und aufgewachsen, diente er als Leutnant in der zaristischen Armee, kämpfte nach der Revolution mit den «Weissen» gegen die Bolschewiken und schwor sich später, nachdem sein Vater und zwei Verwandte von Roten Garden erschossen worden waren, alle sowjetischen Funktionäre umzubringen. Conradis einziges Opfer bleibt Worowski.

Der Bundesanwalt will mit diesem Mordfall nichts zu tun haben. Eine juristische Haarspalterei erlaubte es, die konfliktträchtige Affäre der Waadtländer Justiz zuzuschieben: Weil die Regierung der Sowjetunion von der Schweiz nicht anerkannt werde und der Unterhändler Worowski demzufolge als Privatperson ohne diplomatischen Status zu betrachten sei, bilde dessen Ermordung ein Verbrechen ohne jede politische oder internationale Dimension, sei also ein rein persönlicher Racheakt.

Diesen Seiltanz des obersten Anklägers der Eidgenossenschaft führt der Bundesrat öffentlich auf. Gegen den Willen des verbissen-fanatischen, bisweilen fast pathologischen Antikommunisten Jean-Marie Musy, eines reaktionären Freiburger Katholiken, der dem Eidgenössischen Finanz- und Zolldepartement vorsteht, bequemt die Landesregierung sich zwar zu einem Communiqué, in welchem sie den Mord verurteilt, ihn gleichzeitig aber – noch vor der ersten gerichtlichen Untersuchung – als die Tat eines einzelnen hinunterspielt. Musy und Aussenminister Giuseppe Motta erreichen in der Regierungssitzung immerhin, dass keine Kondolenzadresse nach Moskau gesandt wird.

Damit liess der Bundesrat sich ganz auf der Woge der vor allem in der Westschweiz herrschenden Volksstimmung tragen: Die sowjetische Delegation war bereits äusserst feindselig empfangen worden; die Diplomaten wurden beschimpft, bedroht, belästigt; bisweilen flogen Steine gegen ihr Hotel. Aggressive Kommentare in der Presse heizten die Hysterie an; hinter der permanenten antisowjetischen Propaganda zogen Exilrussen, die am Genfersee sehr stark vertreten waren, die Fäden. Grosse Teile des Bürgertums begrüssten gar öffentlich den Mord. «Un de moins» lautete einer der Sprüche, die selbst in den Parlamenten zu hören waren.

Während der Bundesrat, auf der populistischen antikommunistischen Welle schwimmend, sich in einen unheilvollen Communiqué-Krieg mit Moskau verstrickt (und in der höchst delikaten Situation gar zu einer Attacke auf die Sowjetunion ausholt), findet das Verbrechen vor dem Schwurgericht Lausanne seinen Abschluss: Der Prozess gegen Moritz Conradi gerät zur massiven Anklage gegen den Bolschewismus; die fünf Geschworenen sprechen den Mörder frei. Der voreilige rechtsbürgerliche Applaus für diese «patriotische Tat» weicht allerdings rasch einer gewissen Bestürzung, als die internationalen Reaktionen auf das Hurra-Verdikt massiv negativ ausfallen. Auch der diplomatisch bedrängte Bundesrat bedauert das Urteil, hält jedoch nach parlamentarischer Kritik daran fest, das Delikt sei kein Fall für die Bundesbehörden gewesen.

Als Entlastungszeuge für Conradi trat in Lausanne neben anderen Henri Croisier auf, Redaktor am «Feuille d'avis de Montreux». Er deponierte vor Gericht den bemerkenswerten Satz, er werde jedem, der einen Sowjetfunktionär umbringen wolle, die Instrumente dafür zur Verfügung stellen. Croisier, der sich als potentieller Helfer bei Kapitalverbrechen zu erkennen gegeben hatte, wurde von der präventiv tätigen Politischen Polizei nicht erfasst und trotz seines Bekenntnisses zu Gewalt und Terror in Bern nicht fichiert... Anwärter auf Dossiers blieben vor allem Kommunisten, Sozialdemokraten, Antimilitaristen.

Zwar hatten sich Bürgertum und Sozialdemokratie beim Ausbruch des Ersten Weltkriegs zu einem Burgfrieden gefunden; nur zwei der zwanzig linken Abgeordneten im Parlament (der Neuenburger Ernest-Paul Graber und der Waadtländer Charles Naine) wollten die militärische Landesverteidigung nicht über den internationalen Kampf der Arbeiterschaft zur Verbesserung ihrer Lage stellen. Die heftigen sozialen Kämpfe von 1917 und 1918 fügten den Bürgerlichen, die allein die Landesregierung stellten und die eidgenössischen Räte erdrückend dominierten, ein Trauma zu, von dem sie sich bis heute nicht ganz erholt haben.

1917 toben – wie in andern Schweizer Städten – in Zürich blutige Auseinandersetzungen. Demonstrationen und Streiks, die sich insbesondere gegen die grassierende Teuerung richten, münden in Strassenschlachten, die vier Menschen das Leben kosten und zahlreiche Verletzte fordern. In allen grossen Städten werden darauf – als erste Reaktion – Militärstützpunkte eingerichtet; Kleinbürger beginnen sich in bewaffneten Gruppen zu organisieren; als Besammlungsorte für den Ernstfall bezeichnet man in Zürich die Zunfthäuser.

Am 31. Oktober 1918 feiert die Schweizer Arbeiterschaft den Jahrestag der Russischen Revolution. In der SP-Presse werden Artikel verbreitet, die dem Bürgertum Angst einjagen: «Schon rötet die nahende Revolution den Himmel über Zentraleuropa. Der erlösende Brand wird das ganze morsche, blutdurchtränkte Gebäude der kapitalistischen Welt umfassen.» Zu diesem Zeitpunkt befinden sich 2000 Bankangestellte in Zürich bereits seit vier Wochen im Ausstand; bewaffnete Arbeitergruppen, Trämler vor allem, patrouillieren auf der Bahnhofstrasse. Der Zürcher Regierungsrat verhandelt mit den Streikenden, die Banken jedoch lenken nicht ein. Das unheilvolle Spiel von Drohung und Gegendrohung, von Gewalt und Gegengewalt, Aktion und Reaktion läuft ohne Schiedsrichter mit Überblick ab.

Das «Oltener Komitee» ruft am 10. November 1918 einen 24stündigen landesweiten Generalstreik aus; die Behörden kontern mit einem ersten Truppenaufgebot; das Streikkomitee unter der Führung von Robert Grimm dehnt die Arbeitsniederlegung auf den 11. bis 15. November aus; der Bundesrat mobilisiert 100 000 Mann, die gesamte Kavallerie und fünf Infanterie-Divisionen, und droht ultimativ mit einem Militäreinsatz. Am 12. November gibt das «Oltener Komitee», ohne dass es eine seiner nicht sonderlich revolutionären Forderungen durchzusetzen vermochte, kampflos nach; die etwa 300 000 streikenden Arbeiter (rund die Hälfte der Werktätigen hatte die Arbeit niedergelegt) kehren in die Betriebe zurück. Die Streikführer, unter ihnen der spätere erste SP-Bundesrat Ernst Nobs oder der Berner Regierungsrat und Nationalratspräsident Robert Grimm, werden wie viele Rädelsführer in den Betrieben zu Haftstrafen verurteilt.

Aus Distanz betrachtet, war die beidseitige Erregung, die in die unheilvolle Konfrontation führte, auf eine Kette von Missverständnissen, Fehlinterpretationen und Überreaktionen zurückzuführen. Damals aber sahen es Behörden und Staatsschützer ganz anders. Im Oktober 1918, kurz vor Ausbruch des Generalstreiks, legte der Erste Zürcher Staatsanwalt Alfred Brunner seinen abschliessenden Bericht über die Unruhen von 1917 vor. Sein Erklärungsmodell der sozialen Kämpfe wurde in der Folge immer wieder zitiert und darf mithin als die behördliche und bürgerliche Sicht der Vorgänge gelten. Nach diesen Thesen wurde die gesamte Politik der Linken in den folgenden Jahrzehnten beurteilt; sie gingen von einem Axiom aus, das sich bis in die heutigen Tage hinein gehalten hat: Alle reformerischen oder «revolutionären» Aktivitäten wurden über lange Fäden von Moskau aus ferngesteuert, von Lenin persönlich, der seit Kriegsausbruch bis 1917 in der Schweiz weilte.

«Für ihre Agitation in der Schweiz», analysierte Brunner, «gründeten die Russen eine besondere Gruppe, die sogenannte ‹Zimmerwalder-Linke›, in die sie Mitglieder der schweizerischen Partei aufnahmen und, soweit sie nicht selbst hervortreten wollten, durch diese die Partei beeinflussten und leiteten.» Dass die Unruhen von 1917 vor dem Bezirksgefängnis Zürich eine tragische Episode ohne Weltrevolutions-Charakter waren, musste auch Brunner einräumen, nur, diagnostizierte er, um seine Theorie der vollständigen Manipulation aus dem Osten aufrechtzuerhalten, hätten die Massen die Signale missinterpretiert. «Haltet euch bereit!», sei ihnen von Lenin, der den Zeitpunkt der Revolution für noch nicht gekommen gehalten habe, zugerufen worden. Verstanden hätten die Arbeiter jedoch: «Schlagt los!»

Jetzt aber, im Oktober 1918, wusste Brunner, hätten die Verhältnisse sich derart geändert, «dass nunmehr geschlossen werden muss, dass die Russen den Ausbruch der sozialistischen Revolution in der Schweiz verlangen, als Ansporn für die von ihnen vorbereitete deutsche Bolschewiki-Revolution. Ein reges Reisen von Abgesandten Lenins nach der Schweiz findet zum Zwecke der Erteilung von Instruktionen statt, und die schweiz. Bolschewikiführer reisen nach Russland, um die Befehle des Diktators entgegenzunehmen. Wieder rollt der Rubel.»

Die Organisation der Revolution (und damit der gesamten linken Opposition) hatte man sich laut Brunner folgendermassen vorzustellen: Lenin scharte in Zürich seinen engsten Kreis von Freunden um sich; zu diesen Vertrauensleuten zog er den Schweizer Fritz Platten und den in der Schweiz lebenden Deutschen Willi Münzenberg, die «beiden agitatorisch wirksamsten Kräfte», hinzu. An diese Führerclique, die alles entschied, war die «Zimmerwalder-Linke» (benannt nach dem Konferenzort der internationalen Linke in der Nähe von Bern) angekoppelt, in die nur Zutritt erhielt, wer auf Lenins Programm eingeschworen war und Einfluss hatte in Partei und Gewerkschaften. Von dieser Keimzelle aus, die wiederum lediglich Werkzeug des geheimen Komitees war, wirkten die Führer der Linken in alle Richtungen, «in Partei und Gewerkschaft. Durch sie wurden die Ideen der ‹Zimmerwalder-Linke› und das Programm der Bolschewiki in die Massen getragen, und so entstand die ‹Zimmerwalder-Linke› bald im weitesten Sinne als eine bald herrschende Bewegung der Arbeiterschaft. Genossen, die von den Russen nichts wussten, denen nicht einmal der Name Lenins bekannt war, die aber gewohnt waren, auf ihre Führer und Vertrauensleute zu hören, erfüllten durch diese Art der Organisation Lenins Willen und stimmten nach seiner Parole.»

Diese Analyse, der auch die Bundesanwaltschaft folgte, verlangte zwangsläufig die integrale Überwachung aller Kommunisten, Sozialisten und Sozialdemokraten, deren politischer Vertreter, Wortführer und der Mitläufer. Die Archive der Politischen Polizei füllten sich mit Tausenden von Aufzeichnungen über sämtliche Frauen und Männer, die je bei Streiks, Arbeitskämpfen und sozialen Begehren eine Rolle gespielt haben. Allein Robert Grimm, später in höchste Chefbeamten- und Regierungschargen aufgestiegen, brachte es bis 1935 auf 74 Dossiers oder Notizen; jeder seiner Vorträge wurde von Polizisten oder Privaten mitgehört, zusammengefasst und eingelagert. Die Mitglieder der sozialdemokratischen Fraktion der eidgenössischen Räte wurden in der Zwischenkriegszeit ausnahmlos auch auf den Listen der Bundesanwaltschaft geführt. Und von der sonst nirgends in Erscheinung getretenen Tochter des früheren SP-Abgeordneten Alfred Brüstlein hat ein eifriger Wächter der Nachrichtensektion des Armeestabs der Bundesanwaltschaft die Warnung zugesteckt, dass sie im Schatten für die Revolution arbeite und sich einem «gewissen Nobs» angeschlossen habe. Am 19. März 1919 meldete der Mann: «Pendant la dernière grève, elle était destinée – au cas où cette grève et la révolution eussent réussi – à une position au Bundesrat.»

Der vom Zürcher Staatsanwalt Brunner verbreiteten und von Polizei, Justiz und Militär einhellig akzeptierten Doktrin zufolge musste auch die Gefahr, die von seiten der linken Presse ausging, ständig unter Kontrolle gehalten werden. Weil Grimm und die Berner «Tagwacht» lange vor dem Generalstreik 1918 aus der ultralinken Kampffront ausgeschert waren und sich zum reformerischen Zentrum hinbewegten, konstatierte Brunner: «Das Organ der ‹Zimmerwalder-Linke› wurde nun das ‹Volksrecht›». Dort habe die Opposition «den mehr reformistischen und deutschfreundlichen Redakteur Sigg gesprengt und durch Nobs ersetzen lassen. Dieser und sein Organ standen fortan unter russischer Kontrolle. (...) Heute ist das ‹Volksrecht› bekanntlich das offiziöse Organ der russischen Sowjetrepublik für die Schweiz geworden.» Am 15. Dezember 1943 jedoch wurde der «Moskowiter» Ernst Nobs als erster Sozialdemokrat in den Bundesrat gewählt!

Der Schock der Bürgerlichen, welche die Eidgenossenschaft kurz vor der gewaltsamen Umwandlung in eine bolschewistische Diktatur wähnten, bestimmte die Optik bei der Wahrnehmung sämtlicher politischer Vorgänge. Bereits 1917 hatte der Bundesrat vorsichtige und sehr zaghafte Versuche unternommen, mit dem neuen Sowjetregime, das als Regierung von der Schweiz noch nicht anerkannt worden war, diplomatische Kontakte einzufädeln. Nach langwierigen Abklärungen – die Bundesanwaltschaft etwa überprüfte und observierte jeden für den Berner Posten vorgeschlagenen Kandidaten minutiös, ohne dass sie allerdings auch nur in einem einzigen Falle fündig geworden wäre – wird Jan Antonowitsch Berzin der erste Vertreter der Sowjetregierung in Bern. Er residiert mit seinem Stab an der Schwanengasse 4. Zuvor hat er mehrfach das Versprechen ablegen müssen, sich in keiner Weise in die inneren Angelegenheiten der Schweiz einzumischen. Der Bundesrat rang ihm diese Zusicherung ab, um nötigenfalls einen Grund für die Ausweisung der Mission beibringen zu können. Beim offiziellen Empfang durch Bundespräsident Felix L. Calonder bestätigte Berzin, ein nobler und gebildeter Wissenschafter, diese Verhaltensregel. Gleichwohl goutierte die Mehrheit der Bürgerlichen die De-facto-Beziehung zum sowjetischen Regime gar nicht.

Druck üben auch die Nachbarstaaten aus, die wiederholt in Bern vorstellig werden und drohen, notfalls selbst in der Schweiz für Ruhe und Ordnung zu sorgen, wenn der Bundesrat den drohenden Umsturz nicht aus eigener Kraft zu verhindern wisse. Französische und britische Geheimdienste vermuten eine enge Kollaboration der schweizerischen Linken mit der Sowjetmission und befürchten eine Propagandalawine, die von den Alpen aus ganz Westeuropa überrollen werde. Zu den beiden freisinnigen Bundesräten Arthur Hoffmann und Edmund Schulthess notiert der britische Geheimdienst gar: «It is not too much to say that they are acting simply as Bolshevik agents.» Im Vorfeld des Generalstreiks, als die Lage sich zuspitzt, laufen immer wildere Gerüchte um über angebliche sowjetische Vorbereitungshandlungen: 50 Millionen Franken seien in die Schweiz transferiert worden, um die aufrührerische Linke zu alimentieren. Via Berlin werde massenhaft Propagandamaterial eingeschleust. In Beatenberg am Thunersee finde demnächst eine Bolschewistenkonferenz statt. Eine Generalinstruktion Lenins (für den Fall der erfolgreichen helvetischen Revolution) verlange Geiselnahme und öffentliche Hinrichtung der Spitzen des Militärs, der Verwaltung und der Politik; Vermögen über 1000 Franken müssten konfisziert werden, und der Lenin-Intimus Karl Radek werde die Eidgenossenschaft als künftiger Diktator knebeln. Kein Wort von alledem konnte belegt oder bestätigt werden, das völlig verschreckte Bürgertum jedoch war bereit, jede Silbe zu glauben.

Am 6. November 1918 bereits beschloss der Bundesrat in einem vorerst noch geheim gehaltenen Erlass, die Sowjetmission in Bern aufzulösen und sämtliche Mitglieder der Vertretung auszuweisen. Zwei Tage später, der Streik war noch nicht landesweit ausgerufen worden, veröffentlichte er nach massivem ausländischem Druck folgendes Communiqué: «Der Bundesrat kann sich heute der Erkenntnis nicht entziehen, dass die in der Schweiz unter dem Einfluss bolschewistischer Agenten planmässig betriebene und immer weiter um sich greifende revolutionäre Propaganda, die die bolschewistische Gewalttat und den bolschewistischen Terror verteidigt und verherrlicht, im Einvernehmen und mit Unterstützung der russischen Sowjetmission in Bern betrieben wird.»

Die Ausweisung wurde auf den 10. November angesetzt, konnte jedoch um einen Tag aufgeschoben werden. Unter entwürdigenden Bedingungen – rempelnde Gaffer verletzten Angelika Balabanowa bei ihrem Spiessrutenlaufen – wurden die Sowjets in einer peinlichen Odyssee mit schlechten Fahrzeugen an die Grenze nach Konstanz geführt.

Oberstleutnant Roger de Diesbach, Leiter der Kommandoaktion, drohte in rüdem Ton, sofort das Feuer zu eröffnen, falls jemand einem seiner Befehle nicht nachkommen sollte.

Voreilig erhob der Bundesrat den Vorwurf des «Landesverrats» an die Adresse aller, die Kontakt mit den Sowjets gepflegt hatten. Eine grossangelegte gerichtliche Untersuchung mit zahlreichen Hausdurchsuchungen förderte indes nichts Belastendes an die Oberfläche. «Der Nachweis systematischer bolschewistischer Agitation und Propaganda kann weder gegenüber Dr. Bagockij (Russischer Rot-Kreuz-Repräsentant, der Verf.) noch gegenüber seinen Angestellten als erbracht gelten», mussten die zwei eidgenössichen Untersuchungsrichter eingestehen. Zuhanden des Geschäftsberichtes des Bundesrates beklagte die Bundesanwaltschaft kleinlaut, das Diplomatengepäck habe eben nicht durchwühlt werden dürfen: «Unter diesen Verumständungen war es unmöglich, den aktenmässigen Nachweis zu erbringen.» Ein Verfahren gegen Robert Grimm, dem «Hochverrat, Aufruhr und Aufreizung» angelastet werden sollten, musste bereits in einer frühen Phase eingestellt werden.

Trotz dieses bösen Fiaskos der Staatsschützer ging der Vorwurf der konspirativen und gar materiellen Zusammenarbeit als Axiom in die Schweizer Geschichte ein. Selbst Bundesrat Giuseppe Motta kolportierte die offensichtliche Lüge, als er 1934 seine berühmte Rede vor dem Völkerbund in Genf hielt, mit der er die Türe für die Sowjetunion zusperren wollte: «Als uns 1918 der Versuch eines Generalstreiks mit dem Schrecken eines Bürgerkrieg bedrohte, mussten wir mit militärischer Gewalt eine Sowjetmission, die wir in Bern geduldet hatten, entfernen; denn sie war an der Wühlerei beteiligt.»

Als am 9. November 1932 eine antifaschistische Demonstration in Genf mit Militär aufgelöst wurde, forderte der unüberlegte Einsatz unerfahrener Mitrailleur-Rekruten aus Lausanne 13 Tote unter den Arbeitern. Der «Schwarze November» führte zur Verurteilung des Linkssozialisten Léon Nicole, der die Arbeiter aufgewiegelt habe, und zur Bildung der neuen Legende, sowjetische Agenten hätten die Kundgebung gesteuert. Obschon jeder Beweis dafür fehlte, hinderte dies die Verbreitung der Mär in keiner Weise. Dieser Argumentationslinie, hausgemachte Probleme und Konflikte als Werk moskowitischer Dämonen darzustellen, folgten viele Behörden und Politiker bis fast auf den heutigen Tag.

Immerhin konnten die Fahnder, denen der Nachweis des schweizerischen Ursprungs der Weltrevolution nicht gelingen wollte, in die Jahresberichte immer wieder Episoden einstreuen, die «mit aller Deutlichkeit» zeigen sollten, «dass in extremen Kreisen Mittel zum gewaltsamen Umsturz bereitgestellt werden». Vor Augen geführt wurden solche Machenschaften am Beispiel von drei Gewerkschaftern, die 1918 aus einem Munitionsmagazin in Brugg Sprengpatronen und elektrische Zünder entwendet und mit diesem explosiven Material in einer Höhle bei Bad Schinznach experimentiert hatten.

Der Antikommunismus wurde nach und nach zur eigentlichen Staatsdoktrin; die Bolschewiken-Psychose mischte sich mit anderen Strömungen zu einem kruden Feindbild. Bald wurde im Nationalrat das Lied vom «slawischen Untermenschen» angestimmt. «Einmal kamen mir diese Gestalten bedauerlich vor mit den ungewaschenen Gesichtern», geiferte der Berner Volksvertreter Arnold Knellwolf (Sozialpolitische Gruppe) der verjagten Sowjetmission nach, «mit ausgesprochen halbasiatischem oder ganzasiatischem Gepräge, die nur kurze Zeit gewohnt und gelebt haben in einer richtigen, uralten Demokratie, die aber doch nicht einmal das einfache Abc der echten Demokratie gelernt haben.» 13 Jahre später wurde die Staatsfeinde-Melodie bereits mit faschistischen Klängen unterlegt. «Solange als der nordische Geist in Russland dominierte», sympathisierte 1932 der Basler Rudolf Arnold Gelpke von der Bauern-, Gewerbe- und Bürgerpartei (BGB) mit den neuen rassistischen Strömungen, «war Ordnung und Gesittung. Die konstruktiv-organischen Kräfte gelangten voll zur Geltung. Sobald aber der tartarisch-mongolische Geist die Oberhand gewann, waren Anarchie und Zersetzung Trumpf.»

Die jüdische Abstammung vieler führender Revolutionäre machte den latenten Antisemitismus vielerorts wieder salonfähig. Hinzu kam, dass die katholische Kirche sich dezidiert gegen den Kommunismus ausgesprochen hatte und die Bolschewiken als Antichristen geisselte.

Die bestehenden Gesetze seien eben ungenügend, klagte die Bundesanwaltschaft nach den Generalstreik-Verfahren, deren Ausgang keinem Vergleich mit der voreilig verkündeten Gefahr eines Umsturzes standhielt. Während des Ersten Weltkriegs hatte der Bundesrat den Staatsschützern ausserhalb des ordentlichen parlamentarischen Geschäftsganges laufend neue Aufgaben zugeschanzt und diese Amtsstelle sukzessive von der ursprünglichen Fremdenpolizei zu einer zentralen Politischen Polizei grossgezogen. Sie wird zuständig für die Überwachung und allfällige Beschlagnahmung revolutionärer Schriften, erlässt zuhanden der kantonalen Instanzen die nötigen Sicherheitsbestimmungen bei Besuchen von Staatsoberhäuptern. 1916 überträgt ihr die Landesregierung die Verfolgung von nachrichtendienstlichen Tätigkeiten für ausländische Staaten; bisher waren diese Delikte der Militärgerichtsbarkeit unterstellt. Die Nachrichtenabteilungen der Armee, die Heerespolizei und die kantonalen Kundschafter werden als Mitarbeiter und Zuträger der Bundesanwaltschaft beigeordnet.

Des Schweizers Verhältnis zu den Behörden und zum Antikommunismus, den diese predigen, war stets ambivalent. Zwar bildete der Kampf gegen den Bolschewismus ein starkes identitätsstiftendes Moment von der rechtsbürgerlichen Flanke des politischen Spektrums bis tief in die Arbeiterschaft hinein, und behördliche Sanktionen gegen angebliche oder tatsächliche Kommunisten und Revolutionäre fanden immer eine applaudierende Mehrheit. Andrerseits widersetzte das Volk sich während Jahrzehnten jedem Versuch der Behörden, sich neue Kompetenzen und mehr Polizeigewalt zu verschaffen. 1903 kam, nach den vorgängigen Rohrkrepierern, ein erstes Referendum gegen einen Staatsschutzerlass zustande. Auf Angriffe der Gewerkschaften und der sozialistischen Presse gegen die bürgerlich dominierte Armee, die immer wieder gegen Streikende aufgeboten wurde, reagierten Landesregierung und Parlament mit dem «Maulkorbgesetz», wonach bestraft werden sollte, wer Militärpflichtige zu einer Dienstverletzung «anstiftet oder verleitet oder anzustiften oder zu verleiten sucht». Das Volk blockierte den Versuch seiner Gängelung, was antimilitaristischen Kreisen Auftrieb und der Bundesanwaltschaft ein neues Betätigungsfeld gab, da nun ausländische Friedenspropheten mit Redeverbot belegt werden mussten.

Kurz nach dem Generalstreik von 1918 reichte ein «Komitee gegen den Bolschewismus» die «Schutzhaftinitiative» ein. 62 323 Bürger hatten die Forderung unterschrieben: «Der Bundesrat hat die Pflicht, Schweizerbürger, die die innere Sicherheit des Landes gefährden, unverzüglich in Schutzhaft zu nehmen.» Diese Beschneidung der Freiheitsrechte wertete auch der Bundesrat als mit einer Demokratie nicht mehr vereinbar, wusste der Initianten gute Absichten aber dennoch eingehend zu würdigen. Am 18. Februar 1923 wies der Souverän den Angriff auf seine Rechte mit einer Wucht sondergleichen zurück: Nur noch 54 400 Stimmberechtigte mochten zu dieser Präventivhaft stehen, 437 500 lehnten sie ab.

Bundesanwaltschaft und Landesregierung bastelten indes einen indirekten Gegenvorschlag zu dem Volksbegehren, die «Lex Häberlin I», benannt nach dem freisinnigen Thurgauer Bundesrat und EJPD-Chef Heinrich Häberlin. «Es springt in die Augen», begründete die Bundesanwaltschaft die Revisionsvorlage, «und ist auch ohne weiteres erklärlich, dass in den letzten Dezennien mit der Änderung der politischen Formen, der Parteien, der Interessengruppen, der politischen und wirtschaftlichen Ziele sich auch die Formen des Kampfes gegen die bestehende staatliche Ordnung geändert haben.» Nach dieser «Umsturznovelle», die den Staatsschützern neue schnittige Waffen verschafft hätte, sollten Hochverrat, Aufruhr, Widersetzung, Wahlvergehen, Gefährdung der staatlichen Ordnung und Sicherheit, Aufforderung und Verleitung zur Verletzung der militärischen Dienstpflichten, Untergrabung der militärischen Disziplin, Ungehorsam gegen Befehle und Verordnungen sowie Landfriedensbruch unter Strafe gestellt werden.

194954 Bürger, denen diese Leinen zu straff waren, unterschrieben ein Referendum der Sozialdemokraten. Das Volk wollte am 24. September 1922 von einer Beschneidung der Presse-, Glaubens- und Gewissensfreiheit nichts wissen.

Nach dem «Schwarzen November» von 1932 in Genf hielten die Behörden die Zeit für günstig, einen neuen Erlass vorzulegen, mit dem die öffentliche Ordnung zu schützen sei. Die «Lex Häberlin II», das «Ordnungsgesetz», welches Vereins- und Versammlungsrechte schmälern wollte, ereilte 1934 aber das gleiche Schicksal wie seine Vorläufer. Allen Versuchungen, mit mehr Polizei und weniger Freiheit die sozialen und politischen Probleme zu lösen, hatte das Volk damit widerstanden. Häberlin trat darauf aus seinem Amt zurück – im Groll zwar, aber auch mit neuen Einsichten:

Als er Ende 1936 nämlich Bundesanwalt Franz Stämpfli besuchte und auf dessen Pult den Entwurf zu einem neuen «Ordnungsgesetz» sah, warnte er in einem Brief seinen Nachfolger Johannes Baumann vor einem weiteren Fiasko: «Der heutige Entwurf scheint nun weniger auf eine Versöhnungsarbeit zugeschnitten zu sein als auf einen bestimmt erwarteten Mehrheitsentscheid der bürgerlichen Gruppen im Parlament; damit harmoniert die Dringlichkeitserklärung. Ich versage mir die Frage, ob der mögliche Gegenwartserfolg einer solchen Taktik die schwere Zukunftsbelastung der politischen Atmosphäre rechtfertige», schrieb am 20. November 1936 der politische Pensionär aus Frauenfeld seinem Ausserrhoder Parteifreund.

Bereits zwei Tage zuvor war ein besorgter Brief eines «Berner Aktionsausschusses für geistige Landesverteidigung» auf dem Pult des EJPD-Chefs gelandet, der ihn von «einseitigen Beschlüssen gegen links» abbringen wollte. «Unter solchen Umständen könnte ein einseitiges Vorgehen gegen Extremisten von links den Eindruck erwecken, dass es dem Bundesrat nicht so sehr um den Schutz der Demokratie als vielmehr um die Massregelung einer ihm unliebsamen politischen Richtung und Weltanschauung geht», argwöhnen die gutbürgerlichen Männer. «Nur die äussere Form des Staates und seine Behörden, nicht aber das Volk und seine Rechte» würden mit derartigen Erlassen gewahrt. Und was ein Gesetz zum Schutze der Demokratie, in dem das Wort «Demokratie» gar nicht vorkomme, überhaupt bezwecke, fragen die geistigen Landesverteidiger zum Schluss. Der Bundesanwalt war sich dieses Problems durchaus bewusst: Gegen die Kommunisten allein lasse sich «ohne weiteres in den Räten und im Volke eine Mehrheit finden», erläuterte er seinem Chef, wohingegen ein umfassender Staatsschutz schwieriger zu bewerkstelligen sei, weil er auch von Frontisten und Faschisten bekämpft würde. Der selektive Staatsschutz fiel dann allerdings bereits im Parlament durch.

Die Zuchtrute war damals nach links jedoch schon mehrmals eingesetzt worden. 1923 gelangten die selbsternannten Staatsschützer des «Schweizerischen Vaterländischen Verbandes» (siehe Kapitel V) mit dem Begehren an den Bundesrat, sämtliche Schweizer Kommunisten seien wegen «Landesverrats» zu verfolgen und vor Gericht zu schleppen. Ein Gutachten des Bundesanwalts erklärte EJPD-Chef Häberlin (er pflegte in seinen Anträgen und Notizen die Kommunisten als «Pseudoschweizer» zu bezeichnen) aber, dass dafür keine rechtliche Basis bestehe. Auch eine lückenlose Überwachung des Telegramm-Verkehrs zwischen dem Basler Franz Welti, dem führenden Kopf der Kommunistischen Partei der Schweiz (KPS), und der russischen Delegation in Lausanne hatte nicht den geringsten Anhaltspunkt gezeitigt, der eine Anklage erlaubt hätte. Mehr Erfolg verbuchten die Gralshüter der vermeintlich einzig echten eidgenössischen Gesinnung mit gezielten Denunziationen kleiner Angestellter: Ein Wink an Marcel Pilet-Golaz, in jenen Tagen noch Vorsteher des Post- und Eisenbahndepartements, genügte, um in Zürich den Postbeamten Fausch und den SBB-Hilfsheizer Schmitt von der Lohnliste des Bundes streichen zu lassen, weil sie sich kommunistisch-propagandistisch betätigt hätten. Es könne dem Staat, war der Bundesrat sich einig, nicht zugemutet werden, «einen Bewerber anzustellen, von dem er weiss, dass er Kommunist, d.h. Anhänger staatsfeindlicher Anschauungen ist». Zwei Jahre später verschaffte die Landesregierung sich mit einem Beschluss die Grundlagen, Kommunisten generell aus dem Staatsdienst entfernen zu können.

Zahlenmässig stellten diese allerdings kaum eine politische Macht dar. Die 1921 von Opponenten gegen den reformistischen Kurs der Sozialdemokraten («Handlanger des Bürgertums») gegründete KPS erzielte bei eidgenössischen Wahlen um zwei Prozent der Stimmen und gewann nur in den Kantonen Basel, Zürich und Schaffhausen je ein Nationalratsmandat. Gleichwohl drängten die Rechtsaussen des «Vaterländischen Verbandes» in regelmässigen Abständen auf ein Verbot der Partei; und eine Studie der Generalstabsabteilung gelangte 1933 zum Schluss, es sei mit neuen Gesetzen die Tätigkeit der Kommunisten einzuschränken, die Truppenführer müssten auf Strassenkämpfe eingefuchst werden.

In über hundertseitigen Studien und Berichten an den Bundesrat verfolgte die Politische Polizei die Entwicklung der KPS und die Taktik der Kommunistischen Internationale (Komintern). Grundannahme der bundesanwaltschaftlichen Analysen ist die absolute Hierarchie in der Komintern, von deren obersten Behörden, dem «Weltkongress» als Parlament und dem «Exekutiv-Komitee der Kommunistischen Internationale» (EKKI), alle Landesparteien als blosse Sektionen abhängig seien. Auch bei den Beschlüssen von Mitte der 30er Jahre, wonach «die Besonderheiten jedes einzelnen Landes zu berücksichtigen» seien, und den Bekenntnissen zur Demokratie handle es sich um blosse Täuschung: Parallel zur politischen Arbeit in den Institutionen werde ein «illegaler Apparat» geschaffen, um die Revolution vorzubereiten. Den Beweis für diese Technik «des offenen und unterirdischen Kampfes» sah der Bundesanwalt 1938 darin, «dass das Deutsche Reich trotz seiner ausserordentlichen Machtmittel die kommunistische Agitation nicht zu unterdrücken vermag». Gestützt wurde die Theorie der internationalen Verflechtung, als 1937 bei Lausanne der abgesprungene sowjetische Agent Ignaz Reiss mit Schüssen aus einer Maschinenpistole ermordet wurde. Die beiden Mörder aus Stalins militärischem Geheimdienst konnten unerkannt und unbehelligt fliehen.

In diesem Jahr, 1937, begannen die ersten Kantone, die Kommunistische Partei als illegal zu erklären und zu verbieten: Neuenburg, Genf, die Waadt sowie Uri und Schwyz waren die Vorreiter. Nach einer regen Gutachtertätigkeit und heftigen Debatten akzeptierten Bundesrat und Parlament die geänderten Verfassungen dieser Stände. Massiv Gegensteuer zu geben versuchte hingegen Bundesanwalt Franz Stämpfli, als Basel-Stadt im folgenden Jahr «nationalsozialistische Vereinigungen» auflösen wollte. Garniert mit einigen verbalen Ausfälligkeiten an die Adresse der «sozialistisch-kommunistischen Mehrheit» im Stadtkanton, erklärte er ein derartiges Gesetz mit Blick auf die Beziehungen zum Ausland als «höchst unerwünscht». Und fürs bundesrätliche Communiqué in dieser heiklen Angelegenheit unterschied Stämpfli zwischen den gewaltsamen roten Umstürzlern, die vom Ausland abhängig seien, und Nationalsozialisten, «die vom Heimatstaat angewiesen sind, ihre politische Überzeugung nur in ihren eigenen Kreisen zu betätigen und die Gesetze des Gastlandes zu respektieren».

Im November 1940 fand dann der Bundesrat zur Symmetrie: Zuerst wurde die «Nationale Bewegung der Schweiz», eine Sammlung verschiedener Fronten, aufgelöst; eine Woche später folgte das Verbot der KPS. Allerdings wurden Zuwiderhandlungen gegen letzteren Erlass wesentlich strenger geahndet: Drei Jahre Gefängnis und 5000 Franken Busse drohten bei einem Abgleiten nach links; nur gerade drei Monate Haft und 2000 Franken Busse konnte ein Hüpfer nach rechts kosten. Um die rote Gefahr gründlich auszurotten, verbot der bereits souverän mit Vollmachten agierende Bundesrat im Jahr darauf auch alle KPSnahen Organisationen und Einrichtungen: die Rote Hilfe Schweiz, die Freunde der Sowjetjugend, die Buchhandlung Stauffacher in Zürich, die Buchhandlung Dreieckland in Basel, den Arbeitermännerchor Union in Zürich, die Feriengemeinschaft Basler Arbeiterkinder oder den Strickzirkel Luzern etc.

Als diese Radikalmassnahmen verfügt wurden, war die kommunistische Linke bereits zu einer versprengten und unbedeutenden Politsekte geschrumpft: 1940 zählte sie nur noch einige hundert Mitglieder und hatte auch das letzte Nationalratsmandat verloren. Der behördliche Druck förderte indes die Solidarität der Genossen: «Heute aber besteht auf der äussersten Linken eine Partei, die stärker sein dürfte, als es die kommunistische Partei je war», beurteilte 1944 der sozialdemokratische Zürcher Nationalrat Eduard Zellweger die Wirkung der Unterdrückung der Rede- und Versammlungsfreiheit.

Die Politische Polizei fand offenbar bald wieder den Nährboden für ein unkontrolliertes Wirken. 1942 rumorte es neuerlich im Zürcher Kantonsrat, als die sozialdemokratische Fraktion Auskunft verlangte über «fortgesetzte Willkürakte» des Nachrichtendienstes der Kantonspolizei und der Bundesanwaltschaft. Zwei Jahre später legte Staatsanwalt Petrzilka einen umfangreichen Bericht vor, der Hunderte von Verhaftungen ohne richterlichen Befehl, ohne Angabe von Gründen und ohne Arrestationsrapport auflistet: Selbst Angehörige von Personen, die man der kommunistischen Tätigkeit verdächtigte, wurden verhaftet und verhört, Kinder zerrte man aus der Schule auf den Polizeiposten. Dutzende von illegalen Hausdurchsuchungen mussten die Opfer der Politpolizisten über sich ergehen lassen. In Untersuchungshaft drohten ihnen Arrest in der Dunkelzelle, Kontaktverbot mit der Aussenwelt, völlige Isolation – und eine willkürliche Verlängerung der Haft um mehrere Tage bis Wochen. Damit wurde nicht nur die Strafprozessordnung faktisch ausser Kraft gesetzt, sondern der Zürcher Bericht von 1944 bewies auch, dass die Staatsschützer sich noch immer nicht von ihren liebsten Werkzeugen hatten trennen können, den Lockspitzeln.

Im Strafverfahren gegen den bekannten Kommunisten Johann Anderfuhren ergab sich, dass ein eingeschleuster «Häsi» Derrer eine lange Reihe von verbotenen Handlungen verübt hatte: Organisation von «Zellensitzungen», Vervielfältigung kommunistischer Flugblätter und anderer Schriftstücke. Nach erfolgter Anstiftung musste der Mann ins Ausland verschwinden. Die Kantonspolizei wertete die Aktionen Derrers als «einwandfrei»; Staatsanwalt Petrzilka dagegen kam zum resignierenden Fazit, dass die Praxis offenbar die Tendenz zur Verwahrlosung der Grundsätze in sich trage... Das Resultat dieses bedenklichen Befunds: Der hauptverantwortliche Leutnant des Nachrichtendienstes, Hammer, wurde zum Oberleutnant befördert; und die Bundesanwaltschaft, die zur Vernehmlassung eingeladen worden war, konnte nur «kleinere Disziplinarvergehen» und «blosse Formfehler» erkennen.

Der neue Staatsfeind, der auch mit unerlaubten Mittel gejagt werden durfte, war der an den Moskauer Fäden tanzende und wühlende helvetische Kommunist. Allerdings wurde das Bekenntnis der Sozialdemokraten zum demokratischen Staat – 1935 strichen sie den Paragraphen betreffend der Diktatur der Arbeiterschaft aus ihrem Parteiprogramm und bekannten sich gleichzeitig zur bewaffneten Landesverteidigung – immer noch argwöhnisch als rein taktische Doppelzüngigkeit bewertet. Der unaufhaltsame Aufstieg der Partei, die 1919 mit der Einführung des Proporzwahlrechts ihre Sitzzahl in den eidgenössischen Kammern auf 41 mehr als verdoppeln konnte und weiterwuchs, bis sie 1943 mit 56 Mandaten stärkste Gruppe wurde, verlangte nach Abwehr und Einbindung zugleich. Zwar schrieb 1937 Parteipräsident und Nationalrat Hans Oprecht: «Die Idee der Toleranz, der Lehr- und Gewissensfreiheit, die Freiheit der öffentlichen Meinung und der parlamentarischen Demokratie sind gemeinsames Gut von Liberalismus und Sozialismus. Wir sind als Sozialisten fest entschlossen, das liberale Gut der kulturellen und politischen Freiheit... vor der Vernichtung zu bewahren.» Die Staatsschützer aber liessen sich nicht überzeugen – und observierten und zensurierten selbst sozialdemokratische Regierungsräte (siehe Kapitel V).

IV

Gustloff, Gauleiter Schweiz: «Fall nicht weiterverfolgen»

*Die Staatsschützer beobachten Nazis und Frontisten
aus weiter Distanz und lassen ihnen
einen bedenklichen Bewegungsspielraum*

Am 25. März 1939 liest Bundesrat Johannes Baumann, Vorsteher des Justiz- und Polizeidepartements, einen ungewöhnlichen hochoffiziellen Brief. Der aufgebrachte Gesamtregierungsrat des Kantons Solothurn attackiert darin die Bundesanwaltschaft frontal und wirft ihr nach der eingehenden Schilderung diverser merkwürdiger Begebenheiten vor, sie unterstütze den Kampf der kantonalen Behörden gegen nationalsozialistische Umtriebe in keiner Weise. Mehr noch: Die Hüter der Verfassung und des Rechts rückten zu den Vorkehrungen der Solothurner auf unerträgliche Distanz und blamierten die kantonalen Instanzen, die beispielsweise einen Werkführer in Gewahrsam genommen hatten, der auf die Belegschaft eines grösseren Betriebs «einen unerhörten Gesinnungsdruck» ausgeübt habe. Landesregierung und Bundespolizei getrauten sich offenbar nicht, den Bundesratsbeschluss vom 5. Dezember 1938 («Massnahmen gegen staatsgefährliche Umtriebe und zum Schutz der Demokratie») anzuwenden, sie versäumten demnach ihre Pflichten.

Drei Tage später deponiert Regierungsrat Oskar Stampfli, dessen grosser Zorn die undiplomatische Epistel aus der Ambassadoren- in die Bundesstadt ausgelöst hat, dieselben Vorwürfe nochmals bei Bundesrat Hermann Obrecht, seinem Landsmann und Chef des Ressorts für Volkswirtschaft. Das Vertrauen des Volkes in die oberste Behörde sei demnächst aufgebraucht, wettert der auf beiden Augen politisch gleichermassen sehtüchtige Stampfli, die nationalsozialistischen Landesverräter könnten «ihr erbärmliches Treiben unter dem Schutz der Obrigkeit ausüben». Heftig schilt der erzürnte Magistrat, ein Freisinniger und weiss Gott kein Linker, die Untätigkeit der Staatsschützer gegenüber den Rechtsextremen: «Man ist sich in Bern nicht klar darüber, mit wieviel innerem Grimm von der Bundesanwaltschaft gesprochen wird. Ein höherer bernischer Polizeioffizier bemerkte unserem Hauptmann Gribi gegenüber, man könne dort melden, was man wolle, es werde nicht einmal mehr gelesen. Wir haben es satt, die Bundesanwaltschaft mit Literatur zu versorgen.» So schliesst das Protokoll der Unterredung.

Wieder in Solothurn, repetiert Stampfli seine massive Kritik in einem zweiten Schreiben an Baumann und warnt diesen vor einer möglichen «Selbsthilfe des Volkes». Vielleicht hätte auch die baselstädtische Exekutive den Vorstoss der Solothurner Kollegen mitgetragen. Sie war nämlich im Januar des gleichen Jahres mit juristischen Spitzfindigkeiten eingedeckt worden, mit denen die Bundesanwaltschaft die Entfernung von Frontisten aus Staatsstellen verhindern wollte.

«Das baselstädtische Gesetz über den Ausschluss der Kommunisten und der Angehörigen anderer staatsgefährlicher Organisationen vom öffentlichen Dienst ist uns wohlbekannt.» Der Hirtenbrief von Bundesanwalt Franz Stämpfli an die Polizei- und Militärdirektion des Kantons Basel-Stadt beginnt mit der lobenden Anerkennung, dass die Kommunisten auch in der offeneren Gesellschaft am Rheinknie gehetzt und aus den beamteten Stellungen gejagt werden. «Dagegen», runzelt der oberste Staatsschützer seine Stirn, «hat der Umstand, dass die ‹Nationale Front› in diesem Katalog der staatsgefährlichen Vereinigungen aufgezählt ist, uns etwas in Erstaunen versetzt. Im Gegensatz zur kommunistischen Partei, deren Staatsgefährlichkeit das Bundesgericht in einem Urteil anerkannt hat, bestehen für die rechtsextremen Bewegungen noch keinerlei gerichtliche Entscheide, sodass die Behörden sich in dieser Beziehung ausschliesslich auf die Theorie verlassen müssen.» Weder die Ziele der «Nationalen Front» noch deren Methoden, theoretisiert Stämpfli, verletzten die Verfassung der Eidgenossenschaft. Als Beweis für ihre Treue zum Grundgesetz bemüht der Bundesanwalt die von den Frontisten lancierte Initiative zur Totalrevision der Bundesverfassung, die 1935 vom Volk im Stimmenverhältnis von 7 zu 3 und von 21 Ständen (nur die katholisch-konservativen Kantone Freiburg, Wallis, Obwalden und Appenzell-Innerrhoden stimmten dem antidemokratischen Vorstoss zu) verworfen worden war!

Nun lässt einen der explizite Hinweis des Bundesanwalts auf dieses Volksbegehren doch einigermassen stutzig werden. Ein Blick auf das Programm zur «Erneuerung» der Eidgenossenschaft hätte nämlich jeden Staatsschützer, der sich als Hüter einer demokratischen und freiheitlichen Verfassung versteht, zumindest hellhörig machen müssen: Nichts weniger als die radikale Umgestaltung der Demokratie in einen Führerstaat strebten die faschistischen Initianten an – ohne ihre Absichten völlig zu kaschieren: Eine berufsständische Ordnung, die Abhalfterung des Parlaments, die Stärkung der Regierungsgewalt oder die Auflösung der Freimaurerlogen waren einige der propagierten Forderungen für eine Totalrevision, die in der «Front», dem «Zentralen Kampfblatt der Nationalen Front», abgedruckt wurden. Ein weiterer entlarvender Reformpunkt: «Verbot der Einbürgerung von Juden.» Entwürfe zu einer geänderten Verfassung hatte Paul Lang, der Chefideologe der «Nationalen Front», in der Broschüre «Lebendige Schweiz» publik gemacht. Sie liefen auf einen Abbau der Demokratie sowie der Freiheitsrechte hinaus und waren eine Attacke auf den liberalen Staat.

Was die Frontisten von der demokratischen Ausmarchung hielten, schrieben sie nach der für sie negativ verlaufenen Abstimmung mit kecker Offenheit. «Es war der Versuch, auf dem demokratischen Weg über die Verfassungsrevision die Erneuerung durchzuführen», hielt Rolf Henne, der Anführer der Frontisten, am 9. September 1935 fest. Nach diesem ersten Scheitern gelte es nun, «mit doppeltem Einsatz den Kampf *auf neuen Wegen* weiterzuführen». Die «Nationale Front» trete jetzt in einen nächsten «Kampfabschnitt», wer schlapp mache, der sei ein Verräter. Und Werner Meyer, der während des

Krieges gar auf einer «Liste von nationalsozialistischen Schweizern» auftauchte, die «für einen politischen Einsatz» vorgemerkt waren (sogenannte «Ministerliste»), notierte auf der gleichen Seite unter dem Titel «Überlegene Minderheit», dass «auch die Demokratie ihre Grenzen hat an den ehernen politischen Notwendigkeiten» und dass die hohen Ideale der «Front» nicht «einer irgendwie zusammengekleisterten Mehrheit» geopfert werden dürften.

Erstaunt die Ansicht von Bundesanwalt Stämpfli, dieser «demokratische Versuch» sei Beweis für die Systemtreue der «Nationalen Front», so irritiert eine weitere Passage seiner Depesche an die Basler, worin er in Abrede stellt, der Gruppierung würden Geldmittel aus dem Ausland zufliessen. 1937 hatten jedenfalls umfangreiche Abklärungen ergeben, dass die in Deutschland an die Macht gelangten Nationalsozialisten den Schaffhauser Nazis eine moderne Druckmaschine hinstellten (Vermittler war ein Industrieller, der 1948 in den Landesverräterprozessen zu sechs Jahren Zuchthaus verurteilt wurde). Ein Jahr später war publik geworden, dass der Schweizer Nazi Boris Tödtli («Panarische Union») sowie die «Gauleitung Bern» von Oberstleutnant Fleischhauer, dem Leiter des Welt-Dienstes in Erfurt, finanziell unterstützt wurden. Diese Zuwendungen, nahm die Bundesanwaltschaft den Bedachten in offiziellen Verlautbarungen sofort in Schutz, seien für Tödtli «als Angestellten Fleischhauers» und nicht zur Finanzierung einer Abstimmungskampagne bestimmt gewesen. Zu einem differenzierteren Urteil nach aussen hätte die Bundesanwaltschaft spätestens nach dem geahndeten Fall des Journalisten Franz Burri finden müssen: Über 90 Prozent der Einnahmen der diversen Presseagenturen Burris (Ipa-Korrespondenz, Eidgenössische Korrespondenz etc.), insgesamt 12000 Franken, stammten entweder von der Reichspressekammer oder von der Nationalsozialistischen Deutschen Arbeiterpartei (NSDAP) nahestehenden Organisationen, wie die Überprüfung des Postcheck-Verkehrs von Burri zutage förderte. Da seine Erzeugnisse «Teil der Nazi-Propagandaorganisation» seien, verbot der Bundesrat am 14. April 1938 Burris Pressedienste; zehn Jahre später wurde er wegen Landesverrats mit zwanzig Jahren Zuchthaus bestraft.

Die Staatsschützer, jahrzehntelang eingeschworen und eingeübt im Aufspüren, Verfolgen und Unschädlichmachen vermeintlicher oder tatsächlicher linker Revolutionäre, standen ziemlich hilflos vor den neuen Feinden der Demokratie, die doch das gleiche Hauptziel anstrebten wie sie: die endgültige Liquidierung des Bolschewismus. Zwar griffen sie punktuell ein – lieber etwas spät als zu früh –, observierten frontistische Zirkel, schrieben regelmässige Berichte an den Bundesrat und fanden erst gegen Ende des Zweiten Weltkriegs zu einer einigermassen ausgewogenen Behandlung linker und rechter Extremisten.

«Die schweizerische Linke hatte ihre demokratische Bewährungsprobe gerade in jenen Jahren in der Auseinandersetzung mit dem Kommunismus leninistischer und später stalinistischer Prägung und mit den Postulaten der III. Internationale zu bestehen», analysiert Katharina Spindler in ihrer Untersuchung zur Reaktion der Schweiz auf die faschistischen Strömungen. In den 20er Jahren waren die bürgerlichen Parteien, die den Kommunismus in der Sowjetunion als zutiefst fremdartiges und weit grausameres politisches System als den Faschismus werteten, von den totalitären Strömungen gefordert. Die Situation verschärfte, dass die parlamentarische Demokratie in einer Krise vermutet wurde. Zweifel, auch bei Intellektuellen, kamen auf, ob der Liberalismus noch in der Lage sei, die rasante Umgestaltung der Gesellschaft von einer agrarischen in eine industrielle, städtische Zivilisation und die weltwirtschaftlichen Krisen zu meistern. Nicht wenige spielten mit Führermodellen, mit Ständestaatideen und einer korporativen Organisation der Völker.

Vor allem katholisch-konservative Kreise reagierten sehr rasch und sehr zustimmend auf die politischen Veränderungen im Süden. Am 18. März 1927 pilgerte der Freiburger Staatsphilosoph Gonzague de Reynold, der sich in den 30er Jahren in einen engen Dialog mit den Schweizer Fronten einliess, nach Rom, um dem italienischen Diktator Benito Mussolini seine Ideen einer Verbindung von Faschismus und Katholizismus zu erläutern. «Notre formule est: universaliser le fascisme par la pensée catholique et renforcer sur le terrain international le catholicisme par le fascisme», schrieb der Spross einer Patrizierfamilie den Machthabern am Tiber, die eben die Grundrechte ausser Kraft gesetzt hatten. Viele katholische Kommentatoren, die den verhassten Liberalismus mit Sozialismus gleichsetzten, folgten de Reynold und begrüssten den autoritären, korporativen Staat. «Mehrheiten haben nichts zu bedeuten», erklärte beispielsweise ein Abbé Savoy aus Freiburg an einer grossen überparteilichen Konferenz vom 26. Oktober 1933 in Bern, die Fragen einer korporativen oder berufsständischen Schweiz diskutierte. «Es gibt», betonte der Gottesmann, «nicht nur eine numerische Demokratie, sondern auch eine ‹Ordnung›. Es ist durchaus gegeben, dass eine Minderheit, sei sie noch so klein, ‹une majorité anarchiste› in die Schranken zurückweist.» Auch katholisch-konservativen Spitzenpolitikern wie den Bundesräten Philipp Etter, Giuseppe Motta und vor allem Jean-Marie Musy waren solche Gedankengänge zumindest nicht ganz fremd.

Der Freisinn, Gralshüter des Liberalismus, sah die demokratische Ordnung noch bis in die späten 30er Jahre hinein in erster Linie durch den Kommunismus und den Sozialismus gefährdet, vermochte hingegen im Faschismus keine innenpolitische Gefahr zu erkennen. Der totalitäre Nationalismus wurde als Episode betrachtet; die ideologischen Wurzeln der neuen Diktaturen blieben sehr nonchalant interpretiert. Exponenten der Bauern-, Gewerbe- und Bürgerpartei, der heutigen Schweizerischen Volkspartei (SVP), konnten sogar Sympathien für die Blut- und Bodenideologie, die straffe Organisation eines Volkes und den schnittigen Antikommunismus nicht verstecken.

Die Klagen und Wünsche aus der Bevölkerung, die Bundesbehörden möchten endlich tätig werden, häufen sich schon in den frühen 30er Jahren. Die ratlosen St. Galler und Bündner

Regierungen gelangten wiederholt mit der Frage an die Bundesanwaltschaft, was sie gegen die zunehmende physische und publizistische Präsenz deutscher Nationalsozialisten unternehmen könnten. Am 20. November 1934 bündelten die Staatsschützer im EJPD die aus der Ostschweiz eingegangenen Akten – und spedierten diese «mit dem Bemerken, dass wir z.Zt. zu wenig Veranlassung haben, gegen Gustloff Massnahmen anzuordnen», an die Absender zurück. Die Rede ist von Wilhelm Gustloff, deutscher Staatsangehöriger, ehemals Angestellter am Physikalisch-meteorologischen Observatorium in Davos, seit 1931 Gauleiter Schweiz der NSDAP. Die Bundesanwaltschaft hatte die Ernennung Gustloffs registriert und der Rubrik der Banalitäten zugeordnet: «Nicht weiterverfolgen.»

Zu einem eidgenössischen Thema wurde der Boss der NSDAP-Landesgruppe Schweiz (die immerhin bereits rund 5000 Mitglieder zählte), als er am 22. Februar 1935 im Nazi-Blatt «Der Reichsdeutsche» folgenden Befehl erliess: «Hiermit ordne ich an, dass am Sonntag, den 24. Februar 1935, in gleicher Weise wie in Deutschland alle politischen Leiter der Landesgruppe Schweiz der NSDAP, die im vorigen Jahr nicht vereidigt worden waren, vereidigt werden. Jeder Vereidigte hat ein Protokoll zu unterschreiben, worauf mir die Orts- und Stützpunkteleiter sämtliche Einzelprotokolle zu übersenden haben.» Den Treueeid auf den Führer («Ich schwöre Adolf Hitler unverbrüchliche Treue, ihm und den mir von ihm bestimmten Führern unbedingten Gehorsam») sprachen die vor Radioapparaten versammelten Obernazis der vom Rundfunk des Dritten Reiches verbreiteten Formel nach.

Die «freche Provokation und von fremden Kur- und Sportgästen als Belästigung und Bedrohung» empfundenen Quasi-Amtshandlungen Gustloffs wollte der sozialdemokratische Bündner Nationalrat Gaudenz Canova vom Bundesrat beurteilt haben – verbunden mit dem Wunsch, «diesen Mann samt Komplizen aus dem Gebiete der Schweizerischen Eidgenossenschaft auszuweisen». Das Dritte Reich, kanzelte Bundesrat Baumann den Fragesteller aus Chur ab, sei (im Gegensatz zur weltrevolutionären Kommunistischen Internationale) nicht darauf angelegt, den gewaltsamen Umsturz der helvetischen Staats- und Gesellschaftsordnung zu betreiben. Erst kürzlich habe Hitlers Stellvertreter Rudolf Hess in einem (in einer reichsdeutschen Zeitung publizierten) Interview mit einem Schweizer Journalisten die Idee von einem «Gross-Deutschland» als übles antideutsches Gerücht bezeichnet. Den Eid auf den braunen Diktator könne der Bundesrat in dieser Form nicht verbieten. (Dass die erste These des allein verbindlichen Nazi-Parteiprogramms lautete: «Wir fordern den Zusammenschluss aller Deutschen auf Grund des Selbstbestimmungsrechtes der Völker zu einem Gross-Deutschland», wurde weniger prominent verbreitet.) Des weitern sei nichts zum Vorschein gekommen, was die Ausweisung Gustloffs irgendwie rechtfertigen würde. «Im Gegenteil mussten wir konstatieren, dass er sich Mühe gab, gegen Übergriffe seiner Parteigenossen einzuschreiten und sie zu verhüten», warf der Justizminister sich für den obersten Nazi der Schweiz ins Zeug – mit Erfolg: Die Kommentatoren verbreiteten in den Zeitungen, der Auftritt der Antifaschisten unter der Kuppel des Bundeshauses sei zu einem peinlichen Eigentor geraten. Gustloff jedenfalls durfte sich nach der ausserordentlich detaillierten Stellungnahme Baumanns mehr als gestärkt fühlen.

Was damals wohl noch nicht bekannt war: Am 22. März 1935 – einen Monat nach dem Eid auf Hitler – hatte der EJPD-Vorsteher den schweizerischen Chefnazi, der einen direkten Draht ins Bundeshaus besass und nicht immer den Umweg über die deutsche Gesandtschaft gehen musste, zu einer mehrstündigen Audienz empfangen. Über die Ergebnisse der Unterredung an jenem Freitag nachmittag hat Baumann in seinen Handakten nichts vermerkt, jedoch schrieb er kurz darauf dem St. Galler Juristen Oskar Lutz, der mehrmals wegen der zunehmenden Nazi-Arroganz vorstellig geworden war: Es lägen keine Gründe für eine Entfernung Gustloffs vor; viele Behauptungen der Presse und andere Anschuldigungen an die Adresse des Gauleiters seien schlicht falsch.

Basis der Baumannschen Beteuerungen war ein 58seitiger Bericht der Bundesanwaltschaft zum Fall Gustloff und den Umtrieben der Statthalter von Hitler. Die Staatsschutz-Arbeit zeichnete sich gleichermassen aus durch Akribie und Kenntnisreichtum der Aktivitäten der NSPAP in deren 41 Ortsgruppen, Stützpunkten und Zellen sowie des Treibens in den 21 Standorten der Hitler-Jugend und des Bundes Deutscher Mädel diesseits des Rheins wie durch das krampfhafte Bemühen, nicht nur Zweifelsfälle zugunsten des mächtigen Nachbarstaates und seiner Funktionäre zu interpretieren.

So mochte die Bundesanwaltschaft den «Schriftleiter» des «Reichsdeutschen», Walter Karl Gilfert (Zürich), der bei den örtlichen Polizisten «Listen der in… wohnhaften Reichsdeutschen» erschnüffeln und alle deutschen Vereine ins Nazi-Fahrwasser lotsen wollte, 1933 lediglich «verwarnen». Und sie weigerte sich, anzuerkennen, dass die NSDAP-Stützpunkte politische, militärische, logistische oder nachrichtendienstliche Bedeutung haben könnten. Das schlichte Wort Gustloffs, das unkritisch stets zum Nennwert genommen wurde, stand solchen Anschuldigungen entgegen. Immer noch galt jene Antwort, welche die Bundesanwaltschaft bereits 1932 dem Schaffhauser SP-Nationalrat Walther Bringolf geben liess, der ein Verbot der italienischen Faschisten und der deutschen Nationalsozialisten in der Schweiz verlangt hatte: «Soweit Pflege der heimatlichen Gesinnung und der gesellschaftlichen Beziehungen, Unterstützung der Heimatgenossen der Zweck ist, werden solche Vereinigungen nicht beanstandet werden; wir beanspruchen ja das gleiche Recht für unsere Schweizervereine im Ausland.» Aus dieser Optik heraus konnte der Schwur auf Hitler nur als Erklärung der Verbundenheit mit der Heimat, ähnlich einem 1.-August-Fest im Ausland, verstanden werden.

Auch gegen den Pressedienst der NSDAP-Ortsgruppen wagte die Bundesanwaltschaft trotz Bedenken nichts zu unternehmen. Einzig durch Zufall – ein solches Bulletin ging auf einem Vierwaldstättersee-Dampfer verloren – war bekannt geworden, wie detailliert der «Landespresseobmann» die helvetischen Publikationen beobachtete und nach verschiedenen

Kriterien auswertete – und somit die deutsche Kontrolle der Schweizer Presse mit ermöglichte. Die einheimischen Politpolizisten empfahlen jedoch Zurückhaltung bei der Kommentierung deutscher Handlungen; es sollten «die masslosen und zum Teil ungerechtfertigten Angriffe namentlich der marxistischen Presse gegen alles, was faschistisch oder nationalsozialistisch ist, eingeschränkt werden können».

An der Front, in den Kantonen, hingegen wurde gemäss Rapport der Bundesanwaltschaft das Treiben der Braunhemden als akute oder zumindest potentielle Gefahr bewertet. So befürchtete Zürich, dass sich «diese NS-Organisationen in der Schweiz zu richtigen Spitzelnestern und Spionagezentren, unterstützt durch Mitglieder der (schweiz.) Erneuerungsbewegungen», entwickeln könnten, zumal die gleichgesinnten Organisationen dieselben Sitzungslokale benützen würden. Basel-Stadt signalisierte «eine recht aufdringliche Werbetätigkeit bei hier wohnhaften Deutschen» nach Bern, St. Gallen beklagte «offene und versteckte Drohungen», während Schaffhausen, wo die Nazis am meisten Anhänger fanden, gar Verbote und Einschränkungen forderte. Der Polizeibericht aus Genf wertete die Betriebsamkeit des Kreisleiters für die Westschweiz, Göhring, als eine Terrorisierung der deutschen Kolonie.

Offenbar zufrieden, dass keine offenkundigen illegalen Betätigungen gemeldet wurden, entschuldigten die Politüberwacher die Propagierung des neuen Herrenmenschentums als Frage mangelnden «Takts». Und zu Hitlers Marionette in Davos beruhigte Bundesanwalt Franz Stämpfli: «Ich habe die Überzeugung, dass wir mit ihm bei der (...) erwähnten Kontrolle besser fahren werden, als mit einem neuen Leiter, der vielleicht mit unseren Verhältnissen gar nicht vertraut ist.» Diese Zuversicht zerschlug sich bald: Am 3. Februar 1936 streckte ein junger Student jüdischer Abstammung, David Frankfurter, Gustloff mit mehreren Revolverschüssen in den Kopf und in den Körper nieder. Der Mörder wurde zu 18 Jahren Zuchthaus und zu Landesverweisung verurteilt. Die NSDAP-Landesgruppe Schweiz, die erst am 1. Mai 1945 aufgelöst werden musste, wurde daraufhin von der deutschen Gesandtschaft in Bern aus dirigiert: Als eigentlicher Gauleiter trat Hans Sigismund Freiherr von Bibra, Legationsrat der Hitler-Vertretung, bisweilen gar öffentlich an mit Hakenkreuz-Fahnen bewehrten Versammlungen auf.

Dass die Schweizer Behörden gelegentlich jedes Augenmass in der Beurteilung der rechtsextremen Bewegungen verloren, lag nicht nur in der ausschliesslichen Einstellung der Sehschärfe auf kommunistische Wühlarbeit. Vielmehr waren die Verbindungen zwischen Polizei und Justiz auf der einen und Fröntlern auf der andern Seite offenbar gefährlich eng. Am 8. Juni 1939 referierte Robert Tobler, Nationalrat der «Nationalen Front», im Restaurant «Schweizerhüsli» in Gurten bei Bern über die «Führungsgrundsätze» des rechtsgewirkten Verbandes. 13 Mann lauschten dem bräunlich eingefärbten Referat – darunter auch der obligate Horcher von der Polizei. Diesmal erfuhr der Spitzel tatsächlich etwas Neues. Tobler kam nämlich auf die anrollenden Prozesse wegen verbotenen Nachrichtendienstes zu sprechen, in welche immer mehr Mitglieder des «Bundes treuer Eidgenossen» (BTE) verwickelt wurden, und prahlte vor seinen Kumpanen, die «Nationale Front» sei nur deshalb nicht in die grosse Aktion der Bundesanwaltschaft einbezogen worden, «weil uns der Untersuchungsrichter, Hauptmann Gloor, sehr sympathisch gesinnt ist». Der erzürnte Polizist konnte sich eines persönlichen Kommentars zu seinem Rapport nicht enthalten: «Die Nichteinbeziehung der NF in die Strafuntersuchung des BTE. Das ist eine skandalöse Sache. (...) Die Fronten-Sympathien des Herrn Gloor treiben also merkwürdige Blüten. Wahrscheinlich existieren noch andere Zusammenhänge zwischen den landesverräterischen Umtrieben des BTE und der Organisation der NF.» Es werde notwendig sein, Licht in diese dubiose Angelegenheit zu bringen, erregt sich der Horcher. Otto Gloor aber bleibt eidgenössischer Untersuchungsrichter und wird zehn Jahre später in einem einzigartigen politischen Prozess die Zürcher Sektion der Partei der Arbeit (PdA) zerschlagen...

Dennoch kann man der Bundesanwaltschaft nicht Untätigkeit vorwerfen. Nicht erst ab November 1940, als (fast gleichzeitig mit dem Verbot der Kommunistischen Partei) per Bundesratsbeschluss die «Nationale Bewegung der Schweiz», zu der die verschiedenen «Erneuerer»-Bewegungen sich kurz zuvor zusammengeschlossen hatten, aufgelöst wurde, entfaltete sie vereinzelte Aktivitäten. 1932 wurden zwei Deutsche wegen illegalen Nachrichtentransfers in ihre Heimat des Landes verwiesen; zwei weitere wurden verwarnt. Am 12. Mai 1933 beschloss der Bundesrat, das Tragen von Parteiuniformen zu verbieten und bei der Präsentierung von Parteiemblemen (Knopflochabzeichen, Stecknadeln oder Fahnen) «grösste Zurückhaltung» anzuordnen. Die Ende 1936 verfügte restriktive Praxis für Redebewilligungen für Ausländer an politischen Versammlungen traf auch Faschisten und Nationalsozialisten. Im gleichen Jahr wurde der Bundesstenograph Hellmut Kittelmann wegen Mitgliedschaft bei einer reichsdeutschen Sektion der NSDAP aus dem öffentlichen Dienst gejagt. Allerhand Propagandamaterial aus dem Norden und aus dem Süden zog man ein. Studentische Vereinigungen – die ins Ausland ziehenden deutschen Hochschüler waren in speziellen Kursen auf ihre Aufenthalte und Missionen im Gaststaat vorbereitet worden (!) – wurden aufgelöst, da sie reine Agitationszirkel seien. Bei Ausbruch des Zweiten Weltkriegs ist die Herrespolizei mit Listen verdächtiger Schweizer roter wie brauner Couleur ausgerüstet. Und eine tolldreiste Verletzung eidgenössischer Souveränitätsrechte durch Nazi-Agenten verhalf 1935 der Bundesanwaltschaft zur lange vergeblich anbegehrten Einsetzung der Politischen Polizei als eigene (und personell aufgestockte) Abteilung.

Am 9. März 1935 wurde Berthold Salomon, genannt Jacob, von Basel in das Reich Hitlers entführt. Jacob war Mitarbeiter der renommierten kommunistischen Zeitschrift «Die Weltbühne», die wesentlich geprägt wurde von Nobelpreisträger Carl von Ossietzky, der später in einem Konzentrationslager zu Tode kam. Als Spezialist für die deutsche Aufrüstung wurde Jacob von den Nazis und deren Geheimer Staatspolizei (Gestapo) intensiv gejagt. Er hatte Deutschland bereits 1932 verlassen und wohnte als staatenloser Intellektueller in ärmlichen Verhältnissen in Strassburg.

Hans Wesemann, berüchtigter Kopfjäger in Nazi-Diensten, lockte Jacob mit vorgegaukelten Verträgen von englischen Magazinen nach Basel, wo ihm auch ein falscher Pass in Aussicht gestellt wurde. Zusammen mit Wesemanns Komplizen bestieg Jacob ein Auto mit den Kontrollschildern ZH 9512, um, wie ihm versprochen wurde, die neuen Papiere in Riehen abzuholen. Die Fahrt ging jedoch in Richtung Grenze; zwanzig Meter vor dem Zoll gab der Chauffeur unvermittelt Vollgas, überfuhr beinahe einen Schweizer Beamten und passierte den im abgekarteten Spiel eilig geöffneten Schlagbaum des deutschen Zollamts. In Weil bog der Wagen in die Adolf-Hitler-Strasse ein, wo Jacob der Gestapo übergeben wurde. Der Häscherlohn für Jacobs Kopf soll 2000 Reichsmark betragen haben.

Die Landesregierung, wie das Volk empört über die flagrante Verletzung schweizerischer Hoheitsrechte, verlangte die Auslieferung Jacobs. Nach sechsmonatiger Haft und langwierigen diplomatischen Scharmützeln gaben ihn die Nazis endlich frei. Als Konzession gegenüber der Hitler-Diktatur wies der Bundesrat den mittellosen Journalisten wieder nach Frankreich aus: Der Versuch, einen falschen Pass zu ergattern, habe ihn des Asyls der Eidgenossenschaft unwürdig gemacht.

Der Vorfall enthüllte, dass ein ganzes Netz von Nazi-Agenten die Schweiz überspannte: die Fäden zog Gestapo-Kommissär Walter Richter, alias Dr. Becker, der sich oft in der neutralen Alpenrepublik aufhielt. Auf dem Dringlichkeitsweg legte der Bundesrat dem Parlament einen Beschluss zum Schutz der Sicherheit der Eidgenossenschaft («Spitzelgesetz») vor, der am 21. Juni 1935 in Kraft gesetzt wurde. Damit war nicht aus innerer Not, sondern des Gestapo-Terrors wegen die eigentliche Politische Polizei in der Bundesanwaltschaft eingerichtet. «Der Bundesanwaltschaft wird zur einheitlichen Durchführung des Fahndungs- und Informationsdienstes im Interesse der Wahrung der inneren und äusseren Sicherheit der Eidgenossenschaft das nötige Personal beigegeben. Sie arbeitet in der Regel mit den zuständigen kantonalen Polizeibehörden zusammen», lautet Artikel 8 des Gesetzes.

Ein Gutachten empfahl, nach ausländischem Vorbild, gleich eine schlagkräftige Zentralpolizei und über zwanzig zusätzliche Stellen in der Bundesanwaltschaft (wovon allein deren zwölf für die Politische Polizei). Allerdings reduzierte die Landesregierung das Projekt vorerst auf helvetisch-föderalistische Dimensionen und bewilligte der Bundespolizei zunächst nur acht neue Stellen. «Das wäre einmal ein Anfang», plauderte EJPD-Vorsteher Johannes Baumann gegenüber dem freisinnigen Rechtsaussen und späteren «Trumpf-Buur»-Redaktor Robert Eibel bereits 1934 (!) seine Pläne aus. Der Fall Jacob hatte also dem schon minutiös vorbereiteten Programm nur zum Start und zur politischen Durchsetzbarkeit verholfen.

Die neu aus 15 Mann bestehende Bundespolizei – um die Gefahr von Beamtenbestechungen zu mindern, werden die politischen Fahnder besonders grosszügig besoldet – lud auf den März 1939 die kantonalen Funktionäre und die Nachrichtenleute einiger grösserer Städte zu einem Instruktionskurs nach Bern ein, um die Effizienz der dezentral angesiedelten Späher und Horcher zu steigern. Die Bundespolizei wurde damit immer mehr zum schweizerischen Zentrum der Politischen Polizei, welche die Korps in den Ständen anleitet, unterrichtet und kommandiert – dies fünfzig Jahre nachdem der föderalistische Widerstand mit einer Ein-Mann-Zentralstelle unterlaufen worden war.

Die Bedeutung der Politpolizei nahm mit dem Vollmachten-Regime des Bundesrates während des Zweiten Weltkrieges laufend zu. Am 4. September 1939 erliess die Bundesanwaltschaft ein Kreisschreiben, das einschärfte, dass trotz der ergriffenen militärischen Massnahmen die Bundespolizei weiterhin Kommandoposten der Politischen Polizei bleibe. Das Personal wurde sukzessive aufgestockt: von 15 auf 21 Beamte «im Aussendienst». Die Kriegsbedrohung, die der demokratischen Kontrolle völlig entzogene Vollmachten-Ordnung und das allgemeine Sicherheitsbedürfnis machen die Bundespolizei in den Kriegsjahren zur mächtigen Organisation. Die Zusammenarbeit mit den militärischen Stellen klappt. Noch heute ist der Chef der Bundespolizei in Personalunion auch Chef der Abteilung Abwehr in der Untergruppe Nachrichtendienst und Abwehr im Stab der Gruppe für Generalstabsdienste.

Kennzeichnender als die konsequente Kontrolle der rechtsextremen Staatsfeinde war in dieser Epoche indes das von aussen- und innenpolitischen Rücksichtnahmen diktierte Lavieren. Zum einen wollte der Bundesrat den Achsenmächten keinen Anlass zu allzu vehementen Klagen bieten; zum andern mochte er nicht mit antifaschistischen Massnahmen die Linke (insbesondere die Kommunisten) stärken. Eine Gruppe von empörten Zürchern, die 1935 nach dem Überfall des römischen Diktators Benito Mussolini auf Abessinien zum Boykott der italienischen Wirtschaft aufrief, wurde mit massiven Strafandrohungen eingeschüchtert und zum Verstummen gebracht; nicht einmal ein Postcheckkonto durfte sie einrichten. (Der Völkerbund hatte den faschistischen Staat immerhin als Aggressor verurteilt.) Ein Jahr später trat die Bundesanwaltschaft nach einer grossangelegten Untersuchung gegen die Tessiner «Adula»-Bewegung plötzlich von einer Anklage zurück, obwohl die direkte Abhängigkeit der beiden führenden Köpfe Teresa Bontempi und Emilio Colombi und zahlreicher weiterer Irredentisten vom Duce sowie dem italienischen Konsulat nachgewiesen war.

Schweizer Zeitungen – mittlerweile war zu ihrer Überwachung eine Konsultative Pressekommission aufgeboten worden, in der der Bundesanwalt Antrag stellte – durften ab 1936 Ausdrücke wie «faschistische Mörderbanden», «die braune Pest», die «braune Bestie», «grossdeutscher Grössenwahnsinn» oder «nationalsozialistische Weltbrandstifter» nicht mehr verwenden. Die Verunglimpfung «befreundeter Staaten» wurde mit Ermahnungen, Verwarnungen oder befristeten Publikationsverboten geahndet. Deutschlandkritische Bücher wie Hermann Klotz's Warnung vor der aggressiven Rüstungspolitik der Nazis, «Der neue deutsche Weg», wurden 1936 umgehend verboten. Meist stand am Anfang solcher Aktionen ein Besuch des deutschen Gesandten Otto Carl Köcher im Bundeshaus.

Bald zieht die Bundesanwaltschaft – seit 1938 ebenfalls zuständig für «Massnahmen gegen staatsgefährliches Propagandamaterial» – die mittlerweile 70 und mehr Jahre alten ökonomischen und politischen Standardwerke des Marxismus ein: «Das Kommunistische Manifest», «Lohn, Arbeit und Kapital» und «Das Kapital» von Karl Marx. Am 21. Juni 1939 wollte Nationalrat Jules Humbert-Droz mit einer Anfrage wissen, ob es den Staatsschützern erstens tatsächlich ernst sei mit der Konfiszierung dieser theoretischen Grundlagenwerke und was zweitens gegen die jüngeren Kampfschriften Mussolinis und Hitlers vorgekehrt worden sei. «Das Kapital» werde demnächst wieder freigegeben, bremste der Bundesrat die übereifrigen Beamten; auf die zweite Frage wusste er keine Antwort.

«Wie nennt man das, Herr Bundesanwalt?» giftete am 11. Juni 1937 das sozialdemokratische Zürcher «Volksrecht»: «Halten Sie diesen intensiven Verkehr zwischen der ‹Nationalen Front› und dem Dritten Reich für weniger gefährlich als die gelegentliche Korrespondenz idealistischer Kommunisten mit Sowjetrussland?» Das Blatt hatte detailliert die Kontakte der führenden Schweizer Fröntler von Landesführer Rolf Henne über Scharfmacher wie den Schaffhauser Reallehrer Karl Meyer, den Aargauer Juristen Ernst Rüegsegger oder den Zürcher Alfred Zander mit den Nazi-Organen in Deutschland aufgelistet – und dabei Namen aneinandergereiht, die 1948 in den grossen Landesverräterprozessen fast alle wieder auftauchen. Vor dem Krieg wurden Provokationen («Die Grenze zwischen Deutschland und der Schweiz ist eine rein geographische Grösse», Henne) oder konspirative Treffen der Fröntler mit Nazi-Abgesandten nur registriert.

Die Doppelstrategie der Bundesanwaltschaft, einerseits die Tätigkeit der Fröntler zu überwachen, diese jedoch andrerseits sorgsam einzubinden und somit einigermassen ruhig zu halten, gipfelte 1940 in zwei Audienzen, welche zwei Bundesräte den Exponenten der «Nationalen Bewegung der Schweiz» (NBS) gewährten. Bundesanwalt Stämpfli empfahl seinem Chef Johannes Baumann, «mit einwandfreien Vertretern» der NBS zu sprechen und von ihnen Garantien zu verlangen, dass sie ihre Verbindungen ins Ausland abbrechen würden. Das Gespräch mit Ernst Hofmann endete allerdings im Fiasko. Der NBS-Funktionär schrie schliesslich den Bundesanwalt an, er solle «verschwinden», er habe «keine Ahnung vom Ernst der Lage» und werde für die Überwachung der Fronten noch zu büssen haben. Eine Woche später wurde die NBS gleichwohl verboten.

Zwei Monate zuvor war den Frontisten mit einem Empfang beim damaligen Bundespräsidenten Pilet-Golaz ein publizistischer Grosserfolg geglückt. Der später wegen Landesverrats zu zwölf Jahren Zuchthaus verurteilte Aargauer Elektroingenieur und Volkswirtschafter Max Leo Keller, der Dichter Jakob Schaffner und Ernst Hofmann sicherten dem Aussenminister «korrektes Verhalten» zu und verbreiteten daraufhin – offenbar ohne Wissen Pilets – ein Communiqué mit dem Schlusssatz: «Die Unterredung, welche anderthalb Stunden dauerte, stellt einen ersten Schritt zur Befriedung der politischen Verhältnisse der Schweiz dar.» Der Unwillen der Bevölkerung war gewaltig; auch die bürgerliche Presse verurteilte den vom Bundesanwalt empfohlenen Empfang. Sozialdemokratische Blätter und Landesring-Nationalrat Gottlieb Duttweiler forderten den Rücktritt von Pilet-Golaz. Trotz dieses Hagels an Vorwürfen betraute dieser Max Leo Keller mit einer geheimen Mission, die den führenden Frontisten bis zu Hitler-Stellvertreter Rudolf Hess führte.

Zögerte bereits die Bundesanwaltschaft in einem Mass, dass das unzimperliche Vorgehen gegen Kommunisten, von denen auch während des Krieges Dutzende des Landes verwiesen oder hinter Gitter gebracht wurden, als sehr einäugig interpretierter Staatsschutz erscheinen muss, so gab das Politische Departement (heute Departement für auswärtige Angelegenheiten) noch systematisch Gegensteuer zu allen Erlassen, die nach rechts Wirkung hätten erzielen sollen. Bundesrat Giuseppe Motta, stark geprägt von einem konservativen Katholizismus und der scheinbaren Harmonie des italienischen Faschismus mit der Kirche und ausserdem ständig bestrebt, die Nachbarn nicht zu verärgern, stoppte manchen Versuch symmetrischen Vorgehens gegen alle Extremisten. Er war sich beispielsweise nicht zu schade, in Frankreich gegen das Verbot eines Genfer Faschistenheftchens zu intervenieren. Die meisten Sanktionen gegen die Presse wurden von seinem Departement gefordert. Und als 1939 der Vorentwurf zu einem «Bundesgesetz zum Schutz der verfassungsmässigen Ordnung» in der Verwaltung zirkulierte, monierte er, dass «als zu schützendes Rechtsgut die verfassungsmässige ‹freiheitlich-demokratische› Ordnung bezeichnet» werde (!), denn «nach dem Sprachgebrauch weiter Kreise wird in neuster Zeit unter dem Begriff ‹Demokratie› und ‹demokratisch› alles eingereiht, was zur Gegnerschaft des Faschismus oder Nationalsozialismus gehört». Solche «missverständlichen» Begriffe wie «freiheitlich-demokratisch» sollten deshalb aus dem Text gestrichen werden, meinte Motta und empfahl allgemein «vermehrte Rücksicht» auf die Nachbarstaaten bei der Redaktion von Staatsschutz-Erlassen.

Erst mit der Kapitulation Deutschlands wagten die Staatsschützer die Offensive gegen die Fröntler. Am 8. Mai 1945, just am Tage also, als das Dritte Reich die Waffen streckte, lief eine grosse Aktion unter der Leitung der Bundespolizei zur Auflösung der nationalsozialistischen und faschistischen Organisationen an: 364 Einsätze in 21 Kantonen folgten sich in rascher Kadenz. 404 deutsche Nazis und 37 italienische Faschisten wurden jetzt ausgewiesen. Die Kantone waren gründlicher als die Bundesbehörden und verfügten Massnahmen gegen weitere 999 Ausländer. Die Säuberungen, vom Volk laut gefordert und applaudiert, mündeten in die grossen Landesverräterprozesse: 102 Personen waren angeklagt, 58 von ihnen wurden zu Zuchthausstrafen zwischen einem und 20 Jahren verurteilt, zwanzig erhielten unbedingten Freiheitsentzug von einem bis zwei Jahren, 21 bedingte Haftstrafen bis zu einem Jahr. Nur drei Personen wurden freigesprochen. Die Sündenböcke waren bezeichnet, und die Bundesanwaltschaft beeilte sich, in drei umfangreichen und ausserordentlich detaillierten Rechenschaftsberichten «über die antidemokratische Tätigkeit von Schweizern und Ausländern» – vom Bundesrat zwischen Dezember 1945 und Mai 1946 dem Parlament vorgelegt – die These gleicher Ellen nach rechts und links zu verbreiten. Dies nicht nur, um die schweizerische Öffentlichkeit zu beruhigen, sondern auch die Siegermächte, die das Verhalten der Eidgenossenschaft gegenüber den Achsenstaaten während des Krieges keineswegs loben mochten.

Die Kritik an der Politischen Polizei und – mehr noch – an den politischen Behörden greift jedoch zu kurz, wenn nicht die positiven Effekte der relativen Untätigkeit der Gesinnungsschnüffler hervorgehoben würden. Die Zurückhaltung der Bundespolizei (auch wenn die Abstinenz nicht solchen Motiven entsprang) dient als Beweis für die Stabilität des schweizerischen demokratischen Systems. Der Zulauf zu linksextremen Gruppierungen wie zu den braunen Horden hielt sich in sehr engen Grenzen. «Lieb Vaterland magst ruhig sein», reimte «Bö» im «Nebelspalter», «umgheit isch pro Tusig ein.» Das ängstliche Zögern von damals müsste sich zur Zuversicht wandeln, dass selbst grösste ideologische Zerreissproben und Kämpfe um die Macht nur in einer politischen Auseinandersetzung, nicht aber mit Polizeimethoden entschieden werden können.

V

Ein mächtiger Schattenapparat operiert im rechtsfreien Raum

Wie der Vaterländische Verband einen privaten Nachrichtendienst aufzieht und mit der Bundesanwaltschaft kollaboriert

In den ersten Tagen des Jahres 1920 dürfte Alfred von Planta, Gesandter der Eidgenossenschaft in Berlin, zuerst verblüfft, in der Folge jedoch äusserst verärgert gewesen sein. Er begegnete nämlich im «Situationsbericht Nr. 32» des «Schweizerischen Vaterländischen Verbandes» (SVV) seinen eigenen geheimen Rapporten an die Zentrale in Bern wieder. «Ein Bericht der Schweizerischen Gesandtschaft in Berlin lautet ganz pessimistisch», plauderte ein SVV-Sekretär im Bulletin die Ansichten des Diplomaten zu Fragen der deutschen Politik aus. 300fach wurde dieses Blättchen an Amtsstellen des Bundes und der Kantone sowie an rechtsbürgerliche Private, die sich als Subversivenjäger übten, versandt.

Die heftige Demarche von Plantas bei der Abteilung für Auswärtiges, ob man die ungeheuerliche Indiskretion, die ihm das Leben in Berlin erschwere, die diplomatische Erkundungsarbeit wesentlich mühsamer mache und den Zugang zu deutschen Quellen verbaue, abklären könne, endete einerseits in nervösen Vertuschungsmanövern: Der «schuldige» SVV-Sekretär berief sich auf «Gerüchte in Journalistenkreisen», denen er Gehör geschenkt habe. Doch Walter Thurnheer, Adjunkt der Abteilung für Auswärtiges, machte mit Brief vom 25. Februar 1920 andrerseits Minister von Planta sachte darauf aufmerksam, der «Schweizerische Vaterländische Verband» stehe in engster Verbindung mit der Bundesanwaltschaft. Und der Mann in Bern riet dem Vorposten in Berlin, bei der Übermittlung von delikaten Berichten inskünftig die nötige Vorsicht walten zu lassen.

Der unbekümmert freie Datenfluss zwischen behördlichen und privaten «Staatsschützern» war intern also bereits damals aufgeflogen; Verletzungen des Amtsgeheimnisses häuften sich. Im gleichen Jahr 1920 beschloss das Politische Departement, Nachrichten von Diplomaten und Vertrauensleuten im Ausland zwar nicht – wie dreist anbegehrt – direkt an den SVV weiterzuleiten, damit jedoch weiterhin die Bundesanwaltschaft zu beliefern, obwohl man sich der unangenehmen Tatsache bewusst war, dass diese Amtsstelle ein Leck in Richtung ultrarechter Patrioten aufwies. Die Affäre sollte allerdings erst 27 Jahre später auffliegen, wobei die Bundesanwaltschaft auf Kosten der «Vaterländischen» sich erst noch einigermassen schadlos halten konnte.

Die Bezeichnung «Schweizerischer Vaterländischer Verband» war ursprünglich nur der Untertitel der Organisation gewesen, die sich als rechtsbürgerliche Reaktion auf den Generalstreik von 1918 gebildet und sich vorerst – zutreffend – «Vereinigte Schweizer Bürgerwehren» getauft hatte.

Am 11. November 1918 verbündeten sich im Aarauer «Affenkasten» die Vorstandsmitglieder zahlreicher bürgerlicher Vereine des Kantons und beauftragten Eugen Bircher – Lästermäuler kolportierten, seine Chirurgenkollegen qualifizierten ihn als guten Militär, seine Offiziersfreunde umgekehrt lobten ihn als guten Arzt –, die notwendigen Massnahmen zu treffen, um die Bürger wider die rote Gefahr zu mobilisieren. Allenthalben wurden Bürgerwehren rekrutiert, und Bundesrat Camille Decoppet, Vorsteher des Militärdepartements, beeilte sich, der Aargauer Kantonsregierung telegrafisch zuzusichern: «Gegen Bildung von Bürgerwehren ist nichts einzuwenden. Im Gegenteil ist jede Massnahme, die Aufrechterhaltung von Ordnung und Sicherheit stützt, willkommen.» Der Freibrief für private paramilitärische Verbände wurde später noch weitergeschrieben. Als sozialdemokratische Nationalräte über die verfassungsmässig und gesetzlich nirgends abgesicherten Privattrupps wetterten, entgegnete ihnen Bundesrat Karl Scheurer, der Decoppet an der Spitze des EMD nachgefolgt war, im Sommer 1924, dass versucht worden sei, die verfassungsmässige Ordnung mit Gewalt zu ändern. Dies habe eben, so die simple Logik Scheurers, jene Kreise auf den Plan gerufen, die gesagt hätten: «Gegenüber dieser Gewalt wenden wir wieder Gewalt an.» Weil diese Bürgerwehren natürlich nach Bewaffnung verlangt hätten, «haben wir in all denjenigen Fällen die Bewaffnung und Ausrüstung mit Munition zugestanden, wo die Bürgerwehren vom Kanton anerkannt waren und damit ein Glied des staatlichen Ordnungsdienstes geworden sind».

Die Ritzung des Gewaltmonopols des Staates gedieh indes beinahe zur unkontrollierten Entwicklung eines Staates im oder neben dem Staate. Wie Bircher Oberstdivisionär Emil Sonderegger, der in Zürich 1918 den Generalstreik erstickt hatte, versicherte, hielten die Verbände sich bereit für den «nächsten Generalstreik, der ja sicher kommen wird». Die «Aargauische Vaterländische Vereinigung», die am 16. November 1918 offiziell gegründet wurde, spann allerdings ein noch viel engeres Sicherheitsnetz: Neben einem Presse- und einem Nachrichtensekretär wurde auch ein «technischer Sekretär» ernannt, der für den Fall eines Streiks die gesamte Infrastruktur sicherzustellen gehabt hätte: Ein «Werkdienst» hatte Sicherheitskonzepte für alle wichtigen öffentlichen und privaten Bereiche ausgearbeitet; eigene Verteidigungspläne waren ausgeheckt und eingeübt worden; ein Kurierdienst hätte gespielt, und selbst die Versorgung mit Nahrungsmitteln wäre sichergestellt worden. Am 20. Juli 1920 konnte Eugen Bircher dem Aargauer Polizeidirektor Schibler per Postkarte rapportieren: «Melde alles gefechtsklar!» Einem Vertrauensmann hatte der Arzt, Politiker und Truppenführer zugeraunt, man sei «für den nächsten Hosenlupf wohl gewaffnet», und in unverhohlener Vorfreude auf den Kampf hoffte er, «wenn dieser nur nicht allzu lange auf sich warten lässt, sonst würde die Begeisterung wieder abflauen».

Der Enthusiasmus war mit einem patriotisch inszenierten Massenaufmarsch geweckt worden: Am 24. November 1918 strömten (obwohl den eben gebeutelten Eisenbahnern klugerweise die Bereitstellung von Extrazügen nicht zugemutet wurde) 12000 Frauen und Männer ins Amphitheater von Vindonissa zu einer allgemeinen Volkstagung. Hier in Windisch schwor man auch, die Bürgervereinigung als Kampforganisation auf die gesamte Schweiz auszudehnen. Am 5. Oktober wurde der «Schweizerische Vaterländische Verband», später meist nur noch SVV oder V.V. genannt, gegründet; erster Zentralpräsident und die dominierende Figur war Bircher, der ab 1934 die 4. Division befehligte, später die 5. Division übernahm, dem Nationalrat angehörte und zu den Gegenspielern von General Guisan zählte. Dank Zuwendungen der offenbar verängstigten Industrie konnte der SVV bereits zu Beginn über Jahresbudgets von gegen 150 000 Franken verfügen. Den soliden Boden legte der Arbeitgeberverband der Schweizerischen Maschinen- und Metall-Industriellen, der 10 000 Franken für die Bürgerwehren bewilligte. Die parastaatliche Institution SVV mit der kaum beschränkten Eigendynamik war merkwürdigerweise nie Gegenstand von Abklärungen durch die Bundesanwaltschaft, sondern vielmehr deren intimster Partner während fast dreier Jahrzehnte.

Im Frühjahr 1920 versandte der erste SVV-Sekretär Viktor Sonderegger ein Rundschreiben an die Sektionen. «Wir müssen es unbedingt soweit bringen», beschwor er seine Mitstreiter, «dass jede – auch geschlossene – Versammlung der offiziellen sozialdemokratischen Partei, aber auch jede Versammlung wilder sozialistischer und kommunistischer Vereinigungen durch Vertrauensleute unserer Seite besucht werden. Wenn immer möglich sollten zwei voneinander unabhängige Berichte über solche Versammlungen miteinander verglichen werden können. Dann wäre es sinnvoll, in allen industriellen Grossbetrieben Vertrauensleute unter den Arbeitern zu gewinnen. Partei-Propaganda wird bekanntlich am intensivsten an der Werkbank betrieben.»

Weiter ermunterte der manisch fixierte private Staatsschützer zu «Beobachtungen an Grenzstellen». In jedem Kanton wollte er Informanten plazieren, welche die lokalen sozialistischen Zeitungen zu studieren hätten. Die «führende sozialistische Presse» – die Berner «Tagwacht», den Basler «Vorwärts» und das Zürcher «Volksrecht» – wolle er hingegen von der Zentrale in Aarau aus im Auge behalten. An die Wirtsleute und an das Servierpersonal solle man sich halten, verbreitete Sonderegger zum Schluss als nützliche Anleitung zur Infiltration.

Ein Jahr später musste der Eiferer, einigermassen ernüchtert, allerdings feststellen, dass nach diesem Muster zwar «gelegentlich wertvolles Material» zugedient und angeschleppt worden, «ohne bezahlte Vertrauensleute und Agenten auf diesem Gebiete systematische Arbeit aber unmöglich» sei. Da ein ständiger politischer Nachrichtendienst dennoch ein wichtiges Ziel des Verbandes bleibe, sei eine «dauernde Zusammenarbeit mit eidgenössischen, kantonalen und städtischen Polizeibehörden, mit andern offiziellen Nachrichtenstellen im In- und Ausland unerlässlich». Gestreut wurde das periodisch gebündelte Material in Situationsberichten, in geheimen Mitteilungen an die Behörden, in «Spezialdiensten» für Vetrauensleute sowie in Referaten und Presseartikeln zur Steuerung der öffentlichen Meinung. Aus diesen ersten Fäden wuchs in abgedunkelten Bereichen ein gewaltiges engmaschiges Spinnennetz, das Hunderte von Opfern einfing und nicht mehr losliess.

Nur die europäischen Massstäbe, auf welche die Vaterländischen ihre helvetische Erfindung ausdehnen wollten, erwiesen sich als überrissen. Für den 29. und 30. November 1920 riefen Eugen Bircher und seine SVV-Führer zu einer internationalen Konferenz ins Hotel «Rütli» nach Luzern. Angestrebt wurden eine grenzüberschreitende Verbindung der Bürgerwehren (!) und eine Organisation, die laut Bircher in der Lage sein sollte, «durch gegenseitigen Nachrichtenaustausch das Werk zur Bekämpfung der Revolution zu unterstützen». Tagungspräsident in Luzern war der Genfer Théodore Aubert, der Westschweizer Dirigent des Verbandes, Gründer der fanatisch antikommunistischen «Entente Internationale contre la Troisième Internationale» (auch «Ligue Aubert» genannt) und von 1935 bis 1939 Nationalrat der faschistischen Union Nationale. Vertreter aus Deutschland, Italien, Spanien, Belgien, den Niederlanden und Dänemark waren zwar der Einladung gefolgt. Nach tiefgreifenden Meinungsunterschieden – insbesondere die nüchternen Belgier und Holländer waren bestrebt, sich sofort wieder aus diesem kriegerischen Anti-Bolschewismus und Anti-Sozialismus zu befreien – reichte es aber nur zu einem bloss verbalen Grundsatzentscheid, in 16 europäischen Ländern die «revolutionäre Bewegung sowie deren Führer und Agenten ausforschen zu lassen». Unter «revolutionär», hält das Protokoll fest, seien ausdrücklich «bolschewistische» Bestrebungen zu verstehen. Das Projekt eines internationalen Nachrichtenzentrums mit Sitz in der Schweiz (Budget 53 000 Franken) starb nach dem Fiasko von Luzern still und leise.

Um so dynamischer entwickelte sich der ohnehin bereits eingespielte Kontakt mit den Bundesbehörden. Als Eugen Bircher im Dezember 1919 seine gesammelten Erkenntnisse einer Studienreise nach Deutschland dem Bundesrat präsentierte, fand er beispielsweise derart viel Gehorsam, dass der Exilrusse Alexander Parvus-Helphand, der eine Villa am Zürichsee bewohnte und gemäss den Recherchen von Bircher in Berlin als «Intimus von Lenin-Trotzki und als deren geistiger Lehrer und Führer» zu betrachten sei, faktisch aus der Schweiz verbannt wurde. Auch die «Weisungen für die Ordnungstruppen», die EMD-Chef Karl Scheurer 1920 erliess, hatte dieser zum Teil wortwörtlich den Notizen Birchers über deutsche Vorgehensweisen gegen aufmüpfische und aufrührerische Bürger abgeschrieben.

Der Informations- und Nachrichtendienst des SVV, der neben behördlichen Quellen auf ungezählte Denunzianten bauen konnte, durchkämmte mit dem Ziel, die gesamte Linke, zuvörderst den Bolschewismus, zu zerschlagen, ganze Landstriche, röntgte Dutzende von Organisationen und verfolgte mit der Lupe selbst geringfügige Bewegungen in den Mitgliederlisten oder Vorständen aller Gruppierungen links der eigenen Meinung.

«Streng vertraulich», schrieben etwa die Vaterlandsretter am 21. März 1935 dem Generalsekretär der Schweizerischen Bundesbahnen, sie hätten Kunde erhalten aus dem Baselbiet, «dass der Stationsvorstand von Lausen in politischer Hinsicht als gefährlich betrachtet werden müsse und selbst während den

Dienststunden politische Agitation betreibe. Ferner soll auch der pensionierte Bahnmeister Hans Strub in Liestal für die Freigeldtheorie (Eine Lehre, die mit einer periodischen Wertverminderung des Papiergeldes die Hortung von Geld und die Zinsprofite verunmöglichen wollte. Der Verf.) Propaganda machen und gegen die Wehrvorlage aufgetreten sein. Strub benütze seinen Ruhestand dazu, aktiv gegen den gleichen Staat aufzutreten, der ihm sein Ruhegehalt ausrichtet.» Dem Duo sei keine freie Fahrt zu gewähren, verlangte der SVV von den Oberbähnlern. «Nötigen Falles» solle es «der Staatseinkünfte verlustig gehen». Wie die SBB die Weichen gestellt haben, geht aus den Dokumenten nicht hervor, doch andere Beispiele zeigen, dass SVV-Wünsche in der Bahnzentrale und selbst im Bundeshaus zu Befehlen wurden.

1941 platzte der Verband der Vaterländischen in internen Erfolgsmeldungen beinahe vor Freude und Stolz. Am 1. Februar, um 18.10 Uhr, so war im Programm des Landessenders Beromünster angekündigt worden, hätte nämlich als Teil des Zyklus' «Erfolgreiche Schweizer aus eigener Kraft» ein Hans Rychener den Arbeiterführer, Nationalrat, Chefbeamten und damaligen Präsidenten des Berner Regierungsrates, Robert Grimm, porträtieren sollen. Die Medienwächter erhoben indes bei der Abteilung Presse und Funkspruch des Armeestabes umgehend «scharfen Protest» und doppelten mit Kopien an die «interessierten Departemente des Bundesrates» sowie Mitteilungen an ausgewählte Presseerzeugnisse nach. Der mächtige Schattenapparat hatte sich nicht vergebens eingeschaltet: «Aus technischen Gründen» fiel Beromünster just zu dieser samstäglichen Abendstunde aus; dann wurde der nächste Programmteil angesagt. Der SVV beglückwünschte sich zu der «ungehaltenen Rede», und die gleichgeschalteten Presseorgane dankten dem Bundesrat für den «sauberen Rundfunk».

Ohnehin konnte Grimm sich ohne Begleitung privater oder behördlicher Kontrolleure zu keinem einzigen Vortrag begeben. Wann immer er sich auf eine Rednerliste setzen liess, erstatteten die Superpatrioten sofort warnende Meldung an die Bundesanwaltschaft, diese ihrerseits setzte flugs die örtlichen

Landjäger in Trab und steckte einige Tage später die zurückfliessenden Rapporte in die ins Endlose wuchernden Dossiers des nachmaligen Nationalratspräsidenten. 1940 forderten die SVV-Ankläger das Verbot der Grimm-Broschüre «Die Arbeiterschaft in der Kriegszeit», die schriftliche Fassung einer Rede des Genossen vor den Berner Sozialdemokraten. Die Bundesanwaltschaft eilte, die 180 Exemplare auf dem SP-Sekretariat einzuziehen und die beanstandeten Stellen rot zu markieren: Es waren jene vier, fünf Sätze, in denen sich Grimm gegen jegliche Diktatur – komme sie von links, komme sie von rechts – wandte und sie als Rückfall in die Barbarei geisselte!

Jede Hechtrolle und auch jede andere Körperbewegung des Schweizerischen Arbeiter-Turn- und -Sportverbandes (Satus) wurde vom SVV notiert, jedes Gymnastikprogramm auf marxistische Elemente hin bewertet. Ohne Erfolg bemühten sich die SVV-Kampfrichter, den Satus von der Liste der subventionsberechtigten Organisationen streichen zu lassen. Immerhin versagte der Bundesrat den Satus-Sportfesten seine Aufwartung und kommandierte jeweils einen Obristen ab – immer noch zu viel der Anerkennung für die linksum schwenkende Turnerschar, lästerte der SVV, müsse dem hohen Offizier doch das «zweifelhafte Vergnügen zufallen, in Uniform hinter roten Fahnen zu marschieren und eine konventionelle Rede zu halten».

17 Jahre lang registrierte der SVV alle Auftritte der Singgruppe der «Naturfreunde» und erfasste mit der Lupe sämtliche Mutationen im Verein, der «schamlose Nacktkultur betreibt, mit dem Zweck, alles Herkömmliche und Traditionelle zu stürzen». Der starre Blick aufs Anstössige lohnte sich: Der Zürcher Gemeinderat lehnte eine Subventionierung der «Naturfreunde»-Hütten ab.

Eine Besprechung vom 9. März 1943 mit Bundesrat Karl Kobelt, dem Nachfolger von Scheurer an der Spitze des EMD, zeitigte innert Stunden fast die gesamte gewünschte Wirkung: Oberst im Generalstab Perrier, der den linkssozialistischen

Genfer Léon Nicole (später Präsident der Partei der Arbeit) in einem Prozess verteidigt hatte, sei in dieser Funktion nicht mehr tragbar, monierten die Rechtspatrioten. Zwei Tage später meldete Bundesrat Kobelt den privaten Aufpassern, er habe den Auftrag ausgeführt und Perrier «z.D. in die Infantrie» relegiert. Nur den Basler Regierungsrat Carl Miville (damals noch SP-Mitglied) hatte er nicht aus einem Divisionsgericht kippen wollen.

Die Interventionen der hartnäckigen Schnüffler gingen in die Hunderte. 1940 zum Beispiel wurde ein SVV-Dossier eröffnet über den Kreis «Kultur und Volk», der einen «Soldaten-Abig» veranstaltet hatte: Kritischer Beobachtung erfreuten sich etwa der Zürcher SP-Nationalrat und Verleger Hans Oprecht, der pazifistische Theologe Leonhard Ragaz, Regisseur Kurt Früh, Komponist Rolf Liebermann, die Bühnenkünstler Alfred Rasser und Margrit Rainer. Alles mit Durchschlag nach Bern.

1941 schnürten die argwöhnisch nach links blickenden Staatsschützer die treuherzig angelegte «Nationale Aktion des guten Willens» ab, die der Verband des Personals öffentlicher Dienste (VPOD) mit dem Ziel lanciert hatte, in einer gewissen Bonhomie («Mir müend ja gliich zäme schaffe») Gegensätze in der von den Achsenmächten umzingelten Demokratie abzubauen. Die SBB stellten die Weichen sofort nach den Wünschen des SVV und verbannten die harmlosen Plakate von ihren Arealen. Dass der berühmte und engagierte Basler Theologe Karl Barth ab 1942 von vielen Organisationen (etwa der Neuen Helvetischen Gesellschaft) zu keinen Vorträgen und andern Auftritten mehr eingeladen wurde, veranlasste der gleiche Klub von Eiferern, der 1945 auch die «Büchergilde Gutenberg» als «getarnte marxistische Organisation» bezeichnete, «der wir deshalb seit langem unsere Aufmerksamkeit geschenkt haben». Präsident des Vorstandes dieses Buchklubs war SP-Nationalrat Hans Oprecht.

Zwar verfing sich hin und wieder ein Fröntler oder sonstiger Rechtsextremer in den auf diese Seite hin ziemlich löchrigen SVV-Maschen. Doch war der gestrenge vaterländische

Bund eben sehr offen für frontistisches Gedankengut. Eugen Bircher, 1933 von einer Deutschlandreise heimgekehrt, zögerte nicht, die neuen Verhältnisse im Dritten Reich zu beklatschen: Die Linke sei endgültig zerschlagen und die rasche Umwandlung des deutschen Volkes in ein Heer von Arbeitersoldaten erscheine ihm als ein Wunder. Die unter Birchers Leitung (und auf sein Drängen hin) durchgeführte skandalöse Schweizer Ärztemission an die deutsche Ostfront liess ihn 1941 neuerlich das Nazi-Regime feiern: «Wir danken Ihrem Führer, dass wir, die Schweizer Ärztemission, teilnehmen dürfen am Kampfe gegen den Bolschewismus.» Bircher, der sich in den Dienst der Deutschen stellte, die Wehrmacht pries («Hier im Osten finden nur noch Säuberungsgeplänkel statt»), stiess andere Teilnehmer, welche die Mission als humanitären und nicht als politischen Akt verstanden hatten, vor den Kopf. 1941 verweigerte der SVV ausdrücklich seine Teilnahme an einer grossen nationalen Widerstandskundgebung in Basel. Auch zwischen den «Zweihundert», welche 1940 die anpasserische Eingabe dem Bundesrat überreichten, und dem vaterländischen Schattenverband bestanden verschiedene Personalunionen.

«Ich meine, es müsste etwas Entscheidendes, für die Einsicht und Aufgeschlossenheit der Schweizer Wegleitendes geschrieben und gedruckt werden», notierte im Juni 1941 Bundesrichter und Oberst Eugen Hasler, damals Leiter der Sektion Presse in der Abteilung Presse und Funkspruch im Armeestab, als Verfasser eines Gesamtkonzeptes für eine mehrteilige Artikelserie, die den Schweizer Zeitungen untergejubelt werden sollte. Die gegenwärtige kühle Stimmung gegenüber Deutschland solle korrigiert werden, meinte der oberste Medien-Zensor zu seinem Freund Bircher, der diese Medienkampagne eifrig begrüsste und förderte. Mit einer Darstellung der «grossartigen Bedeutung» des Hitler-Feldzuges gegen die Sowjetunion solle dem Volk bewusst werden, dass «wir letzten Endes nicht bescheidene Nutzniesser eines deutschen Sieges über die Macht Asiens wären». Das «vertraulich» klassifizierte SVV-Papier versuchte eingeweihte Kreise davon zu überzeugen, dass von den Führern des Dritten Reiches «die Gefahr (des Bolschewismus, der Verf.) erkannt und ihre Bezwingung trotz der Grösse des Wagnisses unternommen wurde, und dass damit gleichzeitig die asiatische Gefahr von Europa einmal abgewendet wurde. Die Grösse dieser Gefahr macht erst die Wichtigkeit des deutschen Unternehmens für uns alle klar und gibt ihm seine für uns alle entscheidende kulturelle und wirtschaftliche, ich möchte sagen existentielle Bedeutung.» Zur «Feier der Entbehrungen, der Strapazen und des Kampfes» wollte allerdings die Mehrheit der angeschriebenen Vertrauensleute im SVV-Vorstand nicht mitgrölen.

Bisweilen immerhin machten SVV-Warnbriefe auf das stets selbstherrlichere Gebaren deutscher NSDAP-Leute in der Schweiz aufmerksam; andrerseits setzten die Oberlehrer der Nation sich dafür ein, dass Fröntler-Treffen, die den kantonalen Behörden nicht mehr tolerierbar schienen und deshalb verboten wurden, nachträglich von der Bundesanwaltschaft wieder zugelassen wurden. Eine Zeitlang bemühte der SVV sich gar um eine Angleichung von Takt und Richtung des Marsches, strebten doch beide Organisationen grundsätzlich identische Ziele an (Kampf gegen den Marxismus und für eine starke Landesverteidigung), wurde jedoch von den Fronten zurückgewiesen: «Die ‹Nationale Front› würde die Arbeiterschaft, die gewinnen wolle, vor den Kopf stossen, man müsse auf die Volksstimmung Rücksicht nehmen», bedauert das Protokoll einer gemeinsamen Unterredung im Jahre 1933.

Das rasch wachsende Nachtschattengewächs in Aarau trieb auch Schösslinge, die ein noch dichteres Gestrüpp als ihre Mutterpflanze formten und vor allem im Unterholz gediehen. «Die Frena-Zentralleitung ist nun in der Lage, über jeden in der Schweiz ansässigen Bürger (Ausländer oder Schweizer) innert 3-4 Tagen folgende Auskunft zu geben (vorausgesetzt natürlich, dass man uns Name und Adresse angibt): Alter (genaues Geburtsdatum), Familienverhältnisse (Zivilstand, eventuell Name und Alter der Kinder etc.), Konfession, Beruf,

Grösse der Wohnung (Anzahl Zimmer). Eventuell Telephon-Nummer, eventuell Auto-Nummer; allgemeine finanzielle Lage.» Im Dezember 1936 konnte im Rundbrief des Freiwilligen Nachrichtendienstes (Frena) der Berner Lehrer Franz Friedli den Mitgliedern und Gönnern seines privaten Schnüffelklubs unter anderem diese unentgeltlichen Dienstleistungen anbieten. Weitere Frena-Offerten bestanden in ebenso detaillierten Daten über «alle im gleichen Hause wohnenden Familien» oder sämtliche Ausländer einer Ortschaft, «event. nach Ländern geordnet». Die Nachrichtenfiliale (scherzhaft bald «Vreneli» genannt) sammelte über ein «Transitpostfach Nr. 108» in Bern Informationen und Beobachtungen besorgter Bürger und stand in symbiotischer Beziehung zum Vaterländischen Verband. Spiritus rector dieses Zirkels war Ernst Schürch, Chefredaktor des Berner «Bund» und einer jener Publizisten, die am entschiedensten den Widerstand gegen den arroganten deutschen Druck formulierten. Redaktoren des «Bund» halfen mit, den Ableger zu alimentieren, der sich nach und nach von der Mutterpflanze weg entwickelte.

Allfällige Auskünfte und Referenzen über den Frena-Dienst, rühmte Friedli sich in seinem Rundschreiben vom 5. Februar 1936, seien direkt bei der Bundesanwaltschaft einzuholen. Den offenbar nicht nur privaten Datenraffern waren insbesondere Meldungen willkommen über «geheimnisvolle nächtliche Versammlungen mit ausländischen (z.B. russischen) Agenten in Kellerräumen», über «Anzeichen, dass es in der Schweiz bald auch einen ‹Rummel› geben werde», über kursierendes bolschewistisches Propagandamaterial. «Nehmen Sie die Veranstalter von ‹Friedens›-Kundgebungen etwas unter die Lupe!» riet der von einem Hurra-Patriotismus genährte Verein (dem auch der spätere Bundesrat Markus Feldmann zugehörte) seinen Getreuen in den Regionen: Die echt auf Frieden Hoffenden würden «als willkommenes Werkzeug Moskaus oder Berlins missbraucht». Nötig sei auch die Überwachung «einiger Mitglieder der ‹Europa-Union›», woraus sich bald «Beziehungen mit russischen oder deutschen Agenten» nachweisen lassen würden.

Allzu viele tägliche gute Taten für den Staatsschutz scheint die leicht pfadfinderhaft aufgezogene Organisation freilich nicht vollbracht zu haben. Einige der der Presse zugespielten «Enthüllungen» waren von derartigen peinlichen Fehlern durchsetzt, dass die Meldungen berichtigt werden mussten. Die Gegnerschaft der Frena formierte sich jedoch erst, als der patriotische Kreis immer klarer zum Widerstandszirkel gegen die Nazis wurde und etwa ein Verzeichnis aller höherer Offiziere mit deutschen Dienstmädchen (!) publizierte. Aus Teufen und St. Gallen wandte sich immer häufiger Hans Hausamann, der in dieser Zeit sein legendäres «Büro Ha.» aufzubauen begann, an Werner Balsiger, den Chef der Bundespolizei, mit dem Verlangen, die «Kampforganisation gegen Deutschland mit ihrem plumpen Getue» aufzulösen. Als Nachrichtenoffizier der Armee wurde Friedli dann in den ersten Kriegsjahren unschön eliminiert. Der SVV hingegen konnte, nachdem 1940 der Zürcher Otto Heusser Zentralpräsident wurde, als eigentliche kommunizierende Röhre zur Bundesanwaltschaft installiert werden – bis das böse Spiel ohne Grenzen ab 1946 in Raten aufflog.

In einem Ehrbeleidigungsprozess, den der Genfer Nationalrat und Präsident der PdA, Léon Nicole, gegen das prominente SVV-Mitglied Ernst Flückiger, früherer Solothurner FDP-Nationalrat, anstrengte, zog Flückigers Anwalt eine gut gefüllte Schublade auf und schritt mit scheinbar erstklassigem Material vor Gericht. Die Nicole belastenden Schriftsätze jedoch waren nichts anderes als kopierte Monatsberichte der Bundesanwaltschaft; solche Papiere werden noch bis auf den heutigen Tag als Geheimnisse behandelt. Als der Gerichtspräsident zum Vergleich vom Bundesanwalt die Originale anforderte, nahm das Drama seinen Lauf. Aufgeregt schrieb Bundesanwalt Franz Stämpfli seinem Freund und Verbündeten wider alles Linke, Otto Heusser, einen vorwurfsvollen Brief: «Die Monatsberichte haben vertraulichen Charakter und dienen der Information der Polizei. Durch die Bekanntgabe (...) haben die verantwortlichen Organe Ihres Verbandes nicht nur Herrn Flückiger zur vorzeitigen Bekanntgabe der noch nicht gerichtlich festgestellten Anschuldigungen gegenüber der PdA veranlasst, sondern auch die weiteren Ermittlungen der Bundesanwaltschaft gestört und den Unterzeichneten den perfiden Angriffen der linksextremistischen Presse ausgesetzt. Es ist unverständlich, dass Ihr Verband unsere Berichte an Dritte weitergegeben hat, ohne uns vorher zu begrüssen.»

Kein Wort des Erstaunens also darüber, dass der SVV überhaupt im Besitze dieser klassifizierten Akten war. Der Hüter des Rechts, der somit die schrankenlose Einsichtnahme des Verbandes auch in geheimes Material indirekt zugibt, sorgt sich lediglich über die Reaktionen des Publikums: «Ich habe bis jetzt der Öffentlichkeit die durch Ihre Organe begangene Indiskretion nicht mitgeteilt, muss mir aber einen solchen Schritt vorbehalten, namentlich für den Fall, dass die Angelegenheit im Nationalrat zur Sprache kommt. Ich ersuche Sie, die nötigen Massnahmen zu treffen, um in Zukunft die beanstandeten Methoden der Beschaffung und Weitergabe unserer vertraulichen Berichte zu verhindern.»

Otto Heusser war nach dem Generalstreik zum Inspektor (Kommandant) der Zürcher Stadtpolizei gewählt worden und hatte 1920 deren «Büro 71», den Nachrichtendienst, eingerichtet. Sein Vater Gustav hatte die Politische Polizei der Limmatstadt aufgebaut und wesentlich geprägt; sein Sohn Kurt (ebenfalls SVV-Mitglied) avancierte nach einem missratenen Gastspiel bei der Verkehrspolizei (sein Versuch, ein berittenes Korps zu rekrutieren, trug ihm lediglich den Spitznamen «Ritter Kuno» ein) zum Leiter des Nachrichtendienstes der Kantonspolizei Zürich. 1928 kehrte der Wind für den Linkenhäscher Otto Heusser: Diejenigen, die er während Jahren beschatten liess und bekämpfte, kamen an die Macht und etablierten das «Rote Zürich». Der Sozialdemokrat Emil Klöti übernahm im Stadtrat das Amt des Polizeivorstandes, dessen Genosse Albert Wiesendanger wurde Nachfolger von Heusser als Inspektor. Der bürgerlich dominierte Regierungsrat hielt dem geschassten Heusser aber die Treue und einen Brotkorb zu: Der Jurist wurde Gefängnisdirektor in Regensdorf.

Die Alibi-Untersuchung in seiner Heimatstadt nach dem Leck brachte keine Aufschlüsse; die SVV-Funktionäre logen die Behörden ohne Skrupel an. Erst als sich ein Jahr später die befürchteten parlamentarischen Vorstösse ankündigten, gingen die Behörden energischer in die Offensive: Am 2. Dezember 1947 wurden der Zürcher Polizeiwachtmeister Hans Wintsch, SVV-Sekretär Arnold Huber und dessen Stellvertreter Josef Hoffmann verhaftet. Es stellte sich rasch heraus, dass in einem Dreiecksverhältnis Informationen beschafft und weitergeleitet worden waren.

Angelpunkt bildete Hans Wintsch, der während der Zürcher Unruhen von 1917 von einem Schuss am Bein verletzt und zu einem Linkenhasser geworden war. Der junge Polizist konnte nur noch im Innendienst eingesetzt werden, wurde jedoch als emsiger und vasallentreuer Lakai von Heusser bis zu dessen Kanzleichef die Karriereleiter hochgezogen. Dass der willenlose Wachtmeister seinem Chef hörig war, hatte allerdings wenig vornehme Ursachen: Wegen eines Sittlichkeitsdelikts hätte er aus dem Dienst geworfen werden sollen. Doch Heusser deckte den kleinen Knecht und hatte damit ein praktisches Werkzeug in seiner starken Hand. «Da ich dadurch seine Existenz gerettet habe, bezeugte er mir eine restlose Treue, die auch nach meinem Weggang von der Stadtpolizei bestehen blieb», beschrieb Heusser in einem Brief an Bundesanwalt Stämpfli die eigentümliche Liaison der zwei so ungleichen Männer.

Gemeinsam karrten die beiden nach Heussers Sturz in vier Autotransporten die Archive, Dossiers und Fichen der Politischen Polizei vor den neuen sozialdemokratischen Vorgesetzten in sichere Verwahrung. Darunter befanden sich eine Personenkartei, die während des Generalstreiks angelegt worden war, und verschiedene Berichte deutscher Polizeipräsidenten. In der eindrücklichen Logik, dass es das Material nicht jenen Personen überlassen könne, zu deren Schaden es zusammengetragen worden war, deponierte das Duo die Akten zunächst bei Heusser; einen Teil der gestohlenen Daten nahm die Bundesanwaltschaft dankend entgegen... Mit dem Rest baute Heusser den (nach seiner Auffassung jetzt um so nötigeren) privaten Nachrichtendienst zielstrebig aus. Die Informationen lieferte seit der Zürcher Wende von 1928 aus der Polizeizentrale Wachtmeister Wintsch, der während 19 Jahren sämtliche geheimen und vertraulichen Berichte – der gesamte Aktenfluss passierte sein Pult – kopierte und dem SVV übersandte. Für seine Abschreibe-Arbeit während der Bürostunden (in der der Stadt verrechneten Überzeit erledigte er seine eigentlichen Pflichten) erhielt der unter dem Decknamen «David» (Kürzel: «D aus Z») agierende Polizist zunächst monatlich 130, später dann 200 Franken plus Spesen vom SVV. Angeheuert zu dieser fortgesetzten Verletzung des Amtsgeheimnisses hatte ihn, auch wenn dies sich gerichtlich nicht mehr feststellen liess, Heusser, der damit den völlig unkontrollierten Datenaustausch zwischen Bundesanwaltschaft, Kantonspolizei, Stadtpolizei, der Nachrichtensektion des Generalstabes und dem um die Grundsätze des Rechtsstaates so besorgten «Vaterländischen Verband» bewerkstelligen konnte. Vor allem aber vermochte er die als politisch unzuverlässig eingeschätzte sozialdemokratische Führung der Zürcher Stadtpolizei auszumanövrieren.

Heusser besass allerdings noch einen anderen direkten Draht zum Bundesanwalt. Der Inspektor verfügte nämlich über ausgezeichnete Kontakte zu deutschen Nachrichtenstellen, wie er sich selbst rühmte, und hatte mit deutschen, österreichischen, ungarischen und niederländischen Büros den «Süddeutschen Nachrichtenring» geflochten, der auf die Abwehr der Kommunistischen Internationale hin konzipiert war. Auf ausdrücklichen Wunsch von Bern hielt Heusser auch nach seiner Entlassung aus dem Polizeidienst diese Kontakte aufrecht, nahm – zusammen mit seinem Adlaten Polizeiwachtmeister Wintsch – als Privatmann an Konferenzen von ausländischen Spionage- und Antispionagediensten teil, pflegte Umgang selbst noch mit den Nazis mit seiner Teilnahme an der Antikomintern-Konferenz von 1937, verkehrte mit Regierungsstellen in Stuttgart – und besass im Dritten Reich nach eigenem Bekunden ein derartiges Gewicht, dass er 1942 (nach seinen eigenen, nicht überprüfbaren Angaben) zwei Schweizer Konsularbeamte, die in Stuttgart wegen Spionageverdachts verhaftet worden waren, freibekommen haben soll. (Die bekannte Haftentlassung des späteren EMD-Pressechefs Ernst Mörgeli allerdings kam über die Linie Masson-Schellenberg zustande.)

Er, Heusser, habe aber lediglich Informationen bezogen, rechtfertigte er sich später, «während wir nur Meldungen über die Tätigkeit der K.P. im Inland übermittelten». Dieses Leck nach Deutschland wurde in der Folge nicht weiter untersucht und vom Gericht, das die schwerwiegende Affäre zu beurteilen hatte, bewusst nicht zum Thema gemacht: Ein prominenter Emigrant, ein Ingenieur Josef Ganz, der (gestützt auf handschriftliche Notizen des ehemaligen Sekretärs von SS-Obergruppenführer Reinhard Heydrich, Chef des Reichssicherheitshauptamtes und Reichsprotektor von Böhmen und Mähren) als Zeuge ausrücklich darüber hatte aussagen wollen, wurde von den Richtern abgelehnt!

Auch den Blick in die dunkeln Winkel der Bundesanwaltschaft ersparte sich das Hohe Gericht, obwohl die schriftlichen Zeugenerklärungen der Beamten zu Bern einen Abgrund erahnen liessen. «Es entstand ein Vertrauensverhältnis», würdigte Bupo-Inspektor Heinrich Fatzer die Zusammenarbeit mit SVV-Sekretär Arnold Huber, «im Interesse einer raschen und nutzbringenden Tätigkeit übergab ich ihm auch die beiden Berichte act 18, 1–4. In delikaten und in belanglosen Angelegenheiten bewahrte er immer Diskretion. Ganz besonders war er an der Sicherheit der Armee interessiert.» Nicht minder offen berichtete Bundespolizei-Kommissär Max Maurer von seiner Art, das Amtsgeheimnis zu verletzen: «Ich habe dem VV, das heisst seinen Funktionären Heusser und Wintsch, Einblick in die Monatsberichte der Bundespolizei gegeben.» Die SVV-Leute hätten bei solchen Gelegenheiten gleich konkrete Aufträge zur Bespitzelung erhalten, offenbarten die beiden Funktionäre.

Im Juni 1948 verurteilte das Bezirksgericht Zürich Wintsch zu zweieinhalb Jahren Gefängnis, zu einer Geldbusse von

500 Franken und zu Nichtwählbarkeit in ein öffentliches Amt. Er wurde der passiven Bestechung und der Verletzung des Amtsgeheimnisses für schuldig befunden. Wegen aktiver Bestechung erhielt SVV-Sekretär Huber ein Jahr Gefängnis bedingt. Der unter einer akuten Amnesie leidende Heusser wurde freigesprochen. In der Berufungsverhandlung vor Obergericht kassierte Wintsch im März 1949 ein Jahr und drei Monaten Gefängnis sowie 500 Franken Busse, ausserdem wurde er zur Rückerstattung von 12 000 Franken verpflichtet. Heusser erlebte das neue Verfahren nicht mehr; er war kurz vorher an einer Embolie gestorben. «Es ist bedauerlich, dass einem Strafanstaltsdirektor noch ins Grab nachgerufen werden muss, er wäre wegen aktiver Bestechung verurteilt worden, wenn ihn nicht der Tod davor bewahrt hätte», vermerkte indigniert die «Neue Zürcher Zeitung».

So wie Heusser, der in der Armee den Grad eines Obersten bekleidete, den kleinen Wintsch hatte fallen lassen, so wollten auch die Staatsschützer in Bern nichts mehr mit ihrem Kumpanen zu tun haben. Der frühere V-Mann zu Deutschland hatte sich noch eifrig um eine Audienz bei Bundesrat Eduard von Steiger bemüht, doch der Vorsteher des EJPD (vormals wie einige andere Bundesräte selbst Mitglied des SVV) wies ihn barsch ab: «Ich halte es deshalb für richtig, nicht mit Ihnen direkt Fühlung aufzunehmen, so wie die Verhältnisse liegen», heisst es im Brief vom 18. September 1948 an Heusser. Für besondere Wünsche und Anliege möge er sich an die Bundesanwaltschaft halten. Eineinhalb Jahre zuvor waren die Führer des «Vaterländischen Verbandes» noch zu grossen Konferenzen bei von Steiger und der Leitung der Bundesanwaltschaft nach Bern geladen worden.

Erstaunlicherweise blieb die Reaktion der Linken auf diesen Skandal der Extraklasse einigermassen moderat. Möglicherweise traf zu, was der Bundesanwalt in einem internen Bericht seinem Vorgesetzten von Steiger soufflierte: «Es ist bekannt, dass die sozialdemokratische Partei einen ausgedehnten Informationsdienst unterhält. Die HH. Nationalräte Oprecht und Bringolf haben im letzten Jahre mehrmals bei der Bundesanwaltschaft vorgesprochen und Nachrichten über die Finanzierung der PdA und bestimmter kommunistischer Unternehmungen gebracht oder entgegengenommen. Der Verkehr mit ihnen war damals stärker als mit dem SVV!» Eine Behauptung, die SP-Politiker wie Max Arnold, die jene Zeit erlebt und sowohl den Schaffhauser Walther Bringolf wie Oprecht gekannt haben, indes entschieden zurückweisen.

Im Oktober 1949 bestritten der Zürcher Regierungs- und SP-Nationalrat Jakob Kägi und Bundesrat von Steiger den Epilog dieses merkwürdigen Maskenspiels. In seiner Stellungnahme zu einer Interpellation Kägis log der EJPD-Chef, der SVV habe keine Einsicht in Akten der Bundesanwaltschaft gehabt. Wenn nur der leiseste Verdacht bestanden hätte, dass etwas nicht mit rechten Dingen zu und her gehe, wäre er, von Steiger, unverzüglich eingeschritten. Zudem sei jeder Kontakt mit dem Verband abgebrochen worden.

Nicht einmal die letzte Beteuerung traf zu, auch wenn der SVV bloss in seiner aargauischen Urheimat einigermassen überlebt hat: Vereinzelte Meldungen über kommunistische Zirkel tröpfelten weiterhin ein. Zudem gilt wohl, was die Bundesanwaltschaft intern festhielt: Alle Departementsvorsteher seien stets über die enge Kooperation unterrichtet worden. Ohne jede falsche Scham und mit Begleitbriefchen sandte SVV-Sekretär Huber am 9. Juli 1947 «die mir zur Einsicht überlassenen Schriftstücke zurück».

Ein kleiner Beamter einer wichtigen Zentrale betätigte sich fast zwei Jahrzehnte lang als Kopist von Akten der Politpolizei, schleuste diese an seinen sozialdemokratischen Vorgesetzten vorbei und reichte sie privaten Aufpassern weiter. Zugleich erhielten die SVV-Funktionäre ungehindert Einblick in Berichte der Bundesanwaltschaft. Zusammen mit rührigen Denunzianten häuften die von keiner Instanz kontrollierten Privatleute Wissen und Macht über Personen, Parteien und Verbände an – und sie zögerten keinen Moment, als selbsternannte (und wohlwollend geduldete) Macht im Staat diese Mittel auch einzusetzen. Möglicherweise wurde solches Material gar ins Ausland geliefert. Die Schmutzarbeit der Informationsbeschaffung und der täglichen kleinen Repression wurde privatisiert und damit der rechtsstaatlichen Beurteilung entzogen.

Die noch nie bis in die feinsten Verästelungen untersuchte Affäre endet mit einer Pointe. Aus München kommt am 15. Mai 1951 die Warnung, ein «Albert Eugène Huber, Generalsekretär der ‹Fédération patriotique Suisse›», sei Mitglied der PdA. Diese Notiz nötigt Bupo-Inspektor Heinrich Fatzer zu sofortiger Korrektur: «Was betrifft Dr. Arnold Huber in Uitikon, den früheren Sekretär des V.V. Man stelle sich ihn als Mitglied der PdA vor. Gefl. umfichieren.»

VI

«Wir wollen nicht ins feuerrote Loch hinunterrutschen»

Eduard von Steiger, Bundesrat von deutschen Gnaden, konzipiert die folgenschwere Geheimverordnung von 1951

An der ersten Fasnacht nach dem Krieg, im Frühjahr 1946, ziehen «d'Kuttlebutzer» einen Wagen durch Basel, auf dem Bundesrat Eduard von Steiger, der eben sein Präsidialjahr abgeschlossen hat, überlebensgross «thront»: auf einem Pot de chambre, Nachthafen zu deutsch. «Do hoggt der Edi butzt und gstrählt», steht auf der Wagenwand, «Dr ainzig wo in Nürnbärg fählt...» Mit dieser Anspielung auf die Kriegsverbrecherprozesse vor dem Alliierten Militärtribunal macht das Volk deutlich, dass es den seltsamen Patrizier in der Landesregierung, der sich gegenüber der braunen Diktatur vornehmster Zurückhaltung befleissigt hat, gründlich durchschaut. Der verteilte «Zeedel» rühmt in ironischer Schärfe von Steigers Durchgreifen gegen die Nazis, seine humanitäre Grösse angesichts der verzweifelten jüdischen Flüchtlinge, seine Zurückhaltung beim Einsatz der Bundespolizei («Edi der Schrooter») und der Zensur linken Schrifttums sowie generell die urdemokratische Gesinnung des Magistraten. Nie käme er auf die Idee, ins Bundesstrafrecht einen Artikel über Majestätsbeleidigung einzufügen, höhnen die Fasnächtler. Und weil im Hause von Steiger ja vornehmlich hochdeutsch gesprochen werde, ist der böse Basler Fasnachtsvers ausnahmsweise nicht im örtlichen niederalemannischen Dialekt abgefasst. Da der vom damaligen Vorsteher des Justiz- und Polizeidepartementes vorgeschlagene Paragraph nicht eidgenössisches Recht wird, bleibt die Attacke der Narren auf den Politiker mit dem deutschfreundlichen Habitus ungesühnt.

Wahrlich, ein Demokrat eigentümlichen Zuschnitts hatte während des Krieges mit Vollmachten «auf allen erdenklichen

Lebensbereichen» regiert, «weshalb Erlasse entstanden, die nicht nur formal, sondern auch in mancher sachlicher Beziehung gegen das Grundgesetz verstiessen», würdigte 1951 das «St. Galler Tagblatt» den zum zweiten Mal zum Bundespräsidenten aufgerückten von Steiger mit kräftigen Zwischentönen: «Er liebt, wie jeder geborene Politiker, die Ausübung der Macht, wenn er sich von dieser Leidenschaft auch nie zu *manifesten* (Hervorhebung durch den Verf.) Verstössen gegen das Recht verleiten liess.» Aus Gründen der Staatsräson und aus einem stark entwickelten Gefühl für die Bedürfnisse der Regierung und der Verwaltung heraus, so immer noch das «St. Galler Tagblatt», baute er den auf notrechtlicher Basis erlassenen Staatsschutz der Vorkriegs- und Kriegsjahre zu ordentlichem Recht um. Zuvor hatte der diplomatisch gewandte, stets lavierende Abkömmling eines Berner Adelsgeschlechts die unmenschliche Flüchtlingspolitik («Das Boot ist voll!») diktiert und ab 1942 die auch auf Wunsch von General Henri Guisan von der Armee zum EJPD transferierte Medienzensur mit harter Hand durchgezogen.

Am 12. Dezember 1940 jubelten die Frontisten dem neugewählten Bundesrat zu. «Mit Eduard von Steiger tritt ein Spross des alten bernischen Patriziats in den Bundesrat ein», begrüsste die «Front», das Kampfblatt der Deutschfreundlichen, den neuen Mann in der Landesregierung: «Damit, dass ein Nachfahre des letzten Schultheissen des alten Bern in das Bundeshaus einzieht, erleidet der schweizerische Freisinn jakobinischen Ursprungs eine Niederlage von symbolischer Bedeutung. Die französische Revolution ist auch bei uns zu Ende; für immer.» Der laute Applaus kam tatsächlich nicht aus der falschen Ecke.

Als Ende 1940 der populäre Bauernführer Rudolf Minger, Vorsteher des EMD, und der integre, aber schwache EJPD-Chef Johannes Baumann von ihren Posten zurücktraten, war von Steiger zwar bereits 59jährig, auf gesamtschweizerischer Ebene politisch jedoch ein Nobody. Immerhin war es 1939 gelungen, ihn nach jahrzehntelanger Anwesenheit im Berner Grossen Rat doch noch in die Kantonsregierung zu hieven (als

Abschiedsgeschenk gewissermassen); bei den Nationalratswahlen im gleichen Jahr landete er indes weit abgeschlagen auf den hintersten Plätzen der Liste der Bauern-, Gewerbe- und Bürgerpartei. Die konservativen Adeligen waren Offiziere ohne Truppen. Als Anwalt hatte von Steiger, berichten Zeitgenossen, nicht den allerbesten Ruf: Schlau und bisweilen gerissen sei er gewesen, allerdings nicht sonderlich zuverlässig. Ein wichtiges Mandat freilich hatte er: Er war der Hausjurist der deutschen Gesandtschaft in Bern.

Für die Nachfolge Mingers setzte die bernische BGB auf den aufstrebenden 43jährigen Markus Feldmann, «ein kompromissloser Kämpfer für Demokratie und Rechtsstaat», wie der Berner Historiker Rudolf Maurer schreibt. (Früher allerdings liess Mussolini einen Artikel des Chefredaktors der «Neuen Berner Zeitung» eigens übersetzen – und dem Verfasser gratulieren.) In den Jahren vor dem Krieg hatte der Jurist und Journalist sich in die vorderste Reihe der zum bedingungslosen Widerstand Entschlossenen gestellt. 54 Stimmen sammelte er am 23. November 1940 an der Delegiertenversammlung der kantonalen BGB, nur magere 19 dagegen der schwer fassbare Regierungsrat von Steiger. Die BGB-Fraktion unter der Bundeshauskuppel, eifrig unterstützt von deutschen Diplomaten, wandte jedoch das Blatt auf die Seite von Steigers.

Der Gegenspieler des pointiert antinationalsozialistisch leitartikelnden Feldmann sass in der deutschen Gesandtschaft, hiess Hans Sigismund Freiherr von Bibra und musste peinlich genau die schweizerische Presse kontrollieren. Als nun in der BGB-Fraktion nacheinander der ultrareaktionäre Aargauer Roman Abt – er hatte die weiterum als unrühmlich und anpasserisch empfundene Rede von Bundespräsident Marcel Pilet-Golaz am lautesten beklatscht – und Gottlieb Bühler aus Frutigen im Kandertal, ein Couleur-Bruder von Steigers bei den Helvetern, aufstanden und polterten, eine Wahl Feldmanns sei für das Nazi-Regime keinesfalls akzeptabel, glaubten viele, das Echo auf Stimmen aus der deutschen Gesandtschaft zu vernehmen: von Steiger wurde plötzlich mit 14 Stimmen zum offiziellen

Kandidaten erhoben; nur elf Getreue wollten Feldmann nominieren. Auch Wiedererwägungsgesuche düpierter Kantonalsektionen vermochten das deutschfreundliche Verdikt nicht mehr umzustossen; als ein den meisten Mitgliedern der Kammern völlig Unbekannter wurde Eduard von Steiger von der Vereinigten Bundesversammlung gewählt.

Diesen Tort verkraftete Feldmann nur schwer. Minutiös hat er die Machenschaften um die Bundesratskür rekonstruiert und in seinem Tagebuch nachgezeichnet: Der damalige deutsche Gesandte Otto Carl Köcher spann mehrere Fäden ins eidgenössische Parlament und torpedierte die bereits vorgespurte Wahl des unabhängigen Feldmann, der die ominöse Rede von Pilet-Golaz scharf kritisiert und auch den Frontisten-Empfang gegeisselt hatte. Sein williger Helfer neben Roman Abt war der mächtige Königsmacher im Nationalrat, der Luzerner Katholisch-Konservative Heinrich Walther, der mit Köcher intensiv korrespondierte. «Bibra wirkte auf Walther ein. Er brauchte einen, um Sie zu Fall zu bringen», habe der deutsche Presseattaché Georg Trump bei seinem Abschiedsbesuch zu ihm gesagt, notierte sich Feldmann am 4. Juni 1945. Ebenso rührig sei die italienische Gesandtschaft gewesen, und auch der päpstliche Nuntius, Philippe Bernardi, habe sich in die Prozession für einen den Achsenmächten wohlgefälligen Bundesrat eingereiht.

Diese Manöver brachte 1945 die sozialdemokratische Presse wieder aufs Tapet, wobei von Steiger unmissverständlich zum Rücktritt aufgefordert wurde. Ob es zutreffe, wollte etwa die «Winterthurer AZ» am 12. Juni wissen, dass deutsche Diplomaten die Wahlmacher des EJPD-Chefs gewesen seien, und ob der Bundesrat bereit sei, die Vorgänge untersuchen zu lassen. Und ob die Landesregierung nicht auch die Meinung teile, hakte die «offene Anfrage» nach, ein auf Nazi-Druck hin gewählter Bundesrat müsse «sofort» zurücktreten. In einem vertraulichen Brief an Bundesanwalt Franz Stämpfli konterten am 18. September 1945 der Zürcher Nationalrat Rudolf Reichling, der Vater des gleichnamigen Nationalratspräsidenten von 1988, und der Berner Ständerat Hans Stähli als «noch lebende Mitglieder der Fraktion» den Angriff, erklärten «in aller Form», dass keine aussenpolitischen Bücklinge die Wahl geleitet hätten, sondern allein innenpolitische Erwägungen. Verleumdungen dieser Art gelte es zu ahnden.

Was aber tunlichst unterlassen wurde. Am Tag nach der Intervention der beiden Parlamentarier wertete nämlich Feldmann die Erklärung seiner Fraktionskollegen Reichling und Stähli als «Geschichtsfälschung». Einige Wochen später, am 15. Dezember 1945, vertraute er seinem Tagebuch an, dass er «aus staatspolitischen Gründen» zur ganzen Affäre schweigen müsse. Diese Erinnerungen des späteren Bundesrates – Feldmann löste Ende 1951 seinen früheren Gegenspieler ab – sind tief im Bundesarchiv gelagert; nur wenige haben bis jetzt die 2000 Seiten mit den brisanten Aufzeichnungen sichten können. Die dynamitgeladenen Papiere, die ein unmittelbares Bild einer schwierigen Epoche und vieler politischer Akteure zeichnen, werden von den Nachkommen immer noch unter Verschluss gehalten.

Ein Nazi war von Steiger nicht, aber offenbar der Mann, mit dem die hiesigen Repräsentanten der Hitler-Diktatur kutschieren konnten – auch wenn der Gesandte Köcher später etwas enttäuscht ans Auswärtige Amt in Berlin meldete: «Wenn ich gewusst hätte, wie von Steiger sich verhält, hätte ich ihm nicht zur Bundesratswahl verholfen.» Am 30. August 1942 sprach der für die Flüchtlingspolitik zuständige Magistrat jedoch vor der Landsgemeinde der «Jungen Kirche» in Zürich-Oerlikon und brauchte zum erstenmal das Bild, das bis heute zur Kennzeichnung der inhumanen Praxis der Behörden dient: «Wer ein schon stark besetztes Rettungsboot mit beschränktem Fassungsvermögen und ebenso beschränkten Vorräten zu kommandieren hat, indessen Tausende von Opfern einer Schiffskatastrophe nach Rettung schreien, muss hart scheinen, wenn er nicht alle aufnehmen kann.» Tausende zurückgewiesener Juden haben die «scheinbare» Härte mit dem Leben bezahlen müssen.

Welche politisch-staatsschützerischen Motive sich mit diesem Egoismus verbanden, offenbarte Ende 1942 der «Schweizerische Vaterländische Verband», der omnipräsente Zusammenschluss rechtskonservativer Politiker, Wirtschaftsführer und Offiziere mit dem Ziel, «im Staats- und Volksleben auftretende geistige und materielle Schäden zu bekämpfen». Die Hurrapatrioten und Gesinnungswächter profilierten sich mit einem antisemitischen und antisozialistischen Pamphlet, das vor der «Überfremdung des Volkskörpers» warnte und sich kategorisch gegen die Aufnahme «wesensfremder Elemente» wandte. Nur knapp habe man seinerzeit nach der Asylgewährung an Lenin und dessen Anhang russischer Flüchtlinge die Errichtung einer «Sowjetschweiz» verhindern können; auch jetzt machten sich die aus Deutschland Geflohenen an allen Fronten – von der Wissenschaft bis in die Politik – wieder unangenehm bemerkbar: «Unsere Abwehr besteht darin, dass die Grenzen vollständig abgesperrt werden.»

Von Steiger war Mitglied des rechtspatriotischen Klubs SVV, er verteidigte dessen üble «Aufklärungsschrift über die Flüchtlingsfrage» und die parallel dazu entfachte antijüdische Pressekampagne denn auch gegen eine vielstimmige Kritik im Nationalrat: «Sie ist zweifellos auf die Sorge um die Aufrechterhaltung einer freien und unabhängigen Eidgenossenschaft zurückzuführen.»

Weniger sorgen mussten sich später versprengte Anhänger des faschistischen Diktators Benito Mussolini. Von Steiger hatte in seiner Rede zur Asylpolitik durchblicken lassen, dass mit der Zeit Flüchtlinge erwünschterer Art an unsere Tore pochen könnten. Prompt strömten über die Südgrenze – entgegen allen offiziellen Verlautbarungen – Faschistenbonzen in die sichere Schweiz: Edda Ciano, die Tochter Mussolinis und Frau des 1944 hingerichteten Aussenministers Graf Galeazzo Ciano, fand in der Schweiz ebenso Asyl wie Minister der bröckelnden Diktatur.

Ende 1944 schien es, als habe von Steiger mit seiner einseitigen Haltung jeden politischen Kredit aufgebraucht. Als die Nachfolge für den – auch von der Sowjetunion attackierten –

Pilet-Golaz zu regeln war, sollte der fliessend französisch parlierende Patrizier ins Ressort für Äusseres verschoben werden. Gegen solche Pläne wehrten sich vor allem die Sozialdemokraten. Ihr Parteivorstand erachtete in einer offiziellen Stellungnahme den Justizminister «durch die Politik seines Departements und durch seine persönliche Haltung in der jüngsten Vergangenheit politisch in einer Weise belastet», dass er für das schwierige Amt des Chefs der helvetischen Diplomatie nicht in Frage komme. An einer Kundgebung des Zürcher Gewerkschaftskartells rief dessen Sekretär und spätere SP-Nationalrat Otto Schütz den Arbeitern zu: «Bundesrat von Steiger, als Vater der Bundespolizei und der Zensur, als der Mann, der den aussenpolitischen Kurs durch Verbotsmassnahmen stützte, ist hierzu nicht der richtige Mann. Wir möchten ihm empfehlen, nicht den Stuhl des Herrn Pilet zu besteigen, sondern ihm in den Ruhestand zu folgen.» In der offiziellen Resolution hielten die Gewerkschafter fest, dass sowohl von Steiger wie Bundesrat Philipp Etter «durch ihre antidemokratischen Handlungen jedes Vertrauen bei der arbeitenden Bevölkerung verloren haben».

Abwehr linker, «revolutionär» genannter Gruppierungen, Angst vor den flüchtenden Opfer der Diktaturen in Italien und Deutschland, ein ungeübtes Auge für Rechtsextreme: Der Staatsschutz, dessen Wurzeln nicht in neutralem Terrain liegen, entwickelte sich zu Lianen, die vor allem die Roten einkreisten. Die unterirdischen Verflechtungen zu deutschen Kreisen wurden nie offengelegt. Deshalb blieb bis heute verborgen, dass die Bundespolizei sieben Jahre lang eine Frau als mutmassliche deutsche Spionin observierte und verfolgte, bis diese gegen Ende des Krieges plötzlich Schwägerin des Bundespräsidenten von Steiger wurde.

Am 13. Juli 1936 hatte sich in seiner Wohnung in Thun Major Helmuth Saurer den Lauf seines Revolvers an die Schläfe gelegt und abgedrückt. Saurer, aus der Dynastie der Arboner Industriellen stammend, war Chemiker und Chef der Sektion für Munition der Kriegstechnischen Abteilung (heute Gruppe für Rüstungsdienste) im EMD. Am Tage seines Freitodes hatte man ihn in seiner Funktion eingestellt; gleichzeitig war ihm eröffnet worden, es sei eine Strafuntersuchung gegen ihn wegen Zuwiderhandlung gegen militärische Dienstvorschriften und wegen Spionage eingeleitet worden. Nachgewiesen werden sollte, er habe seine Entwicklung (ein Zündsatz für Leuchtspurmunition) den Deutschen verkauft. Die Selbsttötung wurde als Geständnis interpretiert, dass der Munitionsspezialist die Zusammensetzung schweizerischer Zündsätze dem Bruder seiner Frau – einer Tochter des deutschen Generals von Pétéry – mitgeteilt hatte.

Die offenbar nicht sehr traurige Witwe Elmira Saurer-von Pétéry begann ab Oktober 1938 ihrerseits die Aufmerksamkeit der Nachrichtendienstler der Bundesanwaltschaft und verschiedener Kantone zu erregen: Eine lückenlose Überwachung von Telefon und Post der vielseitig aktiven Dame ohne Erwerbstätigkeit, aber mit gehobenem Lebensstil, wurde angeordnet. Nachweisen konnten die Polizisten, so geht aus dem umfangreichen Dossier der Bundesanwaltschaft mit dem Aktenzeichen C 12.638 hervor, der Frau ausser unermüdlicher Reiselust sowie vielfältigen und kaum zu interpretierenden engen Kontakten – auch zu zwei Herren der deutschen Gesandtschaft mit Namen Theo Kordt und Edwart von Selzam – indes nichts Konkretes.

Die zweitletzte Aktennotiz verfasste am 21. Juni 1945 Bundespolizei-Kommissär Max Maurer, der seine Kollegen von der Sicherheits- und Kriminalpolizei der Stadt Bern (Sikripo) um Mithilfe anging: «Von zuverlässiger Quelle (Oberst i.Gst. A.) ist mir folgendes gemeldet worden: Frau Saurer-von Pétéry soll nach wie vor sehr verdächtig sein. (...) Nach dem Tode ihres Ehemannes hatte Frau Saurer weiterhin ziemlich regen Kontakt mit nationalsozialistischen Kreisen. Ohne Zweifel war Direktor Saurer das Opfer seiner deutschen Frau, die seither unbegreiflicherweise noch die Pension von der Bundeskasse bezieht.»

Inzwischen hatte das wirre Beziehungsgeflecht sich etwas vereinfacht und auf die Achse schräg über die Junkerngasse in der Berner Altstadt ausgerichtet. «Wic mir gesagt worden ist», schrieb Korporal Walter vom Nachrichtendienst der Sikripo dem Bundespolizisten zurück, «ist Frau Saurer nun seit längerer Zeit sehr oft mit dem Kantonsoberingenieur von Steiger Albert, geb. 28.6.82, Bern, wohnhaft Junkerngasse 39 in Bern, zusammen gewesen und hat sich vor ca. Monatsfrist mit demselben verlobt. Der Genannte ist ein Bruder des Bundespräsidenten von Steiger. Es darf wohl angenommen werden, dass Frau Saurer in absehbarer Zeit Herrn von Steiger heiraten wird. Wie die Genannte ihre anderen Beziehungen dann gestaltet und wie ihr Verhalten in politischer Hinsicht sein wird, bleibt abzuwarten.» Die Vermählung kam zustande; das Dossier Elmira Saurer-von Pétéry wurde geschlossen.

Und der undurchsichtige Staatsschützer von Steiger kann nun wählen, ob er eine mutmassliche deutsche Spionin zur Schwägerin hatte, ob ihr Fall wegen der neuen verwandtschaftlichen Beziehungen bei der grossen Abrechnung nach dem Krieg nie mehr erwähnt wurde oder ob seine Politische Polizei eine unschuldige Frau sieben Jahre lang bis in privateste Bereiche hinein beschnüffelt – und geschädigt hat: Im September 1939 nämlich wollte Elmira Marie Fanny Viktoria Saurer, wie von Steigers Schwägerin mit vollem Namen früher hiess, als Krankenpflegerin in den Militärdienst einrücken. Das Gesuch wurde ohne Angabe von Gründen abgelehnt, wohl nach erfolgter Einsicht in das bereits eröffnete Dossier.

Ein selbstkritisches Nachdenken über Hunderte solcher beschämender Vorgänge statt der gross inszenierten «Säuberung», als die Gefahr sich verzogen hatte, hätte einen reflektierten, nüchternen Staatsschutz wachsen lassen können. Zu hastig aber wurde der Übergang zur Tagesordnung gesucht, was nichts anderes als kollektives Vergessen bedeutete. Als der Ständerat im Juni 1946 den Geschäftsbericht des Bundesrates über das letzte Aktivdienstjahr 1945 diskutierte, war keine unangenehme Vergangenheitsbewältigung gefragt, sondern der fugenlose gedankliche Anschluss an die klaren politischen Freund-Feind-Schemata vor dem Krieg. «Dass die Gefahren, die von seiten nationalsozialistischer Fanatiker und Phantasten sowie faschistischer Elemente drohten, heute zum allergrössten Teil gebannt sind», fiel Franz Karl Zust (KK, LU), dem Kommissionsprecher zum Thema «Staatsschutz» und späteren Chefredaktor des «Vaterlands», ein, um auf sein eigentliches Anliegen überleiten zu können: «Dasselbe kann nicht gesagt werden, wo es sich um die kommunistischen antidemokratischen Umtriebe der früheren Kommunistischen Partei der Schweiz und der PdA handelt.» Die Partei der Arbeit, 1944 als Nachfolgeorganisation der vier Jahre zuvor verbotenen KPS gegründet, habe nun «als landesgefährliche Organisation linkerhand die Stellung» eingenommen wie seinerzeit die Nazis im rechten Spektrum. Standesvertreter Zust appellierte an den kommentarlos lauschenden Bundesrat von Steiger, die allgemeine Zurückhaltung gegenüber der PdA abzustreifen und die «Strenge des Gesetzes walten zu lassen». Gegenstimmen regten sich keine.

Dieser rasche Zusammenschluss hat die vorurteilslose und unnachgiebige Analyse der Handlungen in schwieriger Zeit zum Tabu, zur Nestbeschmutzung erklärt. Der neue Feind war rasch gefunden: Die Abwehr der roten Gefahr wurde zur Aufgabe des ganzen auf Wehrhaftigkeit eingestimmten Volkes erhoben. «Zum Schweizervolk möchte ich sagen, dass es mit den Staatsschutzbestimmungen nicht getan ist, sondern dass Wachsamkeit überall erforderlich ist», mobilisierte von Steiger 1948 eine Basisbewegung. Und an der Tagung der schweizerischen Turnveteranen in Bern warnte er zwei Jahre später: «Wir müssen gewappnet und gerüstet sein.» Die Staatsschutzbestimmungen müssten «solchen ‹Freunden› das Handwerk legen, die mit uns ins schwarze, wie Jeremias Gotthelf schrieb, oder ins feuerrote Loch hinunterrutschen möchten. Wir wollen keine Fünfte Kolonne.»

Das Klima war günstig für eine weitere Verschärfung der Staatsschutzgesetze. Bis anhin hatte der Bundesrat mit immer wieder (zum letzten Mal 1948) verlängerten Erlassen operiert, die er allein gestützt auf das Vollmachtenregime diktieren konnte. Nun gelang nicht nur die Überführung der vier sogenannten Demokratieschutzverordnungen ins ordentliche

Recht, sondern erstaunlicherweise gleich auch noch eine massive Aufrüstung des staatlichen Arsenals gegen (vermutete) Feinde der herrschenden Ordnung. Die Botschaft an das Parlament hatte Franz Stämpfli (Bundesanwalt von 1916 bis 1948!) verfasst. Der Berner autoritären Zuschnitts, von seinen Mitarbeitern bewundernd als «wahrer Magistrat» beschrieben, konservativ und patriotisch gesinnt, hatte das Amt nicht nur 32 Jahre lang geführt, sondern es massgebend zu einer schnittigen Waffe geformt. Bereits vor und während des Zweiten Weltkrieges hatte er seine Unnachgiebigkeit gegenüber allen Herausforderungen des Ordnungsstaates demonstriert, Konflikte im Innern wie den Aufstand in der Schwyzer Gemeinde Steinen wollte er sofort mit militärischen Mitteln wegputzen, in den protestierenden Bauern, Gewerblern und Bürgern sah er «Sowjets», mit denen nicht verhandelt werde. Die jahrzehntelange Praxis und die stets vorgebrachten Wünsche nach noch griffigeren Gesetzen flossen ein in das Programm der völligen Sicherheit vor vermeintlichen Umstürzlern, Saboteuren und Staatsfeinden.

Den verstärkten Staatsschutz predigte auch Stämpflis Nachfolger Werner Lüthi, der in einem Vortrag am 4. Dezember 1950 vor dem Bernischen Juristenverein die stete Aufmerksamkeit aller auf die «Mineure» lenkte, die bei ihrer «marche d'approche» bereits im Vorfeld aufgehalten und «unschädlich» gemacht werden müssten. Zentral an den neuen Bestimmungen des Strafgesetzbuches, lobte Lüthi das folgsame Parlament, sei, dass schon das «Vorfeld», die «Vorphase», alle möglichen «Vorbereitungshandlungen» zur Gefährdung der verfassungsmässigen Ordnung nun unter Strafe gestellt würden. Den Vorwurf, es handle sich um «Kautschukbegriffe», sei nicht mehr als ein Schlagwort, blockte Lüthi ab und öffnete den Blick auf das weite Feld, das ständig observiert werden müsse: «Wir sind gewarnt aus der Kenntnis der anderwärts zutage getretenen neuzeitlichen Umsturzmethoden. Nach sorgfältig ausgearbeitetem Plan, unter ausländischer Leitung, mittels Unterbringung politischer Gesinnungsgenossen in wirtschaftliche und politische Schlüsselstellungen, durch vielfältige Formen der Infiltration, im Wege der Staatszersetzung, durch Angriffe auf Regierung, Polizei und Militär, durch Propaganda, Schulung von Militanten und Aktivisten, Schaffung von Betriebsgruppen – so wird die sogenannte kalte Revolution vorbereitet.» Aus diesen angeblich in allen Ecken lauernden Gefahren leitete die Politische Polizei ihr Programm zur permanenten Prävention ab.

Tränen weinte der Bundesanwalt dem «Majestätsbeleidigungsartikel» nach, den die Räte «leider» nicht ins Gesetz aufnehmen mochten, um die Vorlage am Referendum vorbeizuzirkeln. Das «Verächtlichmachen unserer politischer Einrichtungen» hätte strafbar werden sollen, weil «die Extremistenpresse vor schändlichen Angriffen auf die Amtsehre» nicht zurückschrecke, was zur «Staatszersetzung» führe. Auch ohne diesen Schutz der Behörden vor lauter Kritik gerann 1950 die Vorstellung vom Obrigkeitsstaat Schweiz zum Gesetz, das Kriegsrecht wurde zum Normalzustand. «Die Tatbestandserfassung lehnte sich... bezeichnenderweise zum Teil ihrerseits an nationalsozialistische Vorbilder an», urteilt der Basler Strafrechtsprofessor Günter Stratenwerth über die helvetischen Extremisten-Erlasse, die bereits vom Kalten Krieg geprägt gewesen seien. Dass man diese neuen Instrumente gegen Hochverrat, Landesverrat, verbotenen Nachrichtendienst, Verletzung schweizerischer Hoheitsinteressen, Gefährdung der verfassungsmässigen Ordnung und Störung der militärischen Sicherheit dem Volk nicht zur Prüfung vorgelegt habe, wertet Stratenwerth als «deutliches Symptom für die damalige politische Situation».

Das Bedürfnis nach Mitteln zu jedem Zweck hatten Strafrechtler wie Frédéric Henri Comtesse, dieser 1942 in seiner Zürcher Habilitationsschrift über den Staatsschutz, geweckt, die den Staat als Volkskörper verstanden, der von Krankheiten und krankhaften Elementen gefährdet werde: «Ein menschlicher Körper, der durch innere Übel weitgehend geschwächt ist, wird einer ihn überfallenden Krankheit viel eher zum Opfer fallen als der Organismus eines Gesunden. Ebenso verhält es sich bei einem Staatsorganismus, den weitgediehene innere

Zersetzung schwächen und einer Revolution hilflos ausliefern kann. Bei der Vorbereitung, die heute eine Revolution braucht, ist die staatliche Zersetzung eines der nötigsten und zugleich nützlichsten Mittel.» Folgerichtig will Comtesse alle Angriffe auf die «Moral des Staatsvolkes», das Säen von «Misstrauen zwischen Regierung und Volk», die Schwächung der «bürgerlichen Disziplin», also jede Zersetzung der «staatserhaltenden Gesinnung», unter Strafe stellen. Bereits die «Verbreitung von Gerüchten und unwahren Behauptungen» müssten geahndet werden. Als Beispiele führt Comtesse politische Propaganda der Art an wie «Musy raubt den Alten die letzten Franken» oder die Grimmsche Kritik «Die Landesregierung... hatte sich ein neues Mal zum Knechten der ausländischen Diplomatie erniedrigt». Als eigentliche Vorbereitungshandlung oder «Vorstufe der Revolution» müssten Streiks, insbesondere der Generalstreik, erfasst werden. Auch wenn Justizminister von Steiger und die Bundesanwaltschaft nicht ganz alle Strophen vortrugen, so wiederholten sie doch vernehmlich laut die Grundmelodie.

Bis auf die sieben randständigen PdA-Nationalräte, die sich zu Recht als Zielscheiben für die neu geschmiedeten Waffen fühlten, schloss das Parlament die Reihen dicht – von den Bürgerlichen bis zur gesamten Sozialdemokratie, die zwar ihre «ganz grosse Skepsis» und ihr grundsätzliches «Misstrauen» gegenüber all den Bestimmungen ausdrückte, «welche in irgendeiner Weise die Freiheit einschränken», jedoch wegen «unserer Herren Kommunisten» mithalf, den Staatsschutz zu verstärken. Der St. Galler Jurist Johannes Huber, während Jahren brillanter Wortführer der Linken gegen den Ausbau des Behördenstaates und die Beschneidung der Bürgerfreiheiten, war nun überzeugt, mit Polizeimethoden die «Agenten, welche einen Umsturz vorbereiten», die Parteien, «kulturellen Vereine» und Sportorganisationen, die wühlen und «im Solde des Auslands stehen», ausmerzen zu können. Die Sozialdemokraten marschierten in der sehr breiten Formation nicht nur artig mit, sondern sie schlugen jeden Fuss deutlich hörbar auf den Boden. Die SP rühmte sich selbstgerecht ihrer durch und durch vaterländischen Gesinnung, so als müsste sie ihr bis zum Jahre 1935 dauerndes Zögern zur bewaffneten Landesverteidigung nun überkompensieren. Wohlwollend verteilte 1946 die NZZ den neuen Angepassten einige Streicheleinheiten. Der Eintritt in den Bundesrat habe den Wandlungsprozess der Partei beschleunigt. «Heute ist sie in einem erfreulichen Masse ‹verschweizert›», strich die «Alte Tante» von der Zürcher Falkenstrasse den artig gewordenen ehemaligen schwarzen Schafen über die Wolle.

Nur zwei liberale Köpfe des Landesrings der Unabhängigen, der Zürcher Anwalt Alois Grendelmeier und Erwin Jaeckle, Chefredaktor der «Tat», wagten als überzeugte Demokraten den Einspruch. Eine Überwachung und Bestrafung der Gesinnung halte Einzug; solcherart werde mit dem Strafgesetzbuch aber Politik gemacht. «Ist es nicht so», dachte Grendelmeier 1950 vor dem Nationalrat laut nach, «dass wir 10, 20, 30 und mehr Jahre an die Urne gegangen sind und wir kein einziges Mal für die Erweiterung der persönlichen Freiheiten haben stimmen können? Ist es nicht so, dass wir immer nur Abbau an den persönlichen Freiheiten beschlossen haben?» Das gesamte strafrechtliche Arsenal beziehe sich zudem auf die Vergangenheit und nicht auf die unbekannte Zukunft, diagnostizierte Grendelmeier, der sich mit seinem Warnruf, die «Freiheit nicht selbst in Schutzhaft zu nehmen», einem massiven Beschuss ausgesetzt sah.

Den Widerspruch zwischen einem freiheitlichen, demokratischen, offenen Staat und einer flächendeckend ausrückenden Polizei trug auch Jaeckle ohne Echo dem Rat vor. «Jede Staatsschutzgesetzgebung sei eben nichts anderes als eine nationalsozialistische Gesetzgebung mit umgekehrten Vorzeichen», zitierte der überzeugte und kämpferische Antikommunist erste Erfahrungen der jungen Bundesrepublik Deutschland. «Intoleranz ist ein erstes Zeichen von Schwäche», warnte er in seinem Schlusswort die Kollegen. Soviel kritische und gelassene Reflexion war jedoch nicht das Bedürfnis in jener Zeit. «Man glaubte nicht an die freiheitliche Bewältigung der politischen Gegensätze», erinnert sich Jaeckle, der sich sowohl gegen das Verbot der Kommunistischen Partei wie der Fronten gestemmt hatte: «Man war beeindruckt durch das deutsche Vorbild, dessen Erfolge haben den Politikern und Behörden imponiert, sie dachten weiter in Polizeikategorien und griffen zu den gleichen Methoden.» Indes sei das Schweizervolk immer hellhörig genug gewesen, um die politischen Deklamationen richtig einschätzen zu können. Voraussetzung dazu sei aber das Gegenteil von Verboten – Transparenz und offenes Gespräch nämlich.

Tatsächlich haben auch in jener Nachkriegszeit, als ein hastiger Wunsch nach völliger Sicherheit die Politik lenkte, Juristen die gefährliche Tendenz zu einem strafrechtlichen Totalitarismus erkannt. So folgerte Hans Kauer bereits 1948 in seiner Berner Dissertation «Der strafrechtliche Staatsschutz der Schweizerischen Eidgenossenschaft», dass die geltenden Normen für Friedenszeiten absolut genügten, dass zusätzliche Erlasse «zu einem grossen Polizeiapparat» führen würden, «dessen Anwendung dem demokratischen Gedankengut widerspricht und daher beim Schweizervolk auf starken Widerstand stösst». Er empfahl vergeblich, von «dieser Gesetzgebungsbefugnis einen äusserst sparsamen Gebrauch zu machen», und versuchte ins Gedächtnis zurückzuholen, dass die Behörden seit Beginn der 30er Jahre auf gefährliche Art einen «Universaltatbestand» gesucht hätten, der auf alle Handlungen angeblich staatsgefährdend tätiger Organisationen und Personen anwendbar gewesen wäre.

Am 12. Januar 1951 setzte der wachsame Bundespräsident Eduard von Steiger seine Unterschrift unter ein Dokument, das 39 Jahre später zum Inbegriff des verdeckt arbeitenden und dem Bürger grundsätzlich misstrauenden Staatsschutz werden sollte: die geheime «Verordnung über die Wahrung der Sicherheit des Landes», welche als eigentliches Kriegs- und Notrecht vom Bundesrat verabschiedet wurde, offiziell zwar nie in Kraft trat, von der Bundesanwaltschaft aber trotzdem zügig angewandt wurde, damit Verdächtigen unverzüglich «ein Zwangsaufenthalt» hätte zugewiesen werden können. Für Tausende zeitigte der Geheimerlass fatale Folgen: Sie wurden in eine «Extremistenkartei» gesteckt und mit einem «*» auf ihren Fichen, wie die Personalblätter in der Bundesanwaltschaft heissen, gebrandmarkt oder auf eine Verdächtigenliste gesetzt und mit dem Eintrag «V» stigmatisiert. Beamten verbaute man als «vertrauensunwürdig» die Karriere, wenn sie beispielsweise auf kommunistische Periodika abonniert waren. Der totalitäre Staatschutz – jeder Bürger wird obligatorisch Denunziant und ist wie im Zweiten Weltkrieg bei Strafandrohung verpflichtet, den Behörden alle Informationen zu liefern; Polizei und Armee dürfen zu jeder Zeit alle Grundstücke und Gebäude durchsuchen; sämtliche interessierenden Gegenstände und Schriftstücke können beschlagnahmt werden; Telefon- und Postverkehr von «Verdächtigen» liegen offen – stellte allerdings keinen Alleingang der Bundesanwaltschaft und von Steigers dar, wie es Anfang 1990 bei der Entdeckung der geheimen Verordnung vorerst schien. Neben allen Kantonen massgeblich an ihr beteiligt war auch der damalige Oberauditor der Armee, Jakob Eugster, der immer wieder Verschärfungen in den Entwurf des Bundesanwalts einpflanzen konnte (so etwa, dass das Beichtgeheimnis Priester nicht von der Information der Behörden entbinde). Am 7. Oktober 1949 hatte Bundesanwalt Werner Lüthi die Konferenz der kantonalen Justiz- und Polizeidirektoren über das als Verschlusssache behandelte Projekt orientiert; kurz darauf zirkulierte die erste Fassung bei den Ständen zur Vernehmlassung. Kein einziger Kanton stemmte sich gegen das Vorhaben, 15 stimmten vorbehaltlos zu, zehn steuerten immerhin Anregungen zu einzelnen Artikeln bei. Nur der Aargau wollte die Verordnung erst «kurz vor einer Kriegsmobilmachung» und nicht bereits «bei ausserordentlichen Gefahren» in Kraft treten lassen. Ihm entgegnete der Oberauditor autoritär: «Schon aus präventiven Gründen ist allgemein festzulegen, womit Leute zu rechnen haben, welche die Landessicherheit gefährden. Es beruhigt die Öffentlichkeit, wenn sie weiss, dass durchgegriffen werden kann.»

Damit hatte Eugster offensichtlich recht, zumindest was die Führung der Armee betraf: Ende der 50er und zu Beginn der

6oer Jahre trug Hauptmann Robert Vögeli – seinerzeit beamtet in der damaligen EMD-Sektion «Heer und Haus», heute Leiter des privaten «Instituts für politologische Zeitfragen» (IPZ) in Zürich – den Offiziersaspiranten in seinen Lektionen zur Staatssicherheit vor, es bestünden Listen mit rund 30000 Namen, deren Träger im Kriegs- oder Krisenfall «isoliert» würden. Die angehenden Leutnants überkamen keine Zweifel an der Legalität solcher Dispositive, sondern es befiehl sie in der Zeit der wachsenden internationalen Spannungen im Gegenteil ein warmes Gefühl der Sicherheit und des Vertrauens in die vorausschauenden Behörden. 1990 aber erschrak der Bundesrat über das Staatsbild seiner Vorgänger und hob die Geheimverordnung am 14. Februar ersatzlos auf.

Dass die Landesregierung einst tatsächlich hart durchgriff, erlebten jene Beamte, die mit dem Radikalenerlass vom 5. September 1950 das abrupte Ende ihres Dienstes beim Staat gekommen sahen. Die «Weisung des Bundesrates über die Auflösung des Dienstverhältnisses vertrauensunwürdiger Beamter, Angestellter und Arbeiter des Bundes» hatte vielfältige Wirkungen: Rund zwölf Funktionäre der Zentralverwaltung, 50 bis 60 EMD-Angestellte, ungefähr 150 Pöstler und um die 300 Bähnler wurden auf die Strasse gestellt. «Eine ganz bittere Sache» sei diese massenhafte Entlassung von Kommunisten gewesen, erzählt der frühere Zürcher SP-Nationalrat Max Arnold, damals Sekretär des Verbandes des Personals öffentlicher Dienste; fast ohne Argumente seien Beamte verjagt worden. Zu verhandeln habe es bei von Steiger nichts mehr gegeben: «Er war äusserst hart.» Neben diesen Berufsverboten und befohlenen Karriereknicken hatte der Bundesratsbeschluss eine «moralstärkende», vor allem aber eine disziplinierende Wirkung. Nicht zuletzt wurden in allen Departementen sogenannte Sicherheitsbeauftragte ernannt, die als höhere Mitarbeiter der Generalsekretariate in enger Kommunikation mit der Bundesanwaltschaft hinter Kandidaten für den Beamtenstatus mögliche Gefahren für das Gemeinwesen zu erschnuppern hatten. Am 12. März 1990 erst wurde die Weisung formell aufgehoben; die Sicherheitsexperten, die nur einem kleinen

Kreis mit Namen bekannt sind, sezieren aber weiter Personendaten. Dass eine Legalisierung dieser (offiziell nicht deklarierten) Durchleuchtung von arglosen Stellenbewerbern kürzlich vom Parlament auf Druck der Personalverbände entrüstet zurückgewiesen wurde, ficht die handelnden Akteure wenig an.

1941 noch, als die frontistische «Nationale Bewegung der Schweiz» bereits verboten worden war und das Volk die Audienzen der Nazis bei Bundesräten auspfiff, empfing von Steiger in seinem Büro im Bundeshaus West die Vertreter deutschfreundlicher Kreise, um mit ihnen die berüchtigte «Eingabe der 200» zu diskutieren. Während der Aristokrat die Öffentlichkeit beschwichtigte, er lehne die anpasserischen Forderungen (Eliminierung der kritischen Presse und andere Bücklinge vor Berlin) ab, sicherte er den Initianten gleichzeitig zu, ihre Anliegen würden departementsintern ernst genommen und weiterverfolgt.

Das waren die seltsamen und undurchsichtigen Manöver jenes Mannes, der zusammen mit den Bundesanwälten Stämpfli und Lüthi den Staatsschutz der heutigen Ausprägung in Gesetzen, Geheimerlassen und in der täglichen Praxis der Behörden verankert hat.

VII
Der Bundesanwalt erschiesst sich
Wie die Staatsschützer als Nachrichtenlieferanten für ausländische Geheimdienste missbraucht werden und sich in internationalen Agentennetzen verfangen

In seine Mappe hat der heutige Basler SP-Ständerat Carl Miville vorsorglicherweise einen Revolver gepackt, als er an einem Märzabend des Jahres 1948 zusammen mit Helmut Hubacher, dem späteren Präsidenten der Sozialdemokratischen Partei der Schweiz, in den Saal des Volkshauses Basel schleicht. Dort feiert die PdA laut den Umsturz in der Tschechoslowakei, wo der Kommunistenführer Klement Gottwald der demokratisch gewählten Regierung mit einem Handstreich die Macht entwunden hat. Miville ist 25jährig, Grossrat, und hat aus Protest gegen den Vater sein Studium abgebrochen, Hubacher zählt 22 Jahre und ist Mitglied der Sozialdemokratischen Jugend (SDJ), der Vorgängerorganisation der Jungsozialisten (Juso). Die beiden noch wenig bekannten Genossen waren vorgeschickt worden, die provokatorische Siegeskundgebung der helvetischen Kommunisten kritisch zu beobachten. Nicht um auf Menschen zu schiessen, trägt Miville, so sagt er, den Revolver auf sich, sondern um die Deckenbeleuchtung im Saal auszuschalten, falls die Späher von PdA-Leuten angegriffen werden sollten.

Als die linke Konkurrenz die zwei entdeckt, ziehen diese aber den eiligen Rückzug vor. Zum Schuss kommen sie nicht. «Wir wären fürchterlich verdroschen worden, hätte man uns gefasst», ist Hubacher noch heute überzeugt, «das Klima in Basel war zum Teil unglaublich hart. Stahlkabel wurden für den Saalschutz und bei Demonstrationen gebraucht. Hass bestimmte das Verhältnis zwischen SP und PdA.»

Gleich nach dem Kriege profitierte die PdA von einem gewissen Goodwill gegenüber der Sowjetunion, die im Kampf gegen das Hitler-Regime den grössten Blutzoll erbracht hatte. Trotz jahrzehntelanger Spannungen nahmen die Schweiz und der kommunistische Vielvölkerstaat nach dem jähen Abgang von Aussenminister Marcel Pilet-Golaz – der 1944 nach einem missglückten Annäherungsversuch sich einerseits von Moskau düpiert fühlte, andrerseits aber auch innenpolitisch kaum mehr Rückhalt besass – im März 1946 diplomatische Beziehungen auf. In den Wahlen von 1947 eroberte die PdA in Basel nicht weniger als 31 der 130 Grossratsmandate; die Sozialdemokraten stellten nur zwei Abgeordnete mehr. Und der ursprünglich als SP-Mann in die Regierung gewählte Carl Miville senior war zur PdA übergetreten. Mit einem Stimmenanteil von rund fünf Prozent und sieben Sitzen im Nationalrat hatte die Partei der Arbeit auf schweizerischer Ebene ihren Höhepunkt erreicht. Vor allem verbal heizten die Kommunisten, welche die linken Ideale von der SP verraten sahen, immer wieder ein: «Wenn erst die Russen da sind, werden wir mit euch abfahren!» In den kommunistisch regierten Staaten waren tatsächlich die Sozialdemokraten stets die ersten Opfer.

Für Hubacher geriet die Feier zum gewaltsamen Umsturz in der CSSR – Aussenminister Jan Masaryk, Sohn des Staatsgründers Thomas Masaryk, war unter immer noch ungeklärten Umständen durchs Fenster zu Tode gestürzt – zum «Schlüsselerlebnis». Das galt für fast alle Sozialdemokraten: Der Putsch in Prag und die Reaktion der Kommunisten führte die SP, die nun immer stärker in die eidgenössische Konsenspolitik eingebunden wurde, in den Kalten Krieg.

Die Welle der Empörung über den Machtwechsel in der Tschechoslowakei war gewaltig, vor allem an den Hochschulen, die fast ausnahmslos Kundgebungen veranstalteten, an denen die führenden Antikommunisten der nächsten Jahre sich erstmals lautstark artikulierten. Die griffigste Formel fand der damals 23jährige Politologie-Student Peter Sager, später Leiter des Ost-Institutes in Bern sowie SVP-Nationalrat: «Was heute vor sich geht, ist nicht mehr die Auseinandersetzung zwischen zwei Systemen, sondern es ist ein Kampf des Bösen gegen das Gute.»

Drei Jahre nach dem Verstummen der Waffen in Europa herrschten wieder vorkriegsähnliche Zustände. Der Victory-Day vom 8. Mai 1945 hatte keine Friedenseuphorie ausgelöst, die Gründung der Vereinten Nationen keine stabile Basis für den Weltfrieden schaffen können. Warnend schrieb die «Neue Zürcher Zeitung» zu den Nationalratswahlen von 1947: «Die öffentliche Meinung wacht darüber, dass sich die antimilitaristischen Strömungen der 1920er Jahre nicht wieder regen.» Womit zum einen klar war, wer die öffentliche Meinung formte, und zum andern, dass die Armee nach einem kurzen Marschhalt zügig modernisiert werden sollte. Nach dem Zusammenbruch der faschistischen und nationalsozialistischen Diktaturen in der Nachbarschaft richtete der kugelige Igel namens Schweiz seine Stacheln in Abwehrstellung wieder gegen Josef Dschugaschwili, genannt Stalin, und wider dessen Parteigänger im Innern der Eidgenossenschaft: Das Kürzel PdA wurde halboffiziell als «Partei des Auslands» interpretiert.

«Zu Beginn des neuen Jahres», leitartikelte wiederum die NZZ zum Jahreswechsel 1950/51, «steht der Westen in der Defensive an drei Fronten: Im Kanonenkrieg in Ostasien (der Koreakrieg, der Verf.), im Kalten Krieg in Europa und im Krieg gegen die Fünften Kolonnen an der innern Front aller nichtkommunistischen Staaten.» Die in Politikerreden jener Zeit allgegenwärtigen Fünften Kolonnen wurden als Ableger der PdA dargestellt. Damit verfolgte man die «Staatsfeinde» ausgerechnet mit einem Schlagwort, das aus der faschistischen Kriegstaktik stammte: Gefragt, welche seiner vier Kolonnen das von den Republikanern gehaltene Madrid einnehmen werde, antwortete der faschistische General Mola, dies müsse in erster Linie von den getarnten Franco-Anhängern im Innern der spanischen Hauptstadt bewerkstelligt werden. «Wichtig ist die ununterbrochene und argwöhnische Überwachung der Kommunisten und ihrer getarnten Mitläufer im eigenen Land», trug Oberstdivisionär Walter Jahn, Kommandant der 3. Division, vor der Offiziersgesellschaft des Kantons Bern 1950 als

«Lehren aus dem Koreakrieg» vor. An dieses Motto hielt Bundesanwalt Werner Lüthi sich stets, wenn er in Referaten die Verschärfung der Staatsschutzgesetze propagierte. Und die neuen «Wühlmäuse» gaben den Fallenstellern gute Gründe für die Hatz: Provokant bejubelten sie regelmässig die Repression des roten Diktators in Moskau.

Der neue Staatsschutz, der auch das «Vorfeld» einkreist, blieb keineswegs Sandkastenstrategie, sondern wurde energisch in alltägliche Praxis umgesetzt. Im November 1950 veröffentlichte Pierre Nicole, Sohn des legendären PdA-Präsidenten Léon Nicole (der 1948 dem Gottwald-Regime in der CSSR offiziell zur Machtübernahme gratuliert hatte) und Redaktor an der «Voix ouvrière», im Prager «Mir» eine massive Kritik an der schweizerischen Neutralitätspolitik. In verleumderischer Weise bezichtigte er den Bundesrat, die Neutralität preiszugeben und militärisch mit den USA zusammenzuarbeiten; «ein Komplott» der beiden Regierungen habe das Volk verraten und die «Legalisierung der Yankee-Spionage in der Schweiz» ermöglicht. Das Echo kam gewaltig zurück, in Leserbriefen, Kommentaren und in parlamentarischen Vorstössen. Der junge Kommunist wurde in Anlehnung an den norwegischen faschistischen Landesverräter Vidkun Quisling als «Schweizer Quisling» bezeichnet (obwohl die faktische Eingliederung der Schweiz in westliche Wirtschaftszusammenschlüsse wie die OEEC, der Vorgängerin der OECD, eine kritische Beurteilung vor dem Neutralitätsprinzip durchaus erlaubt hätte).

Die rechtsbürgerliche «Schweizerische Politische Korrespondenz» (SPK) giftete: «Das Schweizervolk stellt sich und seinen amtlichen Vertretern die eindringliche Frage, ob und wie der Verleumder Nicole in aller Öffentlichkeit gemassregelt werden kann.» Von der «regulären Staatsschutzgesetzgebung» her gebe es keinen strafrechtlichen Neutralitätsschutz, unterschätzte die SPK die soeben Recht gewordenen Fallstricke. Da Nicole «im moralischen Sinne» aber Landesverrat begangen habe, sei zu hoffen, dass die Justizbehörden «einen Weg finden, um dem Rechtsempfinden des Volkes Genugtuung zu geben». 1951 verurteilte das Bundesgericht den Journalisten wegen Landesverrats («Angriff auf die Unabhängigkeit der Eidgenossenschaft») zu 15 Monaten Gefängnis unbedingt. Dass unwahre politische Propaganda als eine der schwersten Formen des Landesverrats behandelt werden könne, liess den Basler Professor Günter Stratenwerth ein Ausrufezeichen in seinen Kommentar zum Strafgesetzbuch setzen. Und er nennt weitere Beispiele von absurden Anwendungsmöglichkeiten des fraglichen Paragraphen: «Wer als prinzipieller Gegner von Atomwaffen in der Öffentlichkeit gegen die Ausrüstung der Schweizer Armee mit solchen Waffen eintritt,... wäre grundsätzlich... zu bestrafen», weil sich daraus möglicherweise ein «Zustand der Gefährdung, also der eventuellen Verletzung der Unabhängigkeit» ergeben könnte.

Das 1942 in Kraft getretene Strafgesetz bot ohnehin allerhand interessante Möglichkeiten, die «Parteigänger des Auslands» zu kriminalisieren: Im September 1947 nisten sich in einem Zimmerchen des Zürcher Restaurants «Kaufleuten» zwei Polizeispitzel ein und installieren eine einfache Abhöranlage in den Nebenraum. Dort findet eine Sitzung der «Koordinationsstelle für Nachkriegshilfe» statt, die mit der PdA personell in vielfältiger Weise verflochten ist. Die Organisation, welche auf die Unterstützung der schwer kriegsgeschädigten osteuropäischen Länder spezialisiert ist, hat dem PdA-Stadt- und -Nationalrat Edgar Woog mit einem Darlehen von 5000 Franken für den «Vorwärts» ausgeholfen. Die beiden Schnüffler schnappen auf, dass Woog mit der Rückzahlung des Geldes an die Koordinationsstelle, die Spendengelder verwaltet, in Verzug ist. Die fündig gewordenen Fahnder rapportieren sofort. Drei Wochen vor den Nationalratswahlen schlägt Bezirksanwalt Otto Gloor – ein verbissener, verbitterter ehemaliger Mitarbeiter der Bundesanwaltschaft und nun auch eidgenössischer Untersuchungsrichter – dann zu: Er lässt kurzerhand den gesamten Vorstand der Koordinationsstelle verhaften, der fast identisch ist mit der Führungsgarde der Zürcher PdA.

Obwohl das Geld mittlerweile wieder vorhanden ist und die Kassenbücher in Ordnung sind («Wenn wir dies gewusst hätten», bedauern die beiden Lauscher an der Wand später gegenüber den Beschuldigten, «hätten wir die Sache nicht gemeldet.»), wird Woog und weiteren Beteiligten der Prozess gemacht. Der Anmarsch zum Gerichtsgebäude in Winterthur wird für die Angeklagten zu einem Spiessrutenlaufen. Sechs Monate Gefängnis unbedingt, lautet das Verdikt nach einem aufwendigen Verfahren vor Schwurgericht gegen Woog, der damit aus der Stadtzürcher Regierung vertrieben werden kann. Andere kommen mit bedingten Gefängnisstrafen oder Bussen davon. «Ein rein politischer Prozess mit einem politischen Urteil», «Klassenjustiz», werten heute in hohen Ehren stehende seinerzeitige Opfer den Coup der Politischen Polizei. Am lautesten Beifall klatschte das sozialdemokratische «Volksrecht». Verurteilte verlieren ihre Stelle, Wohnungen werden ihnen auf der Stelle gekündigt, eine Familie muss sich von ihrem Kind trennen, weil sie während längerer Zeit keine gemeinsame Bleibe mehr finden kann.

Die Sozialdemokraten hatten sich damals bereits weit von ihren ehemaligen Kampfgefährten entfernt. 1943 waren sie Bundesratspartei geworden, da sie den nationalen Widerstand im Zweiten Weltkrieg konsequent mittrugen. Ihr Verzicht auf Strukturreform und die Politik des Wachstumsreformismus zeitigen Erfolg: Am 6. Juli 1947 wird in einer Referendumsabstimmung gegen den Widerstand ultrarechter und bäuerlicher Kreise das wichtigste Sozialwerk, die AHV, gutgeheissen. Um die PdA marginalisieren zu können, war den bürgerlichen Parteien an einem Zusammengehen mit den gemässigten Genossen sehr gelegen. Die Konkordanz begann zu spielen. Und folgerichtig rollte eine gewaltige Säuberungswelle durch sämtliche SP-Sektionen und durch die Gewerkschaften. Allerorten wurden tatsächliche oder vermeintliche Kommunisten ausgeschlossen und ausgegrenzt. Nicht nur Bürgerliche, sondern auch prominente Sozialdemokraten verlangten in städtischen und kantonalen Parlamenten, alle PdA-Leute seien aus dem Staatsdienst zu entfernen.

«Nicht eine Annäherung an die bürgerlichen Parteien war der primäre Grund, Kommunisten auszuschliessen», charakterisiert Walter Renschler, früherer Zürcher SP-Nationalrat und Sekretär des Schweizerischen Verbandes des Personals öffentlicher Dienste, die damalige Flurbereinigung aus heutiger Optik, «sondern die Erfahrung, dass überall dort, wo die Kommunisten die Macht erlangt hatten, zuerst die Sozialdemokraten liquidiert oder ins Gefängnis gesteckt wurden.» Gegenüber den PdA-Mitgliedern hegten die SPler – auch ohne konkrete Hinweise – den Urverdacht, dass diese unzuverlässige Gesellen seien und als Agenten des Ostblocks wirkten: «Aus heutiger Sicht kann man die seinerzeitigen Argumente nicht mehr begreifen; schon damals hätte man damit mehr Mühe haben müssen», übt Renschler selbstkritische Rückschau. Dafür aber klopfte die NZZ den jetzt stubenreinen Genossen auf die Schulter: «Zu den erfreulichen Bereinigungen (der Hinterlassenschaft des Krieges, der Verf.) gehört die wachsame Haltung auch der schweizerischen Sozialdemokraten gegenüber der Partei der Arbeit.» Die SPS trug nach einer kurzatmigen Opposition die immer kostspieligeren Rüstungsprogramme der 50er Jahre mit. Das war die Fernwirkung des Korea-Krieges.

Nach einer Phase des Tauwetters erreichte die Stigmatisierung der extremen Linken ihren Höhepunkt, als im November 1956 sowjetische Panzer die reformerische ungarische Regierung von Imre Nagy (der auch Nichtkommunisten ins Kabinett aufgenommen, die verhasste Geheimpolizei abgeschafft und den Austritt aus dem Warschauer-Pakt erklärt hatte) und eine breite Volksbewegung brutal niederwalzten. Budapest wurde stark zerstört, Tausende von Widerstandskämpfern fanden den Tod. In der Schweiz setzte eine Solidaritätsbewegung von einmaligem Ausmass ein, die bis zur unkontrollierten Erregung gedieh, vor allem in studentischen Kreisen.

An vorderster Front organisierte der damals 24jährige Renschler zusammen mit Kommilitonen, die wie die erste Bundesrätin Elisabeth Kopp später eher beim Freisinn heimisch wurden, Hilfstransporte nach Ungarn, fuhr selbst in Konvois mit und half, Flüchtlinge zu evakuieren. «Die Ungarn-Bewegung hatte keine bestimmte politische Strategie», analysiert Renschler aus der Distanz von 34 Jahren, «für uns Junge stand die Verletzung demokratischer Grundrechte, des Volkswillens im Vordergrund. Gleichzeitig unterlagen wir einer gewissen Idealisierung der eigenen Zustände. Wir waren missionarisch und glaubten, das Schweizer Modell sei die geeignete Folie für alle Völker der Erde.»

Angst und Wut waren in jenen Wochen die dominierenden Emotionen. «In vierzehn Tagen stehen die Russen am Bodensee», wurde die Furcht weitergetragen, die den geopolitisch begrenzten Zweck der sowjetischen Intervention zur Wahrung des Kräftegleichgewichts in Europa nicht reflektierte. Das Volk bewaffnete sich: In Bern wurden 15 000 Zündvorrichtungen für Molotow-Cocktails verteilt; man hielt Übungsschiessen ab; Karabiner samt Munition und Brandflaschen wurden zur Hausausrüstung erklärt; Truppen erhielten eine höhere Alarmbereitschaft befohlen. Die Volkswut verschaffte sich Luft mit Übergriffen auf Einrichtungen der PdA oder der Sowjetunion: Am 5. November 1956 (Parole: «Use mit de Russe») konnten Demonstranten von der Polizei nur mit Mühe vom Sturm auf die sowjetische Botschaft in Bern abgehalten werden. Die Hardliners der PdA provozierten in ebenso einfältiger Umkehrung der Logik mit der Behauptung, der Protest des bürgerlichen und des sozialdemokratischen Klassenfeindes beweise die Richtigkeit der Entscheide Moskaus. Überdies solidarisierten sie sich als «Moskowiter» mit der Sowjetunion – allerdings in immer kleinerer Zahl: Die Parteiaustritte häuften sich. «Wir sind eine schmutzige Partei geworden», klagten viele, die sich enttäuscht vom sowjetischen Experiment abwandten.

Der stete Appell an die Wachsamkeit des breiten Volkes erhielt tausendfaches Echo. «Armee, Behörden und Volk müssen zusammenstehen, um zu verhindern, dass national unzuverlässige Elemente an verantwortungsvolle Posten gelangen», hatte der Bundesrat 1950 in seiner Staatsschutz-Botschaft verlangt. Die neueste Spielart der Hetze trug die NZZ vor. So schrieb am 13. November 1956 der promovierte Theologe und Inlandredaktor Ernst Bieri, der spätere Zürcher Stadt- und freisinnige Nationalrat, dann Teilhaber der Bank Julius Bär & Co., im Weltblatt: «Die alten Komintern-Agenten in der deutschen Schweiz können sich um die Stellungnahme zur sowjetischen Intervention nicht so leicht herumdrücken wie die Genossen in Genf. Woog und Bodenmann (PdA-Nationalrat Marino Bodenmann, Basel, der Verf.) sind untergetaucht, um den unbequemen Fragen an der Wohnungstüre und am Telefon zu entgehen. Vielleicht kann an ihrer Stelle Dr. Konrad Farner Auskunft geben; er ist jetzt zurück aus Berlin und wohnt in Thalwil an der Mühlebachstrasse 11.» Gegen den solcherart öffentlich an den Schandpfahl gestellten Kommunisten begann darauf ein gewaltiges Kesseltreiben: Plakate beschimpften ihn und seine Familie vom Nachbargarten aus; in den Läden wurden sie nicht mehr bedient; die Kinder wurden belästigt.

Anstoss an dieser unwürdigen Hetzjagd nahm kaum jemand. Die Russenangst hatte blind gemacht. Eigentliche Säuberungsfeldzüge wurden geführt, Kampagnen mit dem Titel «Bringt verbotene Bücher mit!» zum Aufspüren verpönter Literatur liefen; an einzelnen Schulen vernichtete man verdächtiges Schriftgut.

Der von einem – fast – einig Volk praktizierte Staatsschutz steigerte sich bis zum Fanatismus. Aus drei Quellen wurde dieser breite Strom gespeist: Zum einen war es tatsächliche Angst vor Aggressionen aus dem Osten; zum andern nützten bestandene Antikommunisten, die zur Zeit der faschistischen und nationalsozialistischen Diktaturen eine wenig erbauliche Rolle gespielt hatten, den günstigen Wind maximal aus. Drittens kam den Sozialdemokraten die Hysterie nicht ungelegen, um mit den ungeliebten Konkurrenten im Ringen um die Stimmen der Arbeiter abzurechnen – sie gehörten über Jahre hinweg zu den eifrigsten Kommunistenhäschern.

«Jeder soll sie hassen», wütete 1956 in der «Basler AZ» der junge Gewerkschaftssekretär Helmut Hubacher, «wer Mitglied der PdA bleibt, bleibt weiterhin Verräter, Spion, Agent und Söldling einer ausländischen Macht.» Verachtung gebühre ihnen «wie Mördern und Verbrechern». Keiner, so schloss Hubacher die Kommunisten aus der Volksgemeinschaft aus, «möge mehr mit ihnen reden, ihnen die Hand drücken». Die «ferngesteuerten Marionetten Moskaus, volksdemokratischen Henkerslehrlinge und PdA-Quislinge» seien zu «behandeln wie Pest und Cholera».

Der Schweizerische Gewerkschaftsbund (SGB) wandte sich mit einem Communiqué an die Öffentlichkeit, um seine Anteilnahme am ungarischen Freiheitskampf zu bekunden und die – diskussionslose – Ablehnung einer sowjetischen Einladung für fünf Gewerkschafter in die UdSSR zu demonstrieren. «Kaum je hat eine Verlautbarung des Gewerkschaftsbundes in der Öffentlichkeit so eingeschlagen und ein so gutes Echo gefunden wie diese Absage an die Russen», konnte SGB-Sekretär Giacomo Bernasconi am 7. November 1956 dem Bundeskomitee der Syndikalisten melden. Mit derart viel Rükkenwind sollten auch Gewerkschafter, die zugleich PdA-Mitglieder waren, eliminiert werden. Die Initiative ging von der VPOD-Sektion Zürich aus; Bernasconi spann den Faden weiter, um missliebige Gewerkschaftsfunktionäre, vor allem in Genf, aus ihren Ämtern zu kippen: «Nachdem nun die kommunistischen Machthaber ihr wahres Gesicht gezeigt haben, wäre der Moment besonders günstig.» In der Tat wurde PdA-Mann Henri Trüb, Sekretär des Genfer Gewerkschaftskartells, bald darauf aus seinem Büro gedrängt. Solch gründlicher Antikommunismus liess sogar den eifrigsten Wanderprediger wider die «Rote Gefahr», den «Pro-Libertate»-Präsidenten Max Mössinger, an die Türe des Gewerkschaftsbundes mit der Bitte klopfen, dieser möge ihn bei einer Kampagne für den Abbruch aller wirtschaftlichen, sportlichen und kulturellen Beziehungen «zu den moskauhörigen Satellitenstaaten» unterstützen. Das allerdings ging den Gewerkschaftern, die den ökonomischen Nutzen des Osthandels stets priesen, denn doch etwas zu weit. Nicht mit der gleichen Konsequenz verfolgte der VPOD die PdA-Leute in seinen eigenen Reihen: Aus der Aktion resultierten vier Ausschlüsse – in Basel, wo Helmut Hubacher Sekretär der Sektion war.

In diesem Revier jagte auch der bisher einzige Sozialdemokrat im Amt des Bundesanwalts; ihn führte der antikommunistische Eifer in tödliche Verstrickungen. «Es wurden Bedenken darüber geäussert, ob ein parteimässig prononciert linksstehender Polizeifunktionär seine Aufgabe stets mit der erforderlichen Unvoreingenommenheit werde erfüllen können»: Per Communiqué streute der Freisinnig-demokratische Presseverband seine Kritik; das Murren anderer Meinungsmacher war ausserhalb des Bundeshauses ebenfalls zu hören. Dennoch drang Justizminister Markus Feldmann, Vertreter der Bauern-, Gewerbe- und Bürgerpartei in der Landesregierung, durch. Am 5. Juli 1955 wurde zum erstenmal ein SP-Mann zum Bundesanwalt ernannt: René Dubois, 47 Jahre alt, Neuenburger, perfekt zweisprachig, zupackender Jurist, als vielseitig interessiert, gewandt, charmant, temperamentvoll und offenherzig charakterisiert. Nach einem ersten Karriereschritt beim Völkerbund in Genf war er zum Stellvertreter des Bundesanwalts und somit zum Kronprinzen avanciert.

Mit der Wahl des auf dem rechten Flügel seiner Partei stehenden Sozialdemokraten änderte sich aber weder an der unablässigen Überwachung der Linken noch an der generellen Ausrichtung der Bundesanwaltschaft auch nur das geringste; dies bestätigt André Amstein als ehemaligen Chef der Bundespolizei. Der Name Dubois steht gleichwohl für die grösste Erschütterung der Staatsschutzstelle bis in die heutigen Tage. «Bundeswanwalt René Dubois, der höchste Ankläger der Eidgenossenschaft, hat gegen sich selbst Anklage erhoben und hat sich selbst gerichtet.» Das hilflose Pathos, das der Berner «Bund» am 25. März 1957 anschlägt, spiegelt die Verwirrung eines ganzen Landes. «Der Bundesanwalt ist der Hüter von Recht und Gerechtigkeit und schützt die Eidgenossenschaft gegen Umsturz. Er ist eine Säule im eidgenössischen Bau. Nun ist diese Säule geborsten», klagt das freisinnige Blatt weiter. Die Schweiz war einer Staatskrise nahe.

Am 12. Juli 1956, morgens um sechs Uhr, läuft in der langsam erwachenden Stadt Zürich eine Kommandoaktion an. Hotelgäste werden aus dem Schlaf geklopft, an verschiedenen Haus- und Wohnungstüren läutet es. Nicht der Milchmann begehrt Einlass. «Bundespolizei», weisen sich die Männer in

Zivil aus, die von einem Kantonspolizisten begleitet werden. Sie durchwühlen Wohnungen, Estriche und Keller, stundenlang, kontrollieren, ob der aufgefundene Wecker nicht ein Zeitzünder sein könnte. Denn die Hausdurchsuchungen sind angeordnet worden wegen Verdachts auf Vorbereitung von Sprengstoffanschlägen algerischer Freiheitskämpfer gegen das französische Generalkonsulat in Zürich. Ausgelöst hat die Grossfahndung offensichtlich der französische Geheimdienst; auf jeden Fall werden den verhörten Schweizern Polizeiakten aus Paris mit Aussagen verhafteter Algerier vorgehalten. Die Aktion erweist sich als kraftvoller Schlag ins Wasser: Zwar unterstützen Linkskreise den «Front de Libération National» (FLN), der seit zwei Jahren einen blutigen Befreiungskrieg gegen die französische Kolonialmacht führt, doch mit terroristischen Anschlägen haben die Schweizer FLN-Sympathisanten nichts zu tun. Der kurze Draht zwischen Bern und Paris hingegen macht viele stutzig.

Eine erste Warnung trägt am 19. Oktober 1956 Berthold Wyler, Leiter der Nachrichtenagentur «Universum Press», Bundesrat Feldmann vor. Er versorgt den energischen EJPD-Vorsteher mit Informationen, wonach der Bundesanwalt mit Attaché Marcel Mercier von der französischen Botschaft in Bern enge Beziehungen unterhalte und allerhand vertrauliche Mitteilungen austausche. Mercier, der als Oberst für den französischen Geheimdienst («Service de documentation extérieure») arbeitet, habe Dubois auch nach Paris gelockt und die Kosten für das nicht kleinliche Programm übernommen. Tatsächlich war der frankophile Dubois in die Seine-Metropole gereist, um die dortigen Polizeieinrichtungen zu studieren. Seine Rechtfertigung des Ausflugs, der die Bundeskasse nicht schröpfte, überzeugt Feldmann. Und da Wyler keine konkreten Quellen für seine Beschuldigungen nennen will, ist «das Vertrauen zum Bundesanwalt nicht zu erschüttern», schreibt die Landesregierung in ihrem späteren Bericht zur Affäre.

Die Gerüchte um die unheilvolle Verstrickung fallen in eine Zeit höchster internationaler Spannungen. Die FLN-Kämpfer sind auch in der Schweiz aktiv und benützen offenbar die ägyptische Botschaft in Bern als Relaisstation nach Kairo, wo sich ihr Hauptquartier befindet. Der unzimperlich bis brutal arbeitende Mercier organisiert die französischen Gegenschläge. Der Oberst, der unter den Decknamen «Le Petit» oder «Von Kluck» operiert, hat insbesondere auszukundschaften, wer Waffen an den algerischen Widerstand liefert und aus welchen Quellen die FLN-Kriegskasse alimentiert wird. Auch hat er – so wird behauptet – die «kommunistischen Rebellen», wie die FLN-Freiheitskämpfer bezeichnet werden, unschädlich zu machen. Ihm werden mehrere Mordanschläge auf FLN-Sympathisanten in der Schweiz zugeschrieben.

Im Sommer 1956 eskalieren diese Scharmützel mit der Suez-Krise, die beinahe zum bewaffneten Konflikt mit kaum kontrollierbaren Folgen ausgewachsen wäre. Der ägyptische Machthaber Gamal Abd el-Nasser spielt mit seiner Politik des «positiven Neutralismus» die Weltmächte USA und UdSSR gegeneinander aus: Von den Sowjets will er Waffen, von den Amerikanern Geld für den Assuan-Staudamm. Als die USA den Kredit nicht sprechen, verstaatlicht Nasser am 26. Juli kurzerhand den Suez-Kanal, der einer internationalen Gesellschaft gehört, und trifft damit in erster Linie Grossbritannien und Frankreich, die nach monatelangem Hin und Her bei Port Said und Port Fouad am Westende der Wasserstrasse Truppen landen lassen. Dass Nasser mit der Blockade des Golfes von Akaba zugleich den Isreali einen wichtigen Zufahrtsweg abschneidet, war für diese der Casus belli, die ägyptische Armee auf der Sinai-Halbinsel vollständig zu vernichten und an den Kanal vorzustossen. Der Druck der Supermächte auf ihre Juniorpartner und der dringliche Appell der Uno vom 9. November verhindern grössere offene Feindseligkeiten, zwingen Grossbritannien und Frankreich zum Rückzug. Am 29. März 1957 fahren zwar die ersten Frachter wieder durch den Suez-Kanal, doch die aufgeheizte Atmosphäre ist noch nicht abgekühlt: Die zeitliche Überlappung der Krise mit der brutalen sowjetischen Intervention in Ungarn weckt das irrationale Gefühl, Moskau versuche, über den Nahen Osten und Nordafrika die westeuropäischen Demokratien einzukreisen und einzuschnüren.

In diesen Sog der Weltpolitik gerät Bundesanwalt René Dubois, der seinen vermeintlichen Freund Mercier mit Informationen über algerische und arabische Umtriebe in der Schweiz (und anderswo) versorgt. Ein unschöner Teil dieser Neuigkeiten stammt aus dem Telefonverkehr der ägyptischen Botschaft, der von PTT-Angestellten in der Berner Bollwerk-Post mitgeschnitten wird. Der misstrauisch gewordene Nasser schickt Mohammed Fahti al Dib, einen langjährigen Nachrichtenmann und Chef des ägyptischen militärischen Geheimdienstes, als neuen Botschafter nach Bern, um erstens die engen Verbindungen zwischen der Bundesanwaltschaft und dem französischen Service de documentation extérieure zu durchschneiden, und zweitens auf die Schweizer Behörden Druck auszuüben, von ihrer einseitigen Haltung im Algerien-Konflikt Abstand zu nehmen. Der Diplomat und Agent beginnt, fingiertes Material durch die undichten Röhren zu pumpen.

Die von den eidgenössischen Instanzen begehrten Informationen über die Virulenz der Kommunisten im internationalen Umfeld bezieht der Nachrichtenjongleur Mercier von der ominösen «Organisation Gehlen», die in Deutschland inzwischen zum offiziellen Bundesnachrichtendienst geworden ist. Gegründet wurde die in Pullach bei München ansässige Spionagezentrale von Generalmajor Reinhard Gehlen, bis 1945 Chef der Abteilung «Fremde Heere Ost» in der Wehrmacht Hitlers und später Mitarbeiter des CIA-Vorläufers «Office of Strategic Services» (OSS). Die «Organisation Gehlen», die sich auf Operationen gegen die Kommunisten spezialisiert hat, wird immer wieder in Verbindung gebracht mit osteuropäischen Emigranten, die gegen ihre Länder im Westen agitieren. In dieses Netz ist die Bundesanwaltschaft verstrickt, nicht passiv als unschuldiges Opfer, vielmehr täglich handelnd. Sogar der britische «Daily Express» argwöhnt, dass der hektische Nachrichtenaustausch ein «ernsthaftes Vergehen» gegen die «strikte Neutralitätsgesetzgebung der Schweiz» sei. Allerdings sind auch die Briten an dieser Pipeline angeschlossen.

Hauptlieferant der Franzosen ist jedoch nicht der kontaktfreudige Dubois, der laut Urteil seiner ehemaligen Mitarbeiter im Umgang mit Ausländern etwas gar unkompliziert auftritt, sondern ein Bundespolizist namens Max Ulrich aus Luzern. Der stramme katholisch-konservative Antikommunist wirkt seit 1936, als die zentrale Polizeitruppe zusammengestellt wurde, gewissermassen als Vertrauensmann der föderalistischen Innerschweizer im immer wieder misstrauisch beobachteten Bundesorgan. Ein Jahr lang beliefert Ulrich, der das Abhören der Telefone der ägyptischen Botschaft leitet, den französischen Geheimdienstobersten Mercier mit geheimem und hochbrisantem, unwissentlich aber auch mit gezinktem Material.

Am 20. Dezember 1956 eilt der Zürcher Rechtsanwalt und Landesring-Nationalrat Alois Grendelmeier, der Exil-Algerier verteidigt, zu Bundesrat Feldmann und präsentiert ihm Erkenntnisse über diesen Informationstransfer «teilweise unwahrscheinlichen, ja abenteuerlichen Charakters». Dubois selbst wird nur am Rande erwähnt. Als am 9. Januar 1957 auch der militärische Nachrichtendienst schriftliche Unterlagen mit präzisen Anschuldigungen gegen Ulrich auf Feldmanns Pult legt, wird die inzwischen bereits eingeleitete Untersuchung forciert. «Jede Bagatellisierung der Sache wäre verfehlt», wies der EJPD-Boss den Bundesanwalt und Friedrich Dick, den Chef der Bundespolizei, bei ihren Ermittlungen an: «Im Zweifel» sei «vorläufig nicht mit den bessern, sondern mit den schlimmern Möglichkeiten zu rechnen». Inspektor Ulrich wird nun von Basler Polizisten, die er nicht kennt, rund um die Uhr beschattet – am 18. März geht er ihnen ins Netz, als er in die französische Botschaft schleicht.

Die Lawine, die am Schluss den Bundesanwalt unter sich begräbt, beginnt am 20. März abzurutschen, als die amerikanische Nachrichtenagentur «Associated Press», die Radiostation Rom und die «Tribune de Genève» berichten, dass eine Untersuchung gegen den in flagranti ertappten Bupo-Mann Ulrich laufe. Das Material zu dieser Indiskretion hat wohl Nasser-Botschafter Fahti al Dib den Medien zugesteckt. Von diesem Moment an folgt im Bundeshaus eine Krisensitzung der anderen:

An einem späten Freitagabend, dem 22. März 1957, werden Bundesanwalt Dubois, Bundespolizei-Chef Dick und weitere engste Mitarbeiter zu Feldmann zitiert, um das Vorgehen gegen Ulrich zu besprechen. René Dubois, der sonst so spontan zupackt, bleibt ungewöhnlich passiv, erklärt sich nach den Strafrechtsbelehrungen durch den Departementsvorsteher jedoch einverstanden, einen Haftbefehl gegen den Bupo-Inspektor zu unterzeichnen. Dubois scheint äusserst nervös zu sein, als die deprimierte Runde gegen Mitternacht auseinandergeht; Feldmann muntert ihn auf.

Am Samstagmorgen weigert Dubois sich plötzlich wieder, die Order zur Arrestierung von Ulrich zu visieren; Bupo-Chef Friedrich Dick muss es schliesslich tun. In die erregten Diskussionen hinein platzt der Wunsch Merciers nach einer dringenden Unterredung mit der Bundesanwaltschaft. Dicks Stellvertreter André Amstein, der später selbst die Bundespolizei leiten wird, stellt den Kontakt in der Berner Innenstadt her. Dort trumpft der französische Geheimdienstler auf: «Les Français ont assez de preuves pour faire sauter le Procureur général.» Offensichtlich glaubt Mercier, mit Druckmitteln gegen Dubois den drohenden Eklat abwenden zu können.

Es kommt anders: Amstein rapportiert die Drohungen. Der Leitungsstab der Bundesanwaltschaft hat eben beschlossen, Feldmann zu informieren, als Dubois ins Büro tritt. André Amstein orientiert ihn über Merciers Versuch einer Nötigung. Dann verlässt Dubois das Bundeshaus. Einer der letzten Menschen, der dem davonhastenden Bundesanwalt begegnet, ist ein «Bund»-Korrespondent, der in seinem Blatt schreibt: «Herr Dubois ist am Samstagvormittag gesehen worden, wie er mit hochrotem Kopf durch die unteren Gassen der Stadt geradezu rannte, mit dem dunklen Ziel, das der staunende Vorbeigehende nicht ahnen konnte...»

Die polizeilichen Nachforschungen bleiben zunächst ergebnislos. Erst gegen Sonntag mittag findet man die Leiche von Dubois auf dem Dachboden des Hauses an der Schosshaldenstrasse 30 a, wo er wohnte. Der sensible Neuenburger hat, so hält der Polizeirapport fest, sich den Lauf seiner Offizierspistole an die Schläfe gepresst und abgedrückt. Kurz nach Verlassen seines Arbeitsortes, samstags zwischen 10.45 und 12 Uhr, muss es geschehen sein. «Verzeih mir, ich bin unschuldig. Man kann keinem Menschen mehr trauen, René», kritzelte er als letzte Botschaft an seine Frau ins Notizbüchlein.

Dubois habe sich wohl zu sehr mit den Franzosen eingelassen, meint sein ehemaliger Mitarbeiter André Amstein, der die Tragödie aus nächster Nähe mitverfolgen konnte, «doch das letzte Geheimnis seines Suizids ist für mich noch immer nicht enthüllt». Der Bundesanwalt habe «nicht nur im Nachrichtenaustausch mit Mercier den legalen Rahmen erheblich überschritten, sondern auch durch Auslieferung interner Aktenstücke eine schwere Verletzung des Amtsgeheimnisses begangen», schreibt der Bundesrat am 28. August 1958 in seinem Schlussbericht zur Affäre. (Der vollständige Untersuchungsbericht, angefertigt vom späteren Bundesanwalt Hans Walder, wird immer noch unter Verschluss gehalten!) Nicht Geld, heisst es, sondern das Freundschaftsverhältnis sei das Motiv von Dubois gewesen. «Das Hauptindiz für die Schuld», muss Feldmann vor dem Nationalrat eingestehen, «bleibt allein sein Selbstmord.»

Nachgewiesen werden konnte dem Romand also nichts Konkretes. Um so deutlicher traten dafür andere Merkwürdigkeiten hervor. Bereits 1953 hatten Zürcher Rechtsanwälte den EJPD-Chef über ihre äusserst handfesten Verdachtsmomente informiert, dass Ulrich französischen «Vertrauensleuten» Geheimakten zustecke. Feldmann bagatellisierte den Fall und verfolgte ihn nicht weiter. War also Dubois das Opfer seines Mitarbeiters Ulrich, der bereits die Wahl seines Intimfeindes an die Spitze des Amtes zu hintertreiben versucht hatte? Oder liess der Bundesrat den obersten Ankläger tief fallen, der innert kurzer Zeit trotz Widerspruchs der zuständigen Departementsvorsteher Untersuchungen gegen den Chef der Zollverwaltung, einen hohen Offizier und EMD-Beamten im Rüstungsbereich sowie gegen einen Halbbruder von Aussenminister Max Petitpierre durchgezogen hatte? In seinen Erinnerungen schreibt ein verstorbener enger Freund von Dubois, einst ebenfalls Chefbeamter der helvetischen Zentralverwaltung, ausser Feldmann seien sämtliche Bundesräte dem Bundesanwalt sehr feindlich gesinnt gewesen. Bereits bei Beginn der Ermittlungen nach dessen Freitod hätten alle versucht, Dubois anzuschwärzen. Auch Untersuchungsrichter Walder habe die Tendenz gehabt, Dubois zu belasten, gewisse Instanzen hingegen reinzuwaschen: «Er hatte eine Pressemitteilung verfasst, in der er erklärte, dass Dubois mit Sicherheit die Regeln des Nachrichtenaustausches verletzt habe, um im nächsten Abschnitt festzuhalten, dass diesbezüglich keine Normen bestünden und somit neue geschaffen werden müssten.» Und ausser Amstein, dem selbst Ambitionen auf das Amt des Bundesanwalts nachgesagt worden seien, habe niemand jene Äusserungen Merciers gehört, die Dubois schliesslich zur Kurzschlussreaktion trieben.

Rechtskräftig verurteilt wurde Bundespolizei-Inspektor Max Ulrich. Die Liste der Dokumente, die er den Franzosen zugereicht hatte, bildet das Arbeitsprogramm des Fahndungs- und Informationsdienstes ab:

- Von März 1956 bis März 1957 alle Monatsberichte der Bundesanwaltschaft mit Angaben zu Waffenhandel, Nachrichtendienst, Ausweisungen, Grenzsperren, Beziehungen ausländischer Diplomaten zu extremistischen Kreisen;
- hundert Fernschreiberblätter mit mindestens 550 Meldungen kantonaler und städtischer Polizeistellen über Ausländer in der Schweiz;
- zehn Polizeirapporte über Ausländer;
- die Fahndungsblätter der Schweiz mit detaillierten Angaben über spionageverdächtige und nationalistische Ausländer;
- den «Rapport du Ministère public fédéral sur les Associations Culturelles Paracommunistes en Suisse Romande» mit einem Überblick über die Kommunisten in der Westschweiz.

Das Bundesstrafgericht verurteilte 1958 Ulrich, der in früheren Jahren bereits dreimal in Disziplinar- und andere Untersuchungen verwickelt gewesen war, zu dreissig Monaten Zuchthaus, Entsetzung von seiner Funktion und zur Nichtwählbarkeit in ein Amt auf die Dauer von zehn Jahren. (Der geschasste Bupo-Fahnder machte sich später noch als Rechercheur für den «Blick» nützlich.) Oberst Mercier schliesslich wurde am 20. Mai 1957 des Landes verwiesen; doch zu dieser Zeit war er bereits wieder im Einsatz – in Köln als Drahtzieher bei den Entführungen von Spitzenleuten der algerischen Opposition aus der BRD nach Frankreich und als Organisator von Sprengstoffanschlägen gegen Waffenlieferanten für den FLN-Widerstand, wie vermutet wird.

Das Schicksal des unglücklichen Dubois ist das eine, der erstaunliche Umstand, dass sogar im Bericht des Bundesrates derart negativ qualifizierte Polizisten wie der ungeschlachte Ulrich – über den die «Luzerner Neuesten Nachrichten» schrieben, er habe schon früher Ehrenleute belästigt und sich «unwürdig, ordinär und bösartig» benommen – auf solch sensible Posten gelangen konnten, ist das zweite. Die grundsätzlichen Aspekte der grössten Spionageaffäre nach dem Zweiten Weltkrieg betreffen die – ramponierte – Neutralität der Schweiz im internationalen Datenaustausch und den Rollenkonflikt des Bundesanwalts.

Der früher zurückhaltende Dubois «fand am polizeilichen Nachrichtendienst einen geradezu passionierten Gefallen», hielt die Landesregierung fest und tönte damit das Dilemma an, das bereits kurz nach dem Suizid des Bundesanwalts vor allem in der Westschweizer Presse formuliert wurde: die Doppelrolle des Bundesanwalts als oberster Ankläger der Eidgenossenschaft einerseits und als höchster Fahnder und Bundespolizist andrerseits. Der Gerichtsmagistrat habe in jeder Hinsicht untadelig und unangefochten zu sein, dem Polizisten hingegen müssten alle Methoden gut genug sein, die zum Erfolge führten – und nicht publik würden.

Die Landesregierung wehrte jedoch den Versuch des liberalen Waadtländer Nationalrats Louis Guisan ab, die beiden

Funktionen auf zwei verschiedene Personen aufzuspalten. Hauptargument des Bundesrates gegen die saubere Trennung war 1958 die Effizienz. Die starke Stellung des Bundesanwalts dürfe nicht durch eine Abkoppelung der Bundespolizei beeinträchtigt werden: «In einem Zeitpunkt, da der Staatsschutz... verstärkt worden ist und der Staatssicherheit infolge der anhaltenden internationalen Spannungen vermehrte Gefahren drohen, darf der polizeiliche Abwehrapparat nicht geschwächt werden.» Immerhin wurde dem Chef der Bundespolizei durch einen neuen Bundesratsbeschluss mehr Autonomie zugestanden, um künftig den Bundesanwalt vor zuviel Wissen und möglichen nachrichtendienstlichen Verstrickungen zu schützen – und vor internen Querelen und Intrigen.

In gleicher Manier wurde auch 1975 die vom Thurgauer Sozialdemokraten Rolf Weber erneut geforderte Entflechtung der so unterschiedlichen, ja zum Teil widersprüchlichen Funktionen des Bundesanwalts abgeblockt: Der Staatsschutz dürfe unter keinen Umständen aufgeweicht werden. Erst im Dezember 1989, nachdem die Parlamentarische Untersuchungskommission (PUK) die gravierenden Missstände in dieser Amtsstelle vor der Öffentlichkeit ausgebreitet hatte, war das Parlament bereit, die beiden Chargen zu trennen und die Bundesanwaltschaft von Grund auf neu zu organisieren. Was den ehemaligen Bundesanwalt Hans Walder zu einer energischen Kritik am «fast skandalösen Entscheid» motivierte: Die PUK habe eine «oberflächliche und unvollständige Darstellung des Trennungsproblems» geliefert, lästerte Walder auf der Leserbriefseite der NZZ. Anzumerken bleibt, dass Walder die früheren Argumentationskataloge des Bundesrates mitverfasst hatte.

Hartnäckig hielt sich die Behauptung, der amerikanische Geheimdienst CIA habe die kommunizierenden Röhren Mercier-Dubois und Mercier-Ulrich zum Bersten gebracht, um die Europäer aus dem Nahen Osten zu drängen und in Ägypten den Einfluss der USA zu festigen. Die Überlegung macht Sinn. Der Pfeil sass jedenfalls tief, auch im schweizerischen Fleisch. Dass die Erkenntnisse des Horchpostens an den Telefonleitungen der ägyptischen Botschaft der Gegenpartei in einem akuten Konflikt zugespielt wurden, stellt eine neutralitätspolitische Todsünde dar, auch wenn Feldmann den Nationalrat beruhigte: «Die in einem Teil der ausländischen Presse sensationell aufgemachten Meldungen, es habe eine Gefährdung oder gar Verletzung der schweizerischen Neutralität stattgefunden und der Bundesrat sei dafür verantwortlich, entsprechen in keiner Weise den Tatsachen. (...) Die Stellung der neutralen Schweiz ist im amtlichen Ausland noch vollkommen intakt.»

Allerdings wurden Dubois' einseitige Optik und Kniefälle vor Paris ausgerechnet von den sozialdemokratischen Blättern gerechtfertigt: Er habe «das Schicksal ganz Europas, vielleicht sogar der weissen Rasse» (!) durch die «Installierung Moskaus in diesem für unseren Kontinent lebenswichtigen Gebiet» bedroht gesehen.

Auf jeden Fall war die Landesregierung zum Erlass neuer Weisungen genötigt, die ihre eigenen Beteuerungen der Unbedenklichkeit des internationalen Aktentausches Lügen strafte. «Von den Grundsätzen der schweizerischen Neutralitätspolitik darf nicht abgewichen werden. Insbesondere dürfen einem fremden Staat keine gegen ihn gerichteten Vorgänge zur Kenntnis gebracht werden, welche schweizerische Interessen nicht unmittelbar berühren», verlangt der Bundesrat von den Bundespolizisten seit 1958.

Der Informationsfluss ins Ausland war damit allerdings noch lange nicht gestaut. Als der Zürcher Jurist Fritz Heeb, damals noch PdA-Mitglied, später Anwalt des sowjetischen Schriftstellers und Nobelpreisträgers Alexander Solschenyzin («Archipel Gulag»), in den 50er Jahren auf einer Frankreich-Reise angehalten und auf den Polizeiposten von Angers gezerrt wurde, sah er dort eine Karteikarte mit detaillierten Angaben zu seiner Person. Er wurde an die Grenze zurückgeschafft. Nach Jahren erfuhr Heeb von einem hohen Beamten, dass über ihn ein Dossier im französischen Innenministerium existiere. «Es enthielt alle Bewegungen», wundert sich Fritz Heeb, «selbst die Reise an einen Juristenkongress in Wien. Solche

Angaben müssen Schweizer Behörden laufend nach Frankreich geliefert haben. Ohne jede rechtliche Legitimation.»

Und andere Bespitzelte erzählen, dass in ihren Fichen bis in die 60er Jahre hinein Solidaritätsaktionen für Algerien minutiös notiert worden seien. Weiterhin zuhanden des französischen Geheimdienstes? Beweise gibt es keine.

VIII
«Auffällige Spaziergänger im Wald sollten gemeldet werden»

*Friedensbewegungen, Atomwaffengegner, Nonkonformisten –
die Schweiz entdeckt neue Staatsfeinde und animiert
Denunzianten*

«Die Müdigkeit, immer wieder die Müdigkeit, das Fehlen jeglichen Kampf- und Pioniergeistes oder doch die resignierende Feststellung, dass er allen anderen fehle.» Mitten in der rasanten Fahrt in den technischen und wirtschaftlichen Fortschritt – 77 Prozent der Stimmbürger plädieren für Atommeiler; gar 85 Prozent wollen die Schweiz auf Autobahnen durchqueren und heissen das Nationalstrassen-Bauprogramm gut – registriert der Autor des Jahrbuchs 1956 der Neuen Helvetischen Gesellschaft (NHG) einen Zeitgeist, der nur noch als laues Lüftchen weht und allein in der helvetischen Enge leise kreist. Die Orientierungsmuster – Landesverteidigung, Antikommunismus, Neutralität, ökonomisches Wachstum und innenpolitischer Konsens – scheinen unverrückbar; keine Kraft testet sie auf ihre Tragfähigkeit hin. «Im 19. Jahrhundert waren wir eine revolutionäre Nation», versucht 1964 der Basler Staatsrechtler Max Imboden in seiner Streitschrift «Helvetisches Malaise» die politische Erstarrung zu lösen, «heute sind wir eine der konservativsten der Welt. Wir selbst verspüren diesen Wandel wenig.» Der Zürcher Literaturprofessor Karl Schmid pflichtet dieser Diagnose einer geistigen Sklerose in seinem Buch «Unbehagen im Kleinstaat» bei.

Obwohl es kaum mehr Kommunisten gibt im Land – kurz nach dem Zweiten Weltkrieg erreichte die PdA bei den Nationalratswahlen ihren Zenit mit 5,1 Prozent Anteil an den Stimmen, vorher und nachher kam sie nie über vernachlässigbare 2,1 Prozent hinaus –, bleibt der Antikommunismus die alles dominierende politische Forderung. Jede Abweichung von der schmal definierten Mitte, jede Kritik am System, jede Frage an die Behörden, jede politische Aussage wird auf den Folien Gut (freiheitlicher Westen) und Böse (dämonischer Osten) bewertet.

Die Sozialdemokraten haben es eilig, sich in dieses Schema der Einheits-Schweiz pressen zu lassen. «Der Angehörige einer politischen Partei ist deshalb in den Augen des Angehörigen einer anderen politischen Partei nicht mehr, wie das noch vor dem Zweiten Weltkrieg oft und in grösserem Masse der Fall war, verdächtig oder sogar geächtet. Zwar bestehen immer noch Schranken. (...) Noch immer spricht man in gewissen, wenn auch verkleinerten Kreisen von den ‹vaterländischen Parteien› oder von den ‹partis nationaux›. Man spricht so in einer gewissen Abgrenzung zur Sozialdemokratischen Partei der Schweiz. Diese Abgrenzung gegenüber der Kommunistischen Partei ist verständlich und auch notwendig. Wenn sie aber in dieser Art und Weise gegenüber der Sozialdemokratischen Partei der Schweiz erfolgt, so drücken sich darin immer noch Ressentiments und mangelnde Selbstkritik aus», reiht der Schaffhauser SP-Nationalrat und frühere Kommunist Walther Bringolf sich im NHG-Jahrbuch von 1956 endgültig in die Konsenskolonne ein, welche die gesamte Strassenbreite beansprucht. Zum Sitz im Bundesrat reichte es dem Schaffhauser Stadtpräsidenten gleichwohl nicht, als im Dezember 1959 die SPS nach dem «Jungbrunnen der Opposition» (wie der 1953 aus Verärgerung über das Scheitern einer Finanzvorlage zurückgetretene Max Weber formulierte) mit Hans Peter Tschudi und Willy Spühler wieder in die Landesregierung einzog – und damit die Zauberformel, die Konkordanz, zum obersten politischen Prinzip der Schweiz machte.

«Keine Ostblockware unter unseren Weihnachtsbäumen», heisst es 1961 nach dem Bau der Mauer durch das DDR-Regime, oder «Jede Weihnachtskugel bezahlt einen Schuss auf einen Berlin-Flüchtling». Eine Flut von Broschüren ergiesst sich über die Schweiz: «Kommunistische Wühlarbeit in den Betrieben», «Moskaus Saat der Gewalt», «Budapest und wir», «Der Dritte Weltkrieg hat längst begonnen»; Max Mössinger, «Pro-Libertate»-Präsident, zieht mit einer Ausstellung «Knechtschaft oder Freiheit» durch die Schulen des Landes;

der Schweizerische Metall- und Uhrenarbeiter-Verband (Smuv) steuert in seiner Schriftenreihe den Werktätigen die Aufklärungsfibel «Von Ungarn bis gestern» bei. FDP-Ständerat Ernst Speiser, Direktor der AG Brown-Boveri & Co. in Baden und Präsident des Vereins Schweizerischer Maschinen-Industrieller, unterstützt eine Aktion zur «Unterbindung des Osthandels», muss sich allerdings vorrechnen lassen, dass die BBC seit Jahren aus den Ländern des Ostens, insbesondere der Sowjetunion, volle Bestellblöcke heimträgt. Vor derart viel Eifer, der dem immer noch wachen Geschäftssinn der Handelstreibenden in die Quere zu kommen und die geforderten Ost-Boykotte als allzu durchsichtiges Doppelspiel zu entlarven droht, muss Bundespräsident Friedrich Traugott Wahlen zur Mässigung mahnen: «Ein entschiedener Widerstand gegen Kommunisten und kryptokommunistische Strömungen in unserem Land... sind wichtiger als Demonstrationen gegen aussen.»

Ein neuer Begriff war geboren – «Kryptokommunist» für kritische Bürger, die keine Kommunisten waren – und ein neuer Feind dazu: Am 18. Mai 1958 sammelte sich in Bern die «Schweizerische Bewegung gegen die atomare Aufrüstung». 140 Personen waren da: rund ein Drittel Sozialdemokraten, auch engagierte Christen (zu den hauptsächlichen Promotoren gehörte der führende Basler Theologe Karl Barth) und besorgte Naturwissenschafter. Organisiert hatten die neue Opposition der Berner Regierungs- und Nationalrat Fritz Giovanoli (SPS) und der einstige Trotzkist und Publizist Heinrich Buchbinder, der mit dem Sozialistischen Arbeiterbund (SAB) damals links von der Sozialdemokratie, jedoch in deutlicher Distanz zur PdA, politisierte. Auftrieb und öffentliche Beachtung verschaffte der Bewegung ein Appell des Urwalddoktors Albert Schweitzer zum Verzicht auf jede atomare Bewaffnung. Dieses Ziel sollte für die Eidgenossenschaft mit einer Volksinitiative erreicht werden.

Anfang Mai hatte Buchbinder die Einladungsschreiben zur Gründungsversammlung verschickt; alle Briefe steckte er, listenreich und im Umgang mit der Politischen Polizei erfahren, mit dem Falz nach oben in die Kuverts. «Pünktlich kam die Post an, ich habe es kontrolliert», kann er sich heute noch über den gelungenen Trick freuen, «aber alle Einladungen lagen nun mit dem Falz nach unten in den Umschlägen, wie es ja üblich ist.» An der Berner Versammlung und anderswo habe er deshalb jeweils betont freundlich auch die spitzelnden Polizisten begrüsst: «An sie hatten wir uns im penetranten Ungeist jener Zeit, als die platte Stammtischmentalität regierte, fast gewöhnt.»

Die «Spiesser», so schmäht Buchbinder das Heer der Schnüffler, Registrierer und Zudiener, hörten regelmässig das Telefon ab («Ich habe die Beweise!»), intervenierten bei mindestens einem Arbeitgeber mit der dringenden Empfehlung auf Entlassung und sichteten den gesamten Briefverkehr: «Einmal lag meine ganze Korrespondenz in einem braunen C4-Kuvert der Nachrichtenabteilung der Zürcher Polizei in meinem Postfach. Ich habe den Mitlesern ihr Hilfsmittel wieder zurückgegeben.»

Die überwachten Pazifisten nahmen zwar ein verbrieftes Recht wahr. Doch sie bewegten sich in Konfrontation zur offiziellen Doktrin von Armee (die einen Artillerieoberleutnant einzig wegen seiner politischen Gesinnung zur Disposition stellte) und bürgerlicher Mehrheit – und damit waren sie Staatsfeinde. Die Bundesanwaltschaft bestätigte gut dreissig Jahre später indirekt die Überwachung dieser Gruppen: «Die Aktivitäten der Neuen Linken begannen 1959 mit den Märschen für Frieden und gegen Atombombenversuche. 1967/68 erreichten sie ihren Höhepunkt. In der Schweiz trat die Neue Linke zunächst innerhalb der Ausserparlamentarischen Opposition auf. (...) Alle diesbezüglichen Dossiers fallen in die für Staatsschutzakten zwingend vorgeschriebene 35jährige Sperrfrist und können deshalb nicht freigegeben werden», blockte sie ein Einsichtsbegehren des Verfassers in alte Akten ab.

Die Folgen der Überwachung bekam die neue Opposition zu spüren, als sie am 5./6. Juli 1958 in Basel den «Europäischen

Kongress gegen die atomare Aufrüstung» abhalten wollte. «Ausländische Kreise», begründete der Bundesrat sein Verbot der Veranstaltung für den Frieden, bemühten sich um die «Verhinderung der Abgabe an solche Länder, die noch keine Atomwaffen besitzen, also auch an die Schweiz». Das komme, folgerte die Landesregierung, bei der Rüstung einer klaren Einmischung in die inneren Angelegenheiten der Eidgenossenschaft gleich. «Ausländische Kreise», welche die Wehrbereitschaft zu unterminieren trachteten, waren etwa der Brite Bertrand Russell, Naturwissenschafter, Philosoph und Nobelpreisträger, oder der deutsche Dichter Erich Kästner sowie Theologen und Physiker.

Am 11. Juli 1958 ging der Bundesrat in die Offensive und verkündete, dass er Auftrag erteile für konkrete Studien zur Ausrüstung der Armee mit nuklearen Waffen: «In Übereinstimmung mit unserer jahrhundertealten Tradition der Wehrhaftigkeit ist der Bundesrat deshalb der Ansicht, dass der Armee zur Bewahrung unserer Unabhängigkeit und zum Schutze unserer Neutralität die wirksamsten Waffen gegeben werden müssen.» Das war damals auch die Meinung der Mehrheit der Militärs; nur einzelne weitblickende Generäle wie Oberstdivisionär Alfred Ernst, später Kommandant des Feldarmeekorps 2, wagten eine oppositionelle Haltung. Negative ausländische Reaktionen zwangen indes den grosssprecherischen Bundesrat bereits nach einem Monat zu «Präzisierungen», wie er seinen kleinlauten Rückzieher verbrämte: Es gehe nur um die Abklärung eventueller Möglichkeiten einer nuklearen Bewaffnung der Schweizerischen Armee.

Gleichwohl war die argumentatorische Kampflinie für die Abstimmung vom 1. April 1962 über die Atom-Initiative I, die ein Verbot der Herstellung, Lagerung, Durchfuhr und Anwendung von atomarem Kriegsgerät verlangte, klar: Atomgegner gleich Pazifist gleich Kommunist. So schärfte am 19. März 1962 Major Sigmund Widmer, Stadtrat und nachmaliger Nationalrat des Landesrings, der Allgemeinen Offiziersgesellschaft Zürich und Umgebung nochmals ein, dass die linkssozialistischen bis kommunistischen, die «pfarrherrlichen», pazifistischen und von Wissenschaftern getragenen Strömungen letztlich «alle Wasser auf die Mühlen der Kommunisten» leiteten. Und er rechnete den preisbewussten Schweizern das attraktive Kosten-Nutzen-Verhältnis von Atomwaffen vor: «Auch finanzielle Bedenken sind unbegründet, weil Kernmunition, bezogen auf eine bestimmte Wirkung, ungleich billiger zu stehen kommt als konventionelle.» Major und NZZ-Redaktor Ernst Bieri rundete die Argumentationspalette mit virilen Urängsten ab: «Die Initiative ist eine psychologische Entwaffnungsaktion, die sich hinter dem Rauchschleier sittlicher Entrüstung tarnt.»

Die NZZ wütete in den letzten Tagen vor dem Urnengang gegen «Pfarrherren, die dem leibhaftigen Antichrist im Kreml in die Hände arbeiten», gegen «naive» Idealisten und – wieder einmal – gegen kryptokommunistische Helfershelfer: «Nach Kräften geschürt von kommunistischen Drahtziehern, die sich geschickt im Hintergrund halten, wurde eine Atomtod-Kampagne ausgelöst, deren einziger Zweck die Selbstentmannung einer bereits als ‹dekadent› verschrieenen freiheitlichen westlichen Gesellschaft ist.» Eine demokratische Ausmarchung wurde zur Gretchenfrage nach dem Bekenntnis zum Staat hochstilisiert. Die Strategie gegen die neue Opposition Intellektueller hatte die PR-Agentur Dr. Rudolf Farner entworfen, die Medien mitunter auch mit Anzeigenboykotten drohte. Direktor dieses Unternehmens war Gustav Däniker, einer der vehementesten Befürworter der atomaren Bewaffnung und später als Stabschef Operative Schulung einer der strategischen Vordenker im EMD.

Vier Kantone (Tessin, Waadt, Neuenburg und Genf) und 290 000 Stimmbürger (34,8 Prozent) votierten dennoch für den Vorstoss der Bewegung. Fast 38 Prozent der Stimmberechtigten und als zusätzlicher Stand Basel-Stadt hiessen im Jahr darauf die nach der Lancierung des ersten Volksbegehrens eilig hingeworfene Kompromissformel der Sozialdemokraten gut, die in der Kern-Frage wieder einmal zutiefst gespalten waren. Laut dieser Atom-Initiative II hätte jede Atombewaffnung obligatorisch per Referendum dem Volk vorgelegt werden müssen.

Sechs Jahre später waren die Forderungen der «Staatsfeinde» mit dem Vertrag über die Nicht-Verbreitung von Nuklearwaffen (Non-Proliferation) internationales Recht geworden, dem die Eidgenossenschaft nach langem Zögern sich schliesslich 1977 ebenfalls zu unterwerfen hatte. 1969 wurden die gegen die «verführten Jugendlichen», welche «pazifistischen Ammenmärchen» aufgesessen seien, vorgerollten schweren Kanonen wieder in die Remise geschoben – mit deutlich weniger Geräusch allerdings. Statt A-Bomben für die Generäle gab's nun Atommeiler für die Wirtschaft.

Trotz des letztlich irrationalen (oder akademischen) Streits um die «entscheidende Waffe», so ein Farner-Inserat zur Atom-Initiative II, in der Faust des Schweizer Soldaten, hat sich eine neue Protestbewegung formiert: Hunderte von vorwiegend jungen Menschen machen sich ab 1963 auf die Ostermärsche; sechzig Kilometer von Lausanne bis Genf werden in jenem Jahr über die Feiertage zurückgelegt. Mit dabei sind legendäre Figuren der Friedensbewegung wie Max Dätwyler mit seiner weissen Fahne oder Arthur Villard, Lehrer in Biel und Dienstverweigerer, der später als SP-Nationalrat und verhindertes Mitglied der Militärkommission für Aufsehen sorgen wird – und natürlich die Polizeispitzel. «Auf den Bäumen hockten sie», berichtet ein Teilnehmer, «und fotografierten die Marschierer. Wir winkten ihnen zu.»

Die Hexenjagd verträgt sich schlecht mit der lebendigen Demokratie und den freiheitlichen Idealen. Der Widerspruch im Staatsverständnis wird jedoch nicht von den marginalisierten Kommunisten oder den integrierten Sozialdemokraten formuliert, sondern von einem Kreis linksliberaler Intellektueller, Schriftsteller, Publizisten, den sogenannten Nonkonformisten, die vor allem in der «Blauen Presse» zu Wort kamen. Dieses Etikett zeichnete die progressiven Blätter «Zürcher Woche», «National-Zeitung», «Neutralität» und «Weltwoche» aus. Max Frisch, Markus Kutter und Luzius Burckhardt entwerfen Alternativen zur Selbstbespiegelung «Expo 64», der Landesausstellung in Lausanne. Mitte der sechziger Jahre kann in der «Zürcher Woche» Roman Brodmanns Vision «Schweiz ohne Waffen» erscheinen. Die Dichter und Schriftsteller Friedrich Dürrenmatt, Otto F. Walter, Paul Nizon, Walter Matthias Diggelmann oder Walter Vogt, der Filmemacher Alexander J. Seiler oder Publizisten wie Jean-Rodolphe von Salis, Arnold Künzli und Hans Fleig gehörten zu dieser lokkeren, heterogenen und vom Geist des Widerspruchs beseelten Gruppierung. Hans Fleig, zutiefst resigniert, hat einige Jahre später die Nonkonformisten-Bewegung und deren Scheitern reflektiert: Sie sei weniger als Sauerteig im homogenisierten helvetischen Backgut genossen, denn als moskowitische Zersetzung verdammt worden. Der sozialdemokratische Bundesrat Willy Spühler brach 1967 an seiner 1.-August-Ansprache in Montreal den Stab über den Abweichlern: Der Nonkonformismus sei eine Gefahr, weil er die Verschiedenheit auf Kosten des Einigenden übertreibe. Die freiheitlich-demokratische Lebensform, «die der geistigen Haltung des Schweizers von jeher entspricht», bedürfe eines starken Zusammengehörigkeitsgefühls des ganzen Volkes. Bauer und Arbeiter, Intellektuelle und Angestellte müssten «ein Gefühl der Geborgenheit» in ihrem Land empfinden, das durch die Gleichrichtung des Denkens garantiert werde: «Von diesem Gleichmass und dieser Übereinstimmung ist heute viel die Rede in unserm Land. Man spricht von Konformismus, und in Umkehrung der historischen Erfahrung sieht derjenige, der sich als Nonkonformist bezeichnet, in der Gleichrichtung von Denken und politischer Haltung eine Bedrohung der schweizerischen Existenzberechtigung. Wir teilen diese Sorge nicht.» Vom fernen Kanada aus diffamierte der Aussenminister die einheimischen Intellektuellen als schlechte Patrioten.

Diese hochoffizielle kalte Dusche für alle, die sich von der Gehorsam fordernden Helvetia abnabeln wollten, erregte Aufsehen, vor allem weil ein Sozialdemokrat den unbedingten Patriotismus verordnete. Ein halbes Jahr später korrigierte sich Spühler, der «Lord von Aussersihl», in seiner Präsidialansprache vom 1. Januar 1968 ganz leicht, um seine Denkart freilich nur noch mehr zu entlarven. Er begrüsse die kritische Presse, meinte er ganz gouvernemental, «sofern sie primär der Bereicherung des Volkes, nicht ihrer Besitzer dient, zu ihrer grossen und würdigen Aufgabe der Vermittlung zwischen Regierung und Volk». Dass Andersdenkende für die Demokratie geradezu eine Lebensnotwendigkeit bedeuten, hatte im obrigkeitsstaatlichen Denken der neuen Teilhaber an der Macht keinen Platz mehr.

Die «Nonkonformisten» waren gläubige Patrioten, erfüllt vom Gedanken, dass die kleine Schweiz mit Ideen der Welt das Beispiel geben müsse: für einen Globus ohne Waffen zum Beispiel. Mit neuen Themen suchten sie, die Erstarrung zu lösen; Tabu-Zonen sollten ins öffentliche Gerede kommen. Solches allerdings genügte bereits zum Prädikat «Nestbeschmutzer», «schlechter Patriot» und – «Kryptokommunist».

Es war die Zeit, als der russische Violinvirtuose David Oistrach nicht an den Zürcher Juni-Festwochen auftreten durfte (1961), als die Bevölkerung vor Konzerten des Chors der Roten Armee geschützt wurde, als Rolf Hochhuths Stück über die Rolle der Kirche zur Zeit des Nationalsozialismus («Der Stellvertreter») in Basel rabiate Reaktionen weckte und in Zürich gar nicht gespielt wurde, als der Kabarettist Alfred Rasser in der Rolle des HD Läppli von Offiziersgesellschaften der Verunglimpfung der Armee bezichtigt wurde und unter Saalboykotten zu leiden hatte; die Zeit, als die Aufnahme von Journalisten und Redaktoren kommunistischer Zeitungen in den Verein der Schweizer Presse als Unterhöhlung «der Freiheit, Unabhängigkeit und Würde der Schweizer Presse» massiv kritisiert wurde (1965). Bürgerliche Kreise versuchten, diesen «enttäuschenden und bedauerlichen Entscheid» rückgängig zu machen.

Es war aber auch die Zeit, als die Schweiz zum beliebten Reiseziel von Spionen wurde – aus dem Osten, jene aus dem Westen galten mitunter gar als befreundet und arbeiteten eng mit der Bundesanwaltschaft zusammen (siehe Kapitel VII). Die ab und zu aufgedeckten Fälle konnten bei den vom Aktivdienst geprägten Eidgenossen tatsächlich neue Ängste wecken: 1958 meldete sich bei der Schweizer Botschaft in Prag ein Otto Schwarzenberger und erzählte die Geschichte, er sei gar kein richtiger Tscheche, sondern ein Schweizer, unehelicher Sohn der Baltensberger Emma aus Brütten bei Winterthur, die vor Jahrzehnten in den Osten ausgewandert sei. Er begehre nichts so sehr wie einen Schweizer Pass und zusammen mit seiner Frau Eva die Rückkehr in die Heimat. Die Biographie liess sich soweit überprüfen, dass in der Tat eine Emma Baltensberger in die Tschechoslowakei emigriert war, und so kam das Ehepaar mit zwei Kleinkindern am 19. Januar 1959 nach Zürich; Otto Schwarzenberger sass als Bürolist bei Lindt&Sprüngli seine Stunden ab und verbesserte sich bald in die Betriebsbuchhaltung des Bührle-Konzerns. Im November 1959 wurde er nachrekrutiert, und die auf dem Fragebogen unter dem Stichwort «Gesinnung» eingetragenen drei helvetischen Gütezeichen «demokratisch, antitotalitär, vaterländisch» öffneten dem Mann die Türe zu einer geheimen Spezialabteilung des Armeestabes: Als HD übersetzte er dort Meldungen in tschechischer, russischer oder polnischer Sprache. Knapp zwei Jahre später aber flog auf, dass die angeblichen Heimwehschweizer sich als Agenten betätigten und eine im Wald vergrabene Funkanlage betrieben. Die Bundespolizei observierte das Ehepaar samt Helfern der tschechischen Botschaft in Bern, bis die Beweise vorlagen. Otto Schwarzenberger wurde zu zwölf, seine Frau zu sechs Jahren Zuchthaus verurteilt. Einen tschechischen Diplomaten tauschte man gegen zwei Schweizer aus, die in Prag festgehalten wurden. Der Oberauditor, Oberstbrigadier René Keller, benützte den Prozess in Aarau, um nochmals einzuschärfen: «Es ist Sache jedes einzelnen Schweizers, Augen und Ohren offenzuhalten und die für unser Land so gefährliche Tätigkeit rechtzeitig zu entdecken und zum Scheitern zu bringen.» Und «Heer und Haus»-Offiziere erschreckten als von Kaserne zu Kaserne ziehende Wanderprediger die Rekruten, indem sie eine Karte der CSSR aufspannten und mit kleinen Kreuzchen all die angeblichen Ausbildungslager der fremden Kundschafter markierten: Tief in den Wäldern versteckt seien die Spionageschulen, in denen den angehenden Nachrichtenlieferanten und Infiltreuren gar schweizerdeutsche Dialekte eingepaukt würden. Misstrauen gegenüber allzu neugierigen Kameraden sei darum angezeigt.

Es war eine Zeit, in der ein Bundesrat oberster Chef der Politischen Polizei war und den Staatsschutz garantierte, der für ein autoritäres, obrigkeitliches Staatsmodell stand: Ludwig von Moos, Jahrgang 1910, Katholisch-Konservativer aus dem obwaldnerischen Sachseln, Jurist. Seit 1960 regierte er als Vorsteher des Justiz- und Polizeidepartements mit. 1962 verteidigte er eine Intervention gegen den Film «Tu ne tueras point». Ein Jahr zuvor hatte Bundesanwalt Hans Fürst höchstpersönlich bei zwei Filmverleihern vorgesprochen, um das Schweizervolk von der französischen Produktion fernzuhalten. Zum schliesslich erfolgreichen Druckversuch ausserhalb gesetzlicher Normen gegen das antimilitaristische, pazifistische Werk kam es, weil der Film auch bei weitestgehender Auslegung sich nicht unter den Titel «staatsgefährdendes Propagandamaterial» rubrizieren und beschlagnahmen liess. Fürst befürchtete eine «Beeinflussung» der kritiklosen Masse. «Der Film ist gesamthaft sicher ungut. Seine Tendenz ist nicht gut», verteidigte von Moos den über den gesetzlichen Rahmen hinaus drängenden Eifer seines Chefbeamten vor dem Nationalrat. Diese lakonische Filmkritik genügte den meisten Volksvertretern. Zwei Jahre zuvor hatten sie sich noch bedeutend kritischer gebärdet, als der Bundesrat den vorschnellen Entscheid der Bundesanwaltschaft stützte, den Streifen «Wege zum Ruhm» zu verbieten. Der gegen das mörderische Karrieredenken von Generälen zielende Film tangiere wegen seiner «antifranzösischen» Tendenz die Neutralitätspolitik der Schweiz, lautete die gewundene offizielle Begründung der Zensur; die eigene Angst vor antimilitaristischen Regungen dürfte aber das näherliegende Motiv gewesen sein. Selbst für die Geschäftsprüfungskommission des Nationalrats, die gegen das Verbot opponierte und sich ein eigenes Urteil bilden wollte, wurde keine Ausnahme von der bundesanwaltschaftlichen Massnahme gestattet! Schliesslich konnte sie das künstlerisch und in seiner menschlichen Aussage allseits anerkannte Werk in Lugano in einer öffentlichen Aufführung ungekürzt visionieren...
Massiv unter Beschuss geriet der eher betulich agierende von Moos allerdings erst gegen Ende seiner Amtszeit, als er

1969 dem Schweizervolk die unsägliche Fibel «Zivilverteidigung», hauptsächlich verfasst vom schillernden späteren Geheimdienstobersten Albert Bachmann, zumutete. Darin nützen «Adolf Wühler» und der intelligente, fähige, aber frustrierte «Erich Quiblinger raffiniert und gewissenlos Ideale» aus, gründen zur Unterminierung des Staates die «Fortschrittliche Friedenspartei» mit dunkeln Querverbindungen zu «Zellen» wie der «Volkstanzgruppe Südquartier» und dem «Hilfswerk für gefährdete Jugendliche». Die Liste «verräterischer Parteien» und staatsfeindlicher Aktionen zeigt eine Übersicht über die oppositionellen Bewegungen der 60er Jahre: Atomtod-Kampagne, Waffenplatzgegner, Friedensgruppen, Kritiker an Militärbudgets und Vortragsredner zum Thema «Du sollst nicht töten». Das Überwachungs- und Abwehrdispositiv der Staatsschützer war sichtbar geworden. Es hagelte Proteste gegen die Stigmatisierung von politisch Aktiven, Querdenkern und Kritikern. «Zuvielverteidigungsfibel» wurde die in alle Briefkästen des Landes gesteckte Anleitung zum totalen Misstrauen bald verspottet.

Die Gelassenheit, mit der von Moos auf die unzimperlichen Angriffe von linker und liberaler Seite reagierte, mochte mit seinem phlegmatischen Naturell zusammenhängen, das ihn nach dem Mittagessen lange in gemütlichen Jassrunden festhielt und ihn keineswegs zu Amtshandlungen drängte. Zu Beharrungsvermögen motivierte aber auch die im EJPD-Büchlein verbreitete Behauptung, dass alle Angriffe auf Magistraten stets auf das staatliche Gefüge selbst zielten, um es zu schwächen und zum Einsturz zu bringen. Dies liess den biederen Bundesrat den Hagel von Schimpfwörtern, Tomaten, Zwiebeln und Eiern, wie er ihn etwa in Basel auszustehen hatte, äusserlich ungerührt ertragen. «Der Plan des Feindes: Er treibt einen Keil zwischen Volk und Behörden», weiss «Zivilverteidigung» auf Seite 260: «15. Januar. Den Bundesrat lächerlich gemacht.»

Zur gleichen Zeit, als von Moos den hilflosen Versuch startete, mit veralteten Konzepten die neuen Probleme, die besorgte Bürger artikulierten, zu lösen, holte den nett-zurückhaltenden Mann die Vergangenheit ein. Die Zeitschrift «neutralität» hatte in alten Nummern des «Obwaldner Volksfreundes» geblättert, wo Ludwig von Moos zwischen 1935 und 1942 (in seinen Lebensjahren 25 bis 32) alleinverantwortlicher Redaktor war. «Herr Dr. Goebbels kann versichert sein, dass wir innigst beten, der Herrgott möge den Bolschewismus nicht über ganz Europa hereinbrechen lassen», wurde da noch am 21. Februar 1942 abgedruckt, als sich das Kriegsglück der Hitler-Armeen an der Ostfront bereits zu wenden begann. Während Jahren feierte das Alpenblatt die Urkraft der Bauernschaft, die nichts unterlassen werde, um die Schweiz «wieder frei zu machen von modernen Vögten und auch von volksfremden, kommunistisch und freimaurerisch angehauchten Schreiberlingen» – und von den Juden: «Wo Juden ernstlich Fuss fassen, wächst für die Christen wenig Gras mehr, weil sie weniger zusammenhalten und nicht so mitleidlos sind.» Die antisemitische Passage war kein Einzelfall im « Obwaldner Volksfreund», der im gleichen Jahre 1937 sich über «Tagungen des Weltjudentums» in Zürich ereiferte und das gewährte Gastrecht bedauerte. Die von Italien überfallenen «Abessinier, die in ihrer Gesamtheit kein wirkliches Kulturvolk darstellen», verdienten sentimentales Mitleid nicht. Wirkliche Werte machte das von Vomoos Ludi, wie seine Landsleute den jungen Juristen riefen, geleitete Blatt hingegen bei der SS aus: Hitlers Totenkopf-Verbände seien «eine ausgesuchte und hervorragende Polizeitruppe, die nur körperlich und geistig gewecke Leute und politisch einwandfreie Männer in ihren Reihen hat». Dies braune Lied wurde 1936 gesungen.

Nun waren deratige Affinitäten zu fröntlerischem Gedankengut keineswegs eine individuelle Spezialität des so ruhigen Mannes aus Sachseln. Er war Obmann beispielsweise des Jungkonservativen Bundes Obwalden (JKBO), der sich 1934 mit folgendem Programm gefunden hatte: «Er lehnt den politischen, wirtschaftlichen und kulturellen Liberalismus und Marxismus in allen Formen und Auswirkungen ab. (…) Er will einen organischen Aufbau des Staates unter Berücksichtigung der natürlichen Gemeinschaften (Familie, Berufsstand).» 1935 unterstützten die Jungkonservativen als ständisch-korporativ gesinnte Gruppe die Volksinitiative der Fronten zur Umgestaltung der Schweizer Demokratie (Motto: «Ein neues System braucht neue Menschen»). Obwalden stimmte der nazistischen Vorlage (siehe Kapitel IV) zu. Viele Katholiken, fasziniert von der Verbrüderung der Kirche mit der Mussolini-Diktatur (Papst Pius XI. begrüsste den Duce als den Mann, «den uns die Vorsehung schickte»), hielten die Zeit gekommen für eine gründliche Restauration und machten aus ihren Sympathien für die faschistischen Regimes kein Hehl. Noch Anfang der 70er Jahre dozierten Geschichtslehrer an katholischen Innerschweizer Gymnasien nach einer «Geschichte des Abendlandes», welche die «christlich-autoritären» Regierungen von Antonio de Oliveira Salazar in Portugal und von Generalissimus Francisco Franco in Spanien, der «christlich-kulturelle Ziele hat», nicht verurteilen mochte: Diktaturen, die «bewusst echt ethische und tiefere kulturelle Ziele» hätten, könnten nötig sein.

Ludwig von Moos stritt die Autorschaft der antisemitischen Leitartikel nicht ab; er wurde, ohne dass er sich selbst zu Wort melden musste, von allen Seiten fürsorglich eingebettet. Der «Obwaldner Volksfreund» konterte die Attacken mit der peinlichen Naivität, von Moos sei «sich stets treu geblieben». Dies stimmt vor allem dann, wenn Mitläufertum herausstechendes Merkmal des Magistraten war. In eine Falle tappte sein Departement mit der linkischen Verlautbarung, «die zitierten Sätze» seien «aus dem Gesamtzusammenhang der damaligen Zeit und der historischen Realität gerissen». Hastig lieferte es eine Textpassage nach, in der die Übergriffe der Nazis gegen Juden in der «Reichskristallnacht» verurteilt wurden. Die Urheberschaft der kompromittierenden Artikel aber wurde nicht in Abrede gestellt. Die Konservativ-christlichsoziale Partei, wie die Christlich-demokratische Volkspartei (CVP) bis 1971 hiess, begnügte sich mit der Erklärung, diese und ähnliche Vorwürfe seien bereits 1959 anlässlich der Wahl des damaligen Obwaldner Ständerats in die Landesregierung erhoben und zurückgewiesen worden. Was aber nicht zutraf und somit als Verteidigung des obersten Staatsschützers der 60er und ersten

70er Jahre nicht taugte. Und wenn heute der ehemalige Parteisekretär Urs C. Reinhardt in einem Leserbrief der «Weltwoche» behauptet, «Ludwig von Moos hat keine solchen Artikel verfasst oder veranlasst», so fehlen für diese Aussage sämtliche Beweise. Vor gut dreissig Jahren jedenfalls warben zahlreiche Katholisch-Konservative um «Verständnis» für den früheren «Volksfreund»-Schreiber...

Von Moos allerdings profilierte sich als Chef des EJPD eher als Verhinderer von Reformen denn als Scharfmacher gegen Linke – auch wenn er zwischen 1961 und 1970 immerhin 636 politisch nicht genehmen ausländischen Politikern und Künstlern die Einreise und die Redeerlaubnis verweigerte; damit setzte er freilich nur eine unschöne Tradition fort. Und als 1968 die Interkantonale Mobile Polizei (IMP) geschaffen werden sollte, befürwortete er zwar entschieden die geplante neue 600-Mann-Truppe. Den repressiven Charakter des behördlich verlangten Instruments betonten in der aufgewühlten Stimmung nach den studentischen Protesten aber andere: «Drahtzieher, denen es um die systematische Zerstörung der staatlichen Ordnung geht», hatte der wortgewaltige Thurgauer National- und spätere Regierungsrat Hanspeter Fischer ausgemacht. Der evangelische Zürcher Abgeordnete Heinrich Schalcher war «zweifelsfrei überzeugt, dass die Protestbewegung zentral, sogar weltweit eingeheizt und gesteuert» werde. Die Schaffung eines neuen Ordnungsinstrumentes für «Disziplin und Ordnung» sei deswegen unumgänglich. Bundesrat von Moos selbst hielt sich bei diesem Kesseltreiben zurück.

Die Motive für die breite Kontestationsbewegung der Jugend Ende der 60er Jahre hat er aber wie die meisten anderen Politiker wohl auch nicht verstanden. Rassenprobleme in den USA, der unselige Vietnamkrieg und die als «oligarchisch» und autoritär kritisierten Bildungs- und Staatsstrukturen lösten in fast allen westeuropäischen Ländern eruptive Studentenproteste aus, die örtlich unterschiedliche Beweggründe, über die Grenzen hinweg jedoch die gleiche Stossrichtung hatten: Emanzipation des Individuums vom repressiven Staat und seiner verwandten Organisationen, Befreiung der Dritten Welt von den ausbeuterischen Kolonialmächten, Kreativität als Gegenpol zur Macht, Auflösung von Herrschaftsstrukturen, Kritik am «Establishment», Einsatz für Selbstbestimmungs- und Menschenrechte. An der Limmat trägt die Fortschrittliche Studentenschaft Zürich (FSZ) die Bewegung. Im April 1968 tritt der deutsche Studentenführer Rudi Dutschke bei ihr auf; Thema ist die Studienreform. Am 15. Mai rufen die in der FASS organisierten «Fortschrittlichen Arbeiter, Schüler und Studenten» zu einer Demonstration; im Nachgang zu dieser Kundgebung wird das leerstehende «Globus»-Provisorium in der Nähe des Hauptbahnhofs als «Autonomes Zentrum» besetzt. Am 29./30. Juni liefern Demonstranten und Polizei sich die schwersten Strassenschlachten in Zürich seit den dreissiger Jahren: 41 Personen werden verletzt; 169 Jugendliche wandern in polizeilichen Gewahrsam. Die Stimmung nach den Jahren der politischen Lethargie ist innert Tagen auf dem Siedepunkt. Der Zürcher Stadtrat erlässt ein allgemeines Demonstrationsverbot.

Um die komplexen Leitgedanken und die Ziele der von der «Gesellschaft» zutiefst Enttäuschten kümmert sich kaum jemand, zur Hand genommen werden vielmehr alte Schablonen. «Marionetten an nicht mehr so unsichtbaren Fäden» sichtete der berufsmässige Antikommunist Peter Sager, Leiter des Ost-Instituts in Bern, obschon er in seiner Postille «ZeitBild» eingestehen muss, «dass gerichtsfähige Beweise für solche Verbindungen fehlen». Über mangelnde Belege hilft die Generalanalyse hinweg: «Diesen Formationen nicht durch getarnte Fäden organisatorische und materielle Hilfe zukommenzulassen, wäre ein grosser Fehler Moskaus und Pekings.»

Für die Staatsschützer sind die Studentenunruhen «Ausgangspunkt der anarchistisch-terroristischen Aktivitäten». Dies erklärt zehn Jahre später Peter Huber, damals der zweite Mann der Bundespolizei, in seinem Geheimvortrag «Pilatus». Die Forderung nach einem «Autonomen Jugendzentrum» habe die Aktionen gegen die Polizei ausgelöst. «Die Exponenten der FSZ und der Jungen Sektion PdA hatten sich schon seit geraumer Zeit mit dem Problem der theoretischen Revolution und der gewaltsamen Provokation befasst und sich dabei vom Muster des Sozialistischen Deutschen Studentenbundes (SDS) leiten lassen», fasste Huber die gesammelten Erkenntnisse der Politischen Polizei zusammen. Aus den Eskalationen herausgewachsen seien in der Folge «verschiedene linksextreme Gruppierungen, die vor allem in Zürich mittels Demonstrationen und Protestkundgebungen für Schlagzeilen sorgten: Aktionen der ‹Autonomen Republik Bunker›, Krawalle anlässlich der Maifeiern, Besetzung der Häuser an der Venedigstrasse, Heimkampagne!» Von diesen Aktivitäten habe der Weg «zur Bildung eines harten Kerns von Polit-Kriminellen» geführt, «deren erklärtes Ziel der gewaltsame Umsturz des bestehenden politischen, wirtschaftlichen und sozialen Systems in unserem Lande war». Die entscheidenden Einflüsse ortete Huber in Südamerika (Tupamaros, Che Guevara), in China (Mao) und in der Bundesrepublik, wo linke Terrororganisationen (Rote Armee Fraktion, RAF) aufgebaut wurden. Der führende 68er (und Stadtratskandidat) André Chanson habe 1971 das baldige Erscheinen von Stadtguerillas in der Schweiz prophezeit. Die Gewalttätigkeit der revoltierenden Söhne sah der Spitzenpolizist mit Sprengstoffanschlägen auf Polizeigebäude, Banken und Niederlassungen amerikanischer Unternehmen bewiesen, die «fast durchwegs Angehörigen linksextremer Gruppen, teils ausländischer Provenienz», zugeschrieben werden müssten.

Am 29. Juni 1968 besetzen die Béliers, Kampforganisation der separatistischen Jurassier, das Statthalteramt Delémont. Der seit langem schwelende Konflikt um die Schaffung eines Kantons Jura spitzt sich zu. Im Oktober enthüllt die «Weltwoche», dass seit Juli Truppen auf Pikett stehen; vor dem «Fest des Jurassischen Volkes» fasst das Panzerregiment 8 scharfe Munition: 40 000 Schuss Gewehrmunition, 949 Handgranaten und 832 Tränengasgranaten. Nach massiver öffentlicher Kritik am geheimen Auftrag an die Armee wird das militärische Krisendispositiv am 18. November sistiert. Die Bundesanwaltschaft hat eine spezielle Jura-Kartei eröffnet, in die Leute eingereiht werden, denen man Sprengstoff- und Brandanschläge und

Handlangerdienste zutraut. Für erfolgreiche Bundespolizisten in der Jura-Aktion gibt es eine spezielle Gratifikation. Nach gewöhnlichen «Heldentaten» begleitet der Bundesanwalt einen verdienten Beamten in der Regel zum Departementschef, damit er von oberster Stelle gelobt und bestärkt wird. Für Jura-Fahnder wird der symbolische Akt konkretisiert: Das Lob wird mit einer Geldprämie verschönert.

Das Volk jedoch reagiert ruhiger auf die Krawalle und will die IMP-Waffe nicht. Nachdem im Kanton Schwyz die Sozialdemokraten das Referendum gegen den Beitritt zum IMP-Konkordat ergriffen haben, verwirft der Souverän 1970 die Vorlage. Einige Monate später hat die Linke auch im Kanton Genf Erfolg: Zwei Drittel der Stimmberechtigten wollen keine «Repressions- und Interventionspolizei», wie die IMP gescholten wird. Damit ist das Projekt, das auch in den anderen Ständen mit Misstrauen verfolgt wurde, vom Tisch. Die Ordnung aber brach nicht auseinander.

Mit ihrer Gelassenheit hatten die Bürger recht behalten. Der aufmerksame Beobachter hätte bereits damals die sich öffnende Kluft zwischen dem eigendynamisch sich drehenden Staatsschutzapparat und dem Volk, zwischen den Kontrolleuren und den Kontrollierten, zwischen den Wächtern, die immer bedrohlicher auftraten, und den verängstigten Schützlingen wahrnehmen müssen.

Trotzdem appellieren die Staatsschützer an den Jagdinstinkt im Jedermann. «Wenn jemand einen Bekannten hat, der jeden Abend zur gleichen Zeit im Wald spazieren geht, sollte er uns dies melden!» Diesen mit Ausrufezeichen versehenen Wunsch deponierte in der «Weltwoche» vom 9. Dezember 1966 nicht ein kleiner, in seinem Übereifer verirrter Beamter der Politischen Polizei, sondern Hans Fürst, seit mehr als acht Jahren Bundesanwalt. Motiviert zu diesem Appell an den Möchtegern-Schnüffler in jedem Schweizer hat ihn ein Spion, der über einen im Wald versteckten Sender operierte. Täglich sollte man, flehte Fürst weiter, im Radio und am Fernsehen die Leute zur Mitarbeit aufrufen. Zu den 1989 entdeckten 900 000 Fichen hinzu wären, hätte der Landessender Beromünster sich zur Spionageabwehr-Welle entwickelt, noch einige Tausende weitere zusammengeschustert worden. Das Fürst-Kriterium, spätabendliche Gewohnheiten zu registrieren, aber wurde zur Polizisten-Praxis: Der 1990 zum Politwitz avancierte Ficheneintrag der Thurgauer SP-Nationalrätin Menga Danuser «Trinkt abends gerne ein Bier» ist späte Frucht dieses Keims.

IX

Hans Walder bekämpft Sex, Subversive und Medienleute

*Wie der Bundesanwalt sein Amt lächerlich macht und
Kurt Furgler sich als eifriger Staatsschützer profiliert*

Eingeladen hat die örtliche BGB. Für Hans Walder ist es ein Routineauftritt, eine Vorstellung, wie er sie landauf, landab vor bürgerlichen Zirkeln absolviert. Etwa hundert Burgdorfer Mannen und ein halbes Dutzend Frauen sind im Frühsommer 1970 gekommen, um den Bundesanwalt zu sehen und zu hören. Der stellt zufrieden fest, «dass der Europacupfinal im Fernsehen mir nicht Konkurrrenz gemacht hat». Das Thema seines Vortrags heisst «Fragen des Staatsschutzes», doch der Zürcher, der als Untersuchungsrichter den Fall Dubois abgeklärt hat und 1968 dem überforderten Hans Fürst als oberster Ankläger nachgefolgt ist, redet nur über Spionage: Die Agenten werden angeheuert mit Geld, Liebe oder Erpressung. Am wirkungsvollsten sind kombinierte Verfahren. «Es hat ja bekanntlich kein Ehemann vor etwas anderem mehr Angst als vor seiner eigenen Frau», spöttelt Walder. Die Spione kommen auch mit «gewissen Journalisten» zusammen und versuchen so Einfluss zu gewinnen auf die Meinungsbildung. Die Rendezvous der Nachrichtenbeschaffer, hören die Burgdorfer, nennt man in der Spionagesprache «Treff». Meldungen werden in «toten» oder «lebendigen» Briefkästen deponiert, zum Beispiel in Spülkasten öffentlicher Toiletten, «doch das ist bereits so abgedroschen, dass man es eigentlich nicht mehr macht».

Der Bundesanwalt schildert Spionagemethoden; das Publikum geniesst wohlige Schauer. Auf einen Mikropunkt reduzierte Nachrichten kann der Spion unterm Fingernagel verstecken, und «wenn er sonst noch dreckige Fingernägel hat, dann wird es niemand merken». Mit Wattebausch und Tinkturen zeigt Tausendsassa Walder dem staunenden BGB-Volk, wie unsichtbare Mitteilungen auf Postkarten wieder lesbar werden. «Die ganze Angelegenheit stinkt etwas nach Schwefel, aber solche Dinge muss man in Kauf nehmen.» Für den Schutz der Eidgenossenschaft. Der Bundesanwalt führt jetzt seine fototechnischen Kunststücklein vor, «die merkwürdigerweise unter Amateurfotografen gar nicht bekannt sind». Walder ist Hobbyfotograf, der eigenhändig demonstrierende Studenten auf Zelluloid bannt, Amateur der mathematischen Logik und aktiver Morser (Funker-Gefreiter der Armee) mit einer Riesenantenne auf dem Dach seines Heims, der mitunter das Ohr an die Überwachungsapparate im Bundeshaus hält: «Ich liess diese Abhörstelle aus Gründen des Staatsschutzes einrichten und um zu verhüten, dass im Bundeshaus etwa sogenannte Wanzen angebracht werden können.» In Burgdorf zeigt er, wie man funkt und verschlüsselt. Spione brauchen einen Chiffrierblock. Wenn man den findet, dann ist der Mann erledigt. Die Bundespolizisten haben einmal eine Tabelle «in der Lenkstange eines Kindervelos» entdeckt. Die Zuhörer wissen nun, dass das Land von Spionen nur so wimmelt und die Bundespolizei «unglaublich klein» ist, so dass sie bloss «die wichtigsten Verdachtsquellen herausgreifen» kann. Das Gleichgewicht zwischen Angst und Vertrauen stellt Walder mit dem Schlusssatz her: «Wenn nichts in der Zeitung steht, heisst das nicht, dass wir nichts tun. Vieles geht auf diskretem Wege.»

Die Diskussion zielt dann auf die Subversiven im Lande. Ein Zuhörer fragt, ob das Geld für die Globus-Krawalle aus dem Ausland gekommen sei. Es existierten keine Anhaltspunkte dafür, antwortet Walder und lässt alles in der Schwebe, «aber man kann es auch nicht ausschliessen». Wie viele Subversive es in der Schweiz gebe, will ein anderer wissen. «Ausserordentlich schwer zu sagen», meint der mit väterlicher Bonhomie dozierende Mann aus dem Bundeshaus, «vielleicht, alles in allem, einige Tausend.» Alarmierend sei die Situation noch nicht, die Bundesanwaltschaft habe sie «im Griff». Doch: «So gut kann man nicht informiert sein, dass man in die Seele eines jeden Bürgers hineinsieht.»

Die Angst ist überall. Am 21. Februar 1970 stürzte nach einer Explosion an Bord eine «Coronado» der Swissair bei Würenlingen ab; der Anschlag palästinensischer Freischärler forderte 47 Todesopfer. Das Attentat war ein Racheakt auf die Verurteilung eines Kommandos, das ein Jahr zuvor in Kloten eine Maschine der israelischen ElAl beschiessen wollte. Im September 1970 wurde eine DC-8 der Swissair auf den jordanischen Wüstenflugplatz Zerqa entführt und dort gesprengt; die zuvor evakuierten Passagiere blieben unverletzt. Die drei verurteilten ElAl-Attentäter, das war das Ziel der Aktion, wurden nach langen Verhandlungen freigepresst und aus der Schweiz ausgeflogen. Der Bundesrat reagierte mit der militärischen Bewachung der Flughäfen Genf und Kloten und einem geheimen Beschluss vom 12. September 1970, wonach bestimmte Kurse der nationalen Fluggesellschaft von speziell geschulten, bewaffneten Sicherheitsbeamten (sogenannten Tigers) begleitet werden. In Deutschland verübte die Rote Armee Fraktion um Ulrike Meinhof und Andreas Baader Anschläge auf Personen des öffentlichen Lebens, um den «revolutionären Krieg» zu entfachen. In Italien operierten mit der gleichen Taktik die Brigate rosse – aber auch nicht minder gewalttätige rechtsextreme Gruppierungen. In der Schweiz breitete sich das Gefühl aus, man sei hilf- und wehrlos dem internationalen Terrorismus ausgeliefert.

Für hausgemachte Nervosität sorgten 1970/71 die beiden jungen Genfer Martin Cuénod und Didier Maerki, die bei rund 30 Einbrüchen drei Karabiner, 22 Sturmgewehre und 2300 Patronen für Waffen aller Art erbeuteten. Daneben hatten sie 49 typographische Karten gestapelt, auf denen 476 Schiessstände und Depots der Armee eingezeichnet waren. Ausserdem fabrizierten sie ihre eigenen Fichen: eine Kartothek mit Namen von Polizisten, Richtern, Wirtschaftsführern, Waffenhändlern, Zöllnern. Nach zielgerichteten Provokationen, so der wahnwitzige Plan der beiden jugendlichen Abenteurer und Geschäftemacher, wollten sie das Waffenarsenal militanten Aufständischen gegen Entgelt anbieten.

Einen Zufallserfolg ernteten die Staatsschützer im April 1972, als ein 20jähriger Mann unter Einfluss der Droge LSD aus dem Fenster einer Wohnung im dritten Stockwerk der Liegenschaft Bändlistrasse 73 in Zürich sprang. Die Polizisten, die nur den aussergewöhnlichen Unfall rekonstruieren und abklären wollten, stiessen auf einen konspirativen Zirkel, der Funkgeräte, eine Pistole, Betäubungsmittel, Basteltips für die Herstellung von Sprengstoff und die Anleitung zum Aufbau einer «Guerilla in der Schweiz» zusammengetragen hatte. Die 36köpfige kunterbunte Gruppe, die sich zum Teil als «Tupamaros Zürichs» verstand, umfasste kommune Einbrecher, die lediglich ihre private Geldvermehrung betrieben, ein paar Anarchisten und mehrere dem Drogenkonsum verfallene Menschen, «was sich mit den Regeln konspirativen Verhaltens wenig vertrug». So relativierte 1978 der spätere Chef der Bundespolizei, Peter Huber, in einem Geheimvortrag die Schlagkraft des chaotischen Vereins.

Die Arrestierung einiger Elemente des heterogenen Klubs verführte die Staatsschützer hingegen kurzzeitig dazu, die Zürcher Bagatelle auf das Baader-Meinhof-Niveau zu heben. Die Bundespolizei stehe unter Sensationsdruck, kommentierte die Presse die «Action-Show» bereits damals kritisch. In der Tat krebste Bundesanwalt Walder nach ersten Triumph-Meldungen von Pressekonferenz zu Pressekonferenz zurück. «Man sollte Taten und Vorbereitungen der Beschuldigten weder leicht nehmen, noch deswegen eine Hexenjagd veranstalten», war seine gummige Verteidigungslinie. Heute gesteht er selbst ein, dass es sich beim Zirkel teilweise um «Möchtegern-Terroristen» handelte – deren Anerkennung er habe gewinnen können. Als die Bundesanwaltschaft eingriff, hätten sie zuerst «Verdammt!» geflucht, ihm schliesslich aber versichert, «sie seien zuvorkommend behandelt worden». Darin liege eben der Unterschied zu den Staatsschutz-Apparaten anderer Länder, lobt sich der ehemalige oberste Fahnder.

Im Fall Bändlistrasse mussten sich die ermittelnden Bundespolizisten im Frühjahr 1990 neuen Spott anhören. Als Bauarbeiter in Zürich beim Abbruch eines Mehrfamilienhauses mit Schneidbrennern einen Öltank zerlegten, brachten sie unfreiwillig 400 Patronen zur Detonation. Neben den deformierten Geschossen entdeckte die Polizei weitere 600 Schuss Gewehrmunition. Der Tank diente den Bändlistrasse-Leuten als Versteck, das die Fahnder einst übersehen hatten.

Das Verfahren gegen die deutsche Terroristin Petra Krause in Zürich legte 1975 offen, dass die Schweiz zum Teil eine Basis für Logistik und Waffennachschub der RAF war; gegen 22 Personen insgesamt wurde ermittelt. Im Raume Rafz wurde ein Versteck angelegt, in dem «zweckmässig», wie Peter Huber anerkennend festhält, eingelagert waren: Waffen, Sprengstoff, Munition, Zünder, Perücken, Werkzeuge, Schmink-Sets, Ausweise, Karten und Adressen. Ein weiteres Depot barg Minen, ein anderes Landkarten, Zeitschriften, einen Schweizer Reisepass, eine italienische Identitätskarte, Gesichtsmasken und ein Gerät zum Knacken von Autoschlössern. In einem Schliessfach im Hauptbahnhof Zürich lagen Funkgeräte, Pistolen und vier Steinschleudern versteckt. Das seien keine «jugendliche Wirrköpfe» mehr gewesen, sondern «berechnende, kaltblütige und kriminelle Terroristen», wertete der 1990 beurlaubte Bupo-Chef Huber.

Nervenkitzel in jede Schweizer Stube trugen die Aargauer Ordnungshüter, die am 21. Oktober 1977 das «Aargauer Tagblatt» dazu brachten, zuoberst auf Seite fünf «16 Fragen der Kantonspolizei an die Bevölkerung» abzudrucken. Die Landjäger des «Kulturkantons» fahndeten damals nach den Entführern und Mördern des deutschen Arbeitgeberpräsidenten Hanns Martin Schleyer. Da schien ihnen eine breitflächige Publikumsumfrage nützlich, die über die nicht unmittelbare Zustellung der Brief- und Paketpost, «regen Besucherverkehr Gleichaltriger», aktive Heimwerker, die «auffällige Geräusche» produzierten, neue Mieter in Hochhäusern mit Tiefgaragen oder im ländlichen Raum vollständigen Aufschluss geben sollte. Die Gefahr, dass ab und zu «ein völlig Unschuldiger verdächtigt wird», war nach Léon Borer, dem Haudegen an der Spitze der Kripo und heute Chef des Korps, in Kauf zu nehmen.

Nach einer Schiesserei am jurassischen Grenzposten Fahy, bei dem ein Grenzwächter den Tod fand, wurden 1977 Gabriele Kröcher-Tiedemann und Christian Möller verhaftet.

Ebenso wie der 1979 nach einem Raubüberfall auf eine Zürcher Bank und einem Schusswechsel im «Shopville» gefasste Rolf Clemens Wagner waren sie der RAF zuzuordnen. Noch 1981 befürchtete Peter Huber, die in der Schweiz zu langen Freiheitsstrafen verurteilten Terroristen könnten freigepresst werden. In den Geruch der RAF-Nähe kamen bei der Bundesanwaltschaft gleich auch die Verteidiger der Deutschen, obwohl sie sich nie eines Rechtsbruchs schuldig gemacht hatten. «Vom in Zürich domizilierten Anwaltskollektiv ist bekannt», liess Peter Huber seine Zuhörer wissen, «dass es Beziehungen zu verschiedenen Personen und Stellen unterhält, welche mit der Terrorismusszene in Verbindung zu bringen sind.» 1987 wurde eine Zürcher Juristin, die früher in diesem Kollektiv gearbeitet, mit der Verteidigung der RAF-Täter aber nichts zu tun gehabt hatte, als «Terroristenanwältin» vom Parlament nicht zur Ersatzrichterin am Eidgenössischen Versicherungsgericht gewählt...

Zügig wurden internationale Abkommen zur Bekämpfung des Terrorismus geschlossen, denen auch die Schweiz beitrat. Sie betreffen vor allem die Zivilluftfahrt und die Erleichterung der Ausweisung von politischen Attentätern. Parallel dazu wurden die informellen Kontakte der Chefs der Sicherheits- und Nachrichtendienste in Westeuropa ausgebaut. Diese Experten treffen sich seither «zweimal jährlich zur Lagebeurteilung und Festsetzung von Prioritäten in der praktischen Arbeit» (Huber). Spezielle bilaterale Kontakte knüpfte man mit Israel; ein chiffrierter Telex-Verkehr, «ausgerichtet auf den palästinensischen Terror», wurde installiert. Ab 1974 entstanden in den Kantonen besondere Antiterror-Gruppen innerhalb der Polizeikorps, die auf dem Grenadier-Waffenplatz Isone einmal im Jahr trainiert werden. «Ausbildung von Scharfschützen, Festigung der Treffsicherheit in besonderen Drucksituationen», lautet ein Kursziel, andere sind: «Umgang mit Sprengstoff im präventiven Bereich», «Observation in ihren verschiedenen Formen und Erprobung von Peilmitteln».

In diesen unsicheren Zeiten kämpfte die Bundesanwaltschaft an allen Fronten gegen den sich verschiedenartig artikulierenden Protest der jungen Generation, gegen Studentengazetten, gegen die Ausserparlamentarische Opposition (APO). Sie brachte den «Roten Gallus» zum Schweigen, der mit einem Text des deutschen Dichters Wolfgang Borchert zur Dienstverweigerung aufgerufen habe. Die erste Gerichtsinstanz vermochte im Nachdruck eines öffentlich zugänglichen literarischen Werks keine illegale Handlung wider den Staat zu erkennen; in der Berufung drang jedoch der hartnäckige Hans Walder durch, der offenbar keine Niederlage ertragen konnte. Am meisten Gaudi aber bot er als oberster Zensor von angeblich unzüchtigen und unsittlichen Schriften und Bildern.

Am 25. August 1970, einem Dienstag, mögen die Bundeshausjournalisten dem Direktor des Schweizerischen Bauernverbandes im Berner Nobelhotel «Bellevue Palace» kaum 45 Minuten lang zuhören, selbst als dieser das heisse Politikum Milchpreis anrührt. Im Zimmer 74 des Bundeshauses West hat der Bundesanwalt nämlich zu einer «Porno-Show» geladen, wie die Exhibition von 200 Sexheften, meist dänischer Provenienz, alsbald verspottet wurde. Auf zehn Quadratmetern präsentiert der Sittenwächter die Ausbeute seiner Zensurtätigkeit («zehn Prozent meiner Arbeitszeit») an den Schweizer Grenzen. Grundlage für die Zollorgane ist ein von der Bundesanwaltschaft herausgegebenes Verzeichnis der unsittlichen und unzüchtigen Bücher und Zeitschriften. «Fotos von Busen, Ärschen und Beinen, von Penis und Vagina, von Schwulen aller Art, von Sado-Herrinnen und Maso-Sklaven, von Liebesspielen zu Zweit und zu Dritt und zu Viert und mit Hunden und Ebern», fasst Ahmed A. Huber seine Eindrücke von einer der bislang spektakulärsten Pressekonferenzen im Bundeshaus für die Linkspostille «focus» zusammen. Daneben liegen das «Standardbesteck des psychisch Impotenten» (kostspieliger Riesenpenis und teure Monstervagina aus Kunststoff, samt Futteral) sowie erotische Literatur von Rang oder echte Aufklärungsschriften.

Das Kreuz- und Quergelegte in Doktor Walders Panerotikon fuhr den Presseleuten derart ein, dass sie – von notorischen Kritikern an der Sex-Jagd auf Einladung der Obrigkeit innert Minuten zu Apologeten des einzig wahren sittlichen Empfindens geworden – ihre Leserschaft beschworen, dem Schund zu trotzen. «Die Bundesanwaltschaft verdient in ihrem Abwehrkampf gegen die unvorstellbare Schmutzflut die volle Unterstützung der Öffentlichkeit», mahnte das katholische «Vaterland». Des Bundesanwalts defensive Offensive hatte Erfolg.

Offenbar als Beweisstücke, so berichten Teilnehmer der Monster-Show, liessen einige Redaktoren die eine oder andere repräsentative Publikation, getarnt in der neutralen Milch-Pressemappe des Bauernverbandes, gleich mitlaufen. Der Bundesanwalt, der keine Liberalisierung der Gesetzgebung wollte, aber warf sein strenges Auge auf den «focus», der die glossierende Darstellung von Walders Trophäensammlung mit Cartoons angereichert hatte. Zuerst erteilte er einer Kioskkette die Weisung, die sonst eher theoriegraue Publikation aus dem Verkauf zu nehmen. Zwei seiner Inspektoren holten den Bundeshausjournalisten Huber am Arbeitsort ab. Am 14. Dezember tauchten die Ordnungshüter dann in der junglinken Redaktion in Zürich auf und beschlagnahmten alle Exemplare der munteren Nummer. Selbst der sonst ausserordentlich wachsame Marcel Bertschi, damals noch Zürcher Bezirksanwalt, beantragte wohlbegründet Freispruch für die Macher des dünnen Blättchens, doch Walder stieg wie immer in die Berufung. Vor Obergericht wurde der verantwortliche Redaktor schliesslich zu einer empfindlichen Busse verknurrt.

Möglichweise ging es Walder aber gar nicht so sehr um die sexwitzigen Zeichnungen, sondern um die politische Ausrichtung des Forums, auf dem die 68er ihre Theorien gegen das «Establishment» probten. Dort standen nämlich als Denkmodell auch Sätze, die der spätere Bundespolizei-Chef Peter Huber in seinem hinter verschlossenen Türen gehaltenen Vortrag «Pilatus» noch 1978 zur Legitimation der polizeilichen Observation zitierte. «Trotz allen Unterschieden (zur Bundesrepublik und zur Baader-Meinhof-Gruppe, der Verf.) wird die Frage der Gewalt auch in der Schweiz eingehend diskutiert werden müssen», hatte Rolf Thut, Mitautor des Buches «Aufrüstung gegen das Volk», im Sommer 1970 im «focus» zum «Fall Baader» niedergelegt, «wir müssen darauf vorbereitet sein, unsere Arbeit in der Illegalität weiterzuführen, wenn die Situation sich verschärft.»

Nachdem er bereits um die 300 000 Schweizer in die Kinos gelockt hatte, erhob die Bundesanwaltschaft Amtsklage gegen den Film «Blutjunge Verführerinnen» und wies die Staatsanwaltschaften in den Kantonen an, Strafverfahren wegen unzüchtiger Veröffentlichung einzuleiten, obwohl das platte Streifchen nach dem Urteil der Behörden die «entscheidenden Vorgänge» nicht zeigte. (Mittlerweile konnte das Werklein als Dokument des verklemmten Zeitgeistes in drei Folgen unzensuriert und unkodiert am heimischen Bildschirm belächelt werden.) Beschlagnahmt wurden in der Walder-Ära so unterschiedliche Bücher wie «Die elftausend Ruten» von Guillaume Apollinaire (der moralinsaure Bundesanwalt bezweifelte kurzerhand, dass es sich bei diesem Produkt der Weltliteratur um einen «echten Apollinaire» handle), die Felix Salten zugeschriebene Lebensbeichte der Wiener Freudendame «Josefine Mutzenbacher» oder erotische Massenware. Nachdem der chinesische Roman «Dschulin Yäschi», dessen Erotik in Wort und Bild nur von den intimen Kennern fernöstlicher Kultur wahrgenommen wird, aus den Regalen verschwinden musste, stellte die «Weltwoche» 1972 fest: «Die Bundesanwaltschaft steht zur Zeit in Gefahr, ihr Prestige und ihre Raison d'être wegen eifrig verfolgter viertklassiger Bagatellfälle aufs Spiel zu setzen.» Einzelne Verfügungen grenzten an «Rechtsmissbrauch» und an «Rechtswillkür».

Die wenig stilsicheren Zensur-Rundumschläge zwangen den Schweizerischen Buchhändler- und Verleger-Verband, in Bern vorzusprechen, durften die Literatur-Detaillisten doch nicht anbieten, was im nahen Ausland anstandslos zu kaufen war, was sie bestellt und bezahlt hatten und was die Kunden verlangten. Statt der angeforderten Bücher liefen meist nur Bussenverfügungen ein. Vergeblich versuchten besonnene Leute den Bundesanwalt – um diesen vor der Lächerlichkeit zu retten – zu einer Anpassung seiner Hatz auf Nacktes an den freier wehenden Zeitgeist zu motivieren und ihn schonend darauf aufmerksam zu machen, dass die Begriffe «unzüchtig» und «unsittlich» in einer sich wandelnden Gesellschaft flexibel und ständig neu zu interpretieren seien. Die Misstrauischen vermuteten, Walder schiebe die Sex- und Pornothemen bewusst in den Vordergrund, um die Öffentlichkeit von seiner Treibjagd gegen vermutete Subversive abzulenken.

Zeitweise waren 1400 Bücher indiziert und um die 500 Periodika verboten. Zwischen 100 und 200 erst- und zweitinstanzliche Urteile wurden jährlich in Anwendung von Artikel 204 des Strafgesetzbuches gefällt, der mit Busse oder Haft bedroht, wer unzüchtige Schriften, Bilder, Filme oder andere Gegenstände herstellt oder vertreibt. Nur in einzelnen Fällen wurde dagegen der Paragraph angerufen, der Kinder und Jugendliche vor «unsittlichen» Publikationen schützen soll.

Noch heute aber verteidigt der damals auch «Moraltante» gescholtene Walder seinen Massstab: «Die Beschlagnahmetätigkeit der Bundesanwaltschaft im Bereiche der Pornographie folgte genau der Rechtssprechung des Bundesgerichtes. Das Bundesgericht hat nie eine unserer Verfügungen aufgehoben. Vor kurzem hat das Bundesgericht die Zürcher Behörden (und indirekt auch die Bundesanwaltschaft) gerügt, weil sie Pornographie nicht mehr von Amtes wegen verfolgten, wie es ihre Pflicht sei (Bundesgerichtsurteil vom 30. August 1989).» Die Bundesanwaltschaft, verbittet Walder sich schliesslich gute Ratschläge, habe «im übrigen nicht Image-Pflege zu betreiben, sondern die Gesetze anzuwenden».

Um genügend Anlässe zum Losschlagen zu finden, appellierte der Kriminalist Walder auch an das grosse Heer privater Zuträger und Denunzianten. «Wir sind sogar darauf angewiesen», pries er in einem Interview mit dem «Badener Tagblatt» die milizmässige Schnüffelei: «Es kommen mitunter auch Informationen von anonymer Seite.» Diese würden ohne Zögern den Bundespolizisten ausgehändigt: «Sie dürfen voraussetzen, dass auch wir soviel Urteilskraft haben, diesen Dingen den richtigen Wert beizumessen.» Das Schema der Beurteilung legte Walder ebenfalls offen: «Was heute in der

Schweiz auf dem ‹Sektor ganz rechts› geschieht, ist ohne grosse Bedeutung. (...) Anderseits gibt es offensichtlich linksextreme Gruppen, welche die Revolution verkünden und glauben, dass sie unter Umständen auch mit rechtswidrigen Mitteln die staatliche Ordnung ändern können.» Überwacht allerdings würden ebenfalls Leute, die «den Mantel der Legalität tragen». Und zwar buchstäblich bis an ihr Lebensende: «Das Dossier wird nicht vernichtet, auch wenn ein solcher Bürger keine strafbaren oder staatsgefährlichen Handlungen begangen hat. Denn wenn es schon Vorgänge gibt, die zu Erhebungen Anlass geben, wissen wir oft nicht, was in Zukunft noch kommt. (...) Das Dossier bleibt also vorderhand bestehen, eventuell bis zum Tode des Betroffenen.» Gegen falsche Vermerke könne sich «natürlich» keiner wehren, weil sonst ja die Dossiers geöffnet werden müssten – dies aber widerspräche deren Zweck.

Listig gewährte der Bundesanwalt, der seine Ziele oftmals über die stringente Auslegung der rechtlichen Normen stellte, hin und wieder doch Einblick in eine Datensammlung, dann nämlich, wenn er einzelne Personen diffamieren wollte. 1970 verlangten fünf Lehrer aus dem Kanton Bern die Freigabe des verbotenen «Kleinen roten Schülerbuchs» (KRS). Die «kommunistisch inspirierte» und in sexuellen Fragen «zu freizügige» dänische Broschüre durfte zwar an Erwachsene verkauft werden, wurde auf Walders Weisung jedoch bereits am Zoll abgefischt. Zu diesem Zeitpunkt waren, als kontraproduktives Resultat der behördlichen Repression, innert Tagen rund 20000 Exemplare abgesetzt worden. In einem Offenen Brief an die Bundesanwaltschaft drohten die fünf Pädagogen nun mit flagrantem Gesetzesbruch: «Das uns auf inakzeptable Weise bevormundende Einfuhrverbot würde uns zwingen, das Buch auf illegale Weise zu beschaffen und alle nach Deutschland fahrenden Lehrer und Schüler aufzufordern, möglichst viele KRS in die Schweiz zu schmuggeln, oder zu versuchen, in der Schweiz hergestellte Vervielfältigungen zu beschaffen.» Damit waren sie, die das Buch für den Aufklärungsunterricht verwenden wollten, an den Falschen geraten.

Bundesanwalt Walder begnügte sich nicht mit einer auf Argumente gestützten Antwort, sondern langte hurtig in die vertraulichen Dossiers: Den im Bundeshaus versammelten Presseleuten steckte er noch eine kleine Notiz zu, worin drei der Briefschreiber als Linksextremisten verleumdet wurden: Mit einer prochinesischen Zelle sympathisiere der eine, der andere gehöre zu einer linksextremistischen Jugendgruppe, der dritte arbeite gar in einem «Komitee gegen Fremdenhass und Auswüchse des Militärs und der Polizei» mit. Die Angaben wurden als «falsch», «veraltet» oder «halbwahr» entlarvt. Über die zwei anderen Unterzeichner (einen Kompaniekommandanten sowie den Präsidenten einer liberalen Hochschulgruppe) fanden sich in den Tiefen der Registraturen der Politischen Polizei keine Elemente übler Nachrede.

Mit Verve und Engagement, das «Kleine rote Schülerbuch» gewissermassen als Corpus delicti (!) vor sich auf dem Pult, deckte im Juni 1972 Bundesrat Kurt Furgler, seit einem halben Jahr Vorsteher des Justiz- und Polizeidepartements, vor der Volkskammer die gezielte Indiskretion seines Spitzenbeamten. Tief in die Unterwelt der in einem mehrfach abgesicherten Bau ihre Informationspartikel auftürmenden Ameisen hatte SP-Nationalrat und Gewerkschaftsboss Richard Müller zielen wollen. Die zweifelhaften Methoden der Staatsschützer mochte der neue EJPD-Chef jedoch weder darstellen noch diskutieren. Der publizistische Einsatz der nachrichtendienstlichen Akten (ein klarer Amtsmissbrauch) sei eine «Ermessensfrage» gewesen und lasse sich aus der damaligen Zeit heraus rechtfertigen. «Aber, aber, Herr Furgler!» tadelte tags drauf die «National-Zeitung» des jungen Justizministers bedenklichen Auftritt. Liberal gesinnte Köpfe hatten erkannt, dass unter dem St. Galler Politiker, der als die Inkarnation der «dynamischen Mitte» der CVP galt und der sein Image des Saubermanns sorgsam pflegte, aus der «Hexenjägerküche» der Bundesanwaltschaft keine verdaulicheren Menüs zu erwarten sein würden.

Kurt Furgler kämpfte an vorderster Front; er leitete den «Sonderstab Geiselnahme» (SoGe) auf ebenso wirksame wie schlagzeilenträchtige Art. Am spektakulärsten gelang 1982 die

Befreiung der Geiseln in der polnischen Botschaft in Bern. Der Exilpole Florian Kruszyk, ein schillernder Typ, der sich als patriotischer Freiheitskämpfer darstellen wollte, hatte gemeinsam mit Kumpanen das Haus an der Elfenstrasse 20 besetzt. Mit Hilfe des polenstämmigen Freiburger Paters und Philosophieprofessors Joseph Bochensky und einer in den Frühstückskorb gelegten Blitz-Blend-Granate, die das zentrale Nervensystem der Hasardeure durcheinanderbrachte, hoben Furgler und die bernische Anti-Terror-Gruppe «Enzian» die Ambassade schliesslich aus. Zeitweilig liebäugelte Furgler – zum schieren Entsetzen seiner Entourage – gar mit dem Gedanken, den Tollkühnen zu spielen und selbst direkt mit den Besetzern zu verhandeln. An der Spitze des Krisenstabes schaltete und waltete ein Politiker und Generalstabsoffizier, ein Macher, der jedes Mittel, das sich ihm bot, und jedes Werkzeug, das vor seinen Händen lag, maximal einsetzte und ausnützte – und gleich neue Instrumente anbegehrte, wenn die vorhandenen ihm als zu stumpf erschienen, auch in Sachen Staatsschutz.

Das «schnittige Instrument» Bundessicherheitspolizei (Busipo), so Furgler über sein Prestigevorhaben, verweigerte ihm 1978 das Volk. Das ambitiöse Projekt – ein zentrales Korps von 1300 Mann war geplant: 300 Spezialisten als Elitetruppe für den Einsatz gegen Terroristen, die allen Angst machten, 1000 Mann abrufbereit in den Kantonen zur Aufrechterhaltung von Ruhe und Ordnung bei Grossdemonstrationen und widerrechtlichen Kundgebungen – wurde nach einem Referendum von linker Seite im Stimmenverhältnis von 56:44 Prozent gestoppt. (Damit hatte der Souverän wie seit je jeden Vorstoss zum Ausbau der Polizeigewalt und des Staatsschutzes, über den er befinden konnte, konsequent verworfen.) Eilige Rechthaber deuteten das überraschende Nein als Ausfluss föderalistischer Empfindlichkeiten. Die Vox-Analyse des Forschungszentrums für Schweizer Politik an der Universität Bern hingegen kam bei einer sorgfältigen Auswertung zu einem ganz anderen Befund: Nur zehn Prozent der Nein-Sager hätten aus diesem Grund die Busipo abgelehnt. «Die meisten

Stimmbürger opponierten ganz einfach gegen einen Ausbau des Polizeiapparates bzw. eine (allzu) starke Polizei: Die innere Sicherheit der Schweiz erschien ihnen nicht derart bedroht, als dass sich die Schaffung einer neuen Polizeitruppe aufdrängen würde», fassten die Wissenschafter ihre Befragung der Urnengänger zusammen.

Zum Rohrkrepierer geriet Furgler auch die geplante Verschärfung des Waffengesetzes; und ein vorgesehener Supercomputer (40 Millionen Franken Entwicklungskosten) mit einem totalen Informationssystem (1,5 Millionen erfasste Personen) für die Kriminalpolizei (KIS) schrumpfte nach negativen Rechtsgutachten auf helvetische Dimensionen. Was heisst, dass jetzt unter dem neuen Namen «Ripol» und ohne gesetzliche Basis eine leicht verkleinerte Version betrieben wird. Nur mit der Verschärfung des Strafgesetzbuches, die auch Vorbereitung und blosse Anstiftung zu Gewalttaten ahndbar macht, setzte der Justiz- und Polizeiminister sich auf dem Höhepunkt der Empörung über die Jugendrevolte von 1980/1981 durch. Eine mittlerweile eher umstrittene Leistung lobt ihm sein Biograph José Ribeaud nach: «In seinem unermüdlichen Kampf zugunsten einer effizienteren Justiz und Polizei ist es Kurt Furgler gelungen, eine parlamentarische Kontrolle des geheimen Abhörens von Telefonen zu verhindern.»

Der St. Galler CVP-Politiker war eben auch ein Polizeityp. Als 1975 die Gegner des geplanten Atomkraftwerks Kaiseraugst, denen in der Zwischenzeit die Geschichte Recht gegeben hat, das Baugelände besetzten, gehörte Furgler zu den Hardlinern im Bundesrat, die einen Einsatz der Armee gegen die Störenfriede erwogen. Im August 1978 liess er die Elitekämpfer gegen Terroristen der westdeutschen GSG 9 einfliegen, um in Genf eine entführte Boeing 707 der amerikanischen TWA zu befreien. Er knüpfte die Fäden zu Polizeibehörden anderer Länder immer dichter.

Welches war die Rolle des Politikers, der von 1972 bis 1982 das EJPD geprägt hat wie kaum einer seiner Vorgänger? Was war die Verantwortung des Mannes, der – schmallippig und scharfzüngig – brillant debattierte, sehr viel von Freiheit, Demokratie sprach und von Dialog (diesen auch praktizierte, wenn er sich mit Herausforderern wie Max Frisch ins Fernsehstudio begab), umgekehrt aber von einer eigentlichen Ordnungswut befallen war und selbst das Kleinste geregelt haben wollte? Sein vielbeschworener Staat trug letztlich obrigkeitliche, hierarchische Züge. «Jeder an seinem Platz für die Gemeinschaft», lautete sein Ceterum censeo. Die Freiheit des Volkes war die einer Schulklasse, die vom Lehrer, der nur ihr Bestes will, geführt wird.

Die Bundespolizisten fühlen sich heute verraten. «Wir arbeiteten nie im luftleeren Raum», betonen gegenwärtige und ehemalige gradierte Mitarbeiter des gigantischen Archivs der Banalitäten, «stets haben wir ordnungsgemäss alles nach oben gemeldet.» Insbesondere Furgler, schildert der frühere Bupo-Chef André Amstein, sei an polizeilichen Fragen ausserordentlich interessiert gewesen, habe immer vollständige Information verlangt und sei deshalb ununterbrochen mit Zusatzberichten und Detailabklärungen beliefert worden: «Mit ihm war der Kontakt naturgemäss enger. Die Departementsspitze war bestens informiert. Wir wurden nie korrigiert, kritisiert oder gebremst.» Immerhin hat der derzeitige Justizminister Arnold Koller bei seinen Erkundungstouren in die Spezialkarteien (Jura- und Verdächtigenlisten) auch eine Aktennotiz gefunden, wonach Furgler die dunkeln Kammern besichtigt und darauf die kleine Frage gestellt habe, ob dies alles «wirklich nötig» sei.

Vom Bundeshaus West aus wertet man die Datenrafferei der Fichenverwalter an der Taubenstrasse anders. «Die Quartalsberichte, die uns geliefert wurden, tönten sehr normal», rechtfertigen sich Leute der Furgler-Führungscrew, «nämlich so, dass unsere Demokratie gegen umstürzlerische Attacken relativ immun ist und sich die Zahl der Extremisten in sehr engen Grenzen hält.» Hätte Furgler, meinen sie, die in den Dossiers kristallisierten Berge an Dummheit gesehen, hätte er auch in diesem Bereich, der autonom gearbeitet habe, sofort interveniert. Furgler, Perfektionist, Verkörperung der verhinderten Staatsallmacht, nimmt zu diesem Kapitel seiner Laufbahn entweder keine Stellung – oder äussert sich wortreich-vage, zwischen Defensive («Sicher sind Fehler gemacht worden») und Gegenangriff («Wer hier Vergleiche mit dem DDR-Stasi anstellt, dem scheint jede Liebe zu dieser Eidgenossenschaft abzugehen») hin und her hüpfend. Einmal, erzählt sein ehemaliger Pressesprecher Hans Wili, sei Furgler ausser sich gewesen vor Wut: «Als die Abhöraffäre von Epalinges aufflog.» Bei einem Kongress der «Ligue Marxiste Révolutionnaire» wurde 1973 in der Decke des Versammlungsraums eine «Wanze» entdeckt, welche die waadtländische Kantonspolizei im Auftrag der Bupo montiert hatte. Die Gesetzeslücke für solche dreisten Lauschangriffe wurde ein Jahr später geschlossen, als der Einsatz von Abhörgeräten eine Regelung analog zur Telefonüberwachung erfuhr. Zuvor bereits hatte Furgler jedoch die Staatsschützer gegen Kritiker, die nicht nur auf den linken Bänken sassen, verteidigt. Sein Zorn richtete sich nicht gegen die Methoden ausserhalb der Legalität, sondern erwuchs aus dem dilettantischen Einsatz unerlaubter Mittel.

Mit «Brillanz» werden Furglers Auftritte vor dem Parlament gewürdigt. Ist das helvetische Niveau die Norm, gibt es an dieser Benotung nichts zu mäkeln. Sprach der Justizminister indes zum Staatsschutz, so waren seine Voten nur Uraufführungen von Vorträgen, mit denen Dozent Walder später vor Juristenzirkeln auftrat: Tonlage, Beispiele und Argumentationen deckten sich völlig. «Die bestehenden politischen Vereinigungen von Ausländern in der Schweiz sind zum Teil vom Ausland abhängig. So stehen beispielsweise die Schweizer Sektionen der Kommunistischen Partei Italiens (KPI) ohne Zweifel mit ihrer ‹Mutterpartei› in engem Kontakt», lehrte Furgler 1972 in einer grossen Staatsschutzdebatte die Nationalräte das Fürchten: «Es ist im Einzelfall abzuklären, ob aus solchen Kontakten, die (...) nicht schlechthin verboten werden können, Tatbestände entstehen, die unsere Rechtsordnung verletzen. Ich denke da vor allem an verbotenen politischen Nachrichtendienst.» Noch andere Angriffsmöglichkeiten auf «Vereinigungen, die in gewissen Hinsicht fragwürdig sind», ventilierte der EJPD-Chef vor dem Rat. Walder nämlich hatte eben festgestellt, dass rund 10 000 italienische Gastarbeiter in der KPI organisiert waren, denen «eine Gefährdung der inneren oder äusseren Sicherheit der Eidgenossenschaft vielleicht (noch) nicht nachzuweisen» sei. Bevor es «bereits zu spät» sein könnte, wollte er die Organisation gerne zerschlagen. Der Bundesanwalt hatte in den vielen Staatsschutzerlassen auch eine Waffe gegen den Schweizer Ableger der KPI, der nicht für Unruhe sorgte, ausgemacht. Da die kommunistischen Funktionäre über Mitglieder und Tätigkeit der Sektionen, die Besetzung wichtiger Posten und über die politischen Zustände in der Schweiz nach Italien berichten müssten, könne dies allenfalls als politischer Nachrichtendienst verfolgt und bestraft werden!

Als Hans Walder seine trickreichen Überlegungen am 25. Februar 1974 den versammelten Berner Juristen unter dem Titel «Probleme des Staatsschutzes» vortrug, hatte er allerdings sein an Anfechtungen reiches Leben als Bundesanwalt bereits mit dem beschaulicheren Dasein eines Universitätsprofessors vertauscht. Und mit derartigen Winkelzügen mochte in der Folge niemand mehr gegen Getreue des KPI-Generalsekretärs und prominenten Eurokommunisten Enrico Berlinguer in der Schweiz vorgehen.

Auch nicht mehr losschiessen konnte der Staatsverteidiger auf ein Problemfeld, das er im August 1972 nach einem «Weltwoche»-Artikel abgesteckt hatte. Sämtliche 18 Redaktoren der «Tagesschau» des Fernsehens DRS wurden im Bericht aus dem Innern des elektronischen Massenmediums peinlich genau auf ihren politischen Standort hin durchleuchtet. In den Medien hätten sich «Extremisten» eingenistet, ereiferte sich darauf der Wanderprediger zum Wohle des Landes in seinen stereotypen Sermonen an BGB-Frühschoppen. Obwohl es ausserordentlich schwer halte, «solchen Funktionären ihre Verbindungen zu staatsfeindlichen Organisationen nachzuweisen, müsse man sich früher oder später dazu entschliessen, sie auszubooten».

Auslöser der «Weltwoche»-Recherchen und des Bundesanwalts neuer Sorgen war eine Dokumentation des Berner SVP-

Nationalrats Walther Hofer («Fernsehen ein Revolutionsinstrument?») und ein postwendender Vorstoss von 129 Volksvertretern, die vor der Mattscheibe unter einem «Unbehagen» litten. Politisch bekannten sich die «Tagesschau»-Leute wie folgt: Zwei waren SP-Mitglieder, einer gehörte zur CVP, einer schwor auf die FDP à la Nello Celio, sechs zeigten eine «Tendenz» zur SP (und sind inzwischen bei Parteien wie dem Landesring gelandet), zwei siedelten sich links der SP an, vier kannten keinerlei Affinitäten zu politischen Parteien; «sozialliberal» und «universalistisch» lauteten die restlichen Bekenntnisse aus dem angeblichen Rollkommando.

Was hier Bundesanwalt Walder so krampfhaft suchte, war die schweizerische Illustration zur These des deutschen Soziologen Helmut Schelsky, der vor einer gewaltfreien «Strategie der ‹Systemüberwindung›» gewarnt hatte. Der legale «Marsch durch die Institutionen» ziele auf eine radikale Änderung der Gesellschaftsordnung, auf die «Machtergreifung». In Schulen, Universitäten, Fortbildungsstätten, Parteien, Gewerkschaften, Theatern, Nachrichtenagenturen, Zeitungen, Radio und Fernsehen hätten die Wühlmäuse sich festgekrallt, dozierte Walder den Berner Rechtsgelehrten. Als Mittel der Abwehr schlug er «öffentliche Entlarvungen» und unerbittliche Beobachtung «im Vorfeld der Strafbarkeit» vor. Dabei ergäben sich interessante Erkenntnisse zu «Unterwanderungen» und «getarntem politischen Doppelspiel». Die demokratischen Einrichtungen erschienen dem misstrauischen Wächter zu schwach. «Realitätsfremd und gefährlich» wäre es, schärfte er 1974 seinen Zuhörern ein, den Satz zu glauben: «Der gesunde Staat wird im freiheitlich-demokratischen Spiel der Kräfte auch mit seinen Feinden zurechtkommen.» Da dem Staat bei der Verfolgung von Bürgern, die nicht mit dem Gesetz in Konflikt geraten waren, die Hände gebunden seien – Walder hatte offensichtlich aus seiner Diffamierungskampagne gegen die Berner Lehrer die Konsequenz der Zurückhaltung gezogen –, liege die Verantwortung mithin bei Privaten.

Diese liessen sich auch durch das böse Ende des Nachrichtendienstes des «Vaterländischen Verbandes» (siehe Kapitel V) nicht abschrecken. Bereits während des Zweiten Weltkriegs hatte der «Heer und Haus»-Offizier Oskar Erwin Stauffer ein System von «Vetrauensleuten» bei allen Formationen der Armee errichtet und diese Schnüffel- und Informationskanäle später in den «Schweizerischen Aufklärungsdienst» (heute «Arbeitsgemeinschaft für Demokratie», SAD) eingebaut, wo er als erster Sekretär amtete. Der ehemalige Bundespolizeichef André Amstein lobt jetzt noch die guten Kontakte zwischen Stauffer und den offiziellen Staatsschützern. Als Mitte der 50er Jahre der beidbeinig rechts stehende SAD realisierte, dass da ein Politverein im Politverein am Entstehen war, stoppte SAD-Präsident und Verleger Hans Huber (Frauenfeld) diesen privaten Nachrichtendienst.

Weil der Staat die überall wuchernden Gefahren nicht rechtzeitig erkenne und viel zu wenig energisch bekämpfe, begründet der selbsternannte Subversivenjäger Ernst Cincera, Arbeitersohn, Oberstleutnant und Graphiker in Zürich, seinen Einsatz, sei er gezwungen worden, private Institutionen und Organisationen in die Schlacht gegen die Staatsfeinde zu führen. Studenten trugen ihm Material über Kommilitonen zu, schleusten sich in linke Grüppchen ein. Zusammen mit öffentlich zugänglichem Material häuften die Allzeitbereiten ein Archiv über «subversive» Personen und vermeintlich staatsgefährliche Vorgänge an. Die «Informationsgruppe Schweiz», die das Lebenswerk des Wühlmaus-Jägers trägt, streute das Bulletin «WasWerWieWannWo, Information über Agitation und Subversion des politischen Extremismus in der Schweiz», das einen Teil der Erkenntnisse interessierten Stellen zuhielt. «Info+ch», 1974 von Ernst Cincera gegründet, gibt dessen Sicht auf «revolutionäre Bewegungen, Terrorismus, Neue Soziale Bewegungen, Spionage, Desinformation, Aktive Massnahmen sowie Aktivitäten, die gegen die Wirtschaft gerichtet sind», auch heute noch wieder. Sehr wörtlich nahm Cincera den Ruf Walders nach Transparenz und genauer Überprüfung sämtlicher Bewerber für Stellen in den «Institutionen». Seine Auskunftei versorgte fragende Arbeitgeber mit diskreten Hinweisen; den Höhepunkt der Hatz schaffte Cincera 1981 mit einer eigentlichen Abschussliste, die alle linken oder kritischen Journalisten und Korrespondenten der «Thurgauer Zeitung» mit Foto und Negativqualifikation per Inserat an den Pranger stellte. Immer wieder wurde ihm und seinen Hintermännern vorgeworfen, in direktem Kontakt mit der Bundesanwaltschaft zu operieren.

Nach der Fichen-Affäre geht der mittlerweile zum freisinnigen Nationalrat und Präsidenten des Gewerbevereins der Stadt Zürich aufgestiegene Cincera auf Distanz zu dieser Darstellung seiner Vergangenheit. «Weder habe ich Aufträge der Bundesanwaltschaft angenommen, noch habe ich dort Meldungen deponiert», beteuert er, «nur mein Bulletin hat die Bundespolizei abonniert.» Überhaupt habe er bloss öffentlich zugängliche Quellen ausgeschöpft und sein – nach dem Einbruch von Mitgliedern des «Demokratischen Manifestes» in die Datensammlung an der Englischviertelstrasse in Zürich – berühmt und publik gewordenes Personenarchiv umgepolt: «Ich sammle nur noch Material zu Facts, nicht zu Personen. Über die Vorgänge komme ich dann zu den wichtigen Figuren.» Das sei zudem die weitaus effizientere Methode als die Fichiererei der Bundespolizei. Des weitern, wehrt sich Cincera, treffe bei ihm der Vorwurf der Einseitigkeit in keiner Weise zu: «Seit 1980 publiziere ich auch regelmässig über den Rechtsextremismus.»

Hand in Hand, «aber mit der nötigen Distanz», sagt Ex-Bupo-Chef Amstein, arbeitete die Bundesanwaltschaft mit dem Schweizerischen Ost-Institut zusammen, das unter der Direktion von SVP-Nationalrat Peter Sager die Systeme und Entwicklungen hinter dem Eisernen Vorhang analysierte – und die möglichen kommunistischen Ableger in der Schweiz unschädlich zu machen suchte.

Eine andere Marktlücke hatte 1970 das private «Institut für politologische Zeitfragen» (IPZ) in Zürich entdeckt. Neben der Öffentlichkeitsarbeit über Spionage, Aufhetzung, Terrorismus berät Robert Vögeli, vormals Sektionschef der Nachkriegsorganisation von «Heer und Haus», Firmen in Sicherheitsfragen. In Seminarien und Vorträgen oder mit der gezielten

Vermittlung von Spezialisten werden Banken und Industriebetriebe vor den neuen Bedrohungen gewarnt. Ausser Elisabeth Kopp, die Vögeli nicht persönlich empfangen wollte, trug der IPZ-Leiter allen EJPD-Vorstehern Ziele und Tätigkeit des Instituts persönlich vor. Auch den Generalstabschef begrüsste er – und natürlich die Spitzen der Bundesanwaltschaft. So konnte es vorkommen, dass die Staatsschützer mit dem privaten Spionageexperten sich spontan zu einem Schwatz mit allgemeiner Lagebeurteilung – «ganz generell über die RAF und den Terrorismus, aber niemals Namen» (Vögeli) – fanden. Über solche Höflichkeitsbesuche und Fachsimpeleien hinaus habe jedoch keine Zusammenarbeit bestanden. «Vielleicht hie und da einen Tip» habe er den Staatsstellen zuhalten können, verbreitet Vögeli, «einmal pro Jahr, wenn's hoch kommt.» Präsident des Mini-Instituts war Hans Rapold, einst Stabschef Operative Schulung im EMD, der die IPZ-Oberaufsicht mittlerweile alt Bundesrat Rudolf Friedrich übergeben hat.

Als die Cincera-Affäre, die 1976 geplatzt war, die Politiker zur Stellungnahme zwang, setzte der oberste Staatsschützer Kurt Furgler sich in jesuitischer Kasuistik zwar von den ertappten Amateuren ab, propagierte gleichzeitig aber die Spitzelei als Volkssport: «Für eine private nachrichtendienstliche Tätigkeit in diesem Bereich bleibt nach Auffassung des Bundesrates in unserem demokratischen Staatswesen kein Raum, und wir haben in der Schweiz keine Veranlassung, private Polizeien oder Informationsdienste, etwa im Stil von Bürgerwehren und Spitzelorganisationen, zu dulden oder gar zu unterstützen», donnerte der EJPD-Chef, um zwei Sätze später das ganze Volk zum permanenten Pikettdienst zu mobilisieren: «Das will nicht heissen, dass der Staatsschutz nicht auch ein Anliegen des einzelnen Bürgers sein muss. (...) Weit mehr noch als im Bereich der gewöhnlichen Verbrechen ist die Polizei für die Abwehr von Spionage und anderen staatsgefährlichen Tätigkeiten auf eine Mitarbeit der Bevölkerung angewiesen.» Wachsame Bürger sollten ihre Beobachtungen den beamteten Aufpassern zutragen.

«Die Pflicht der Behörden zur Wahrung der öffentlichen Ordnung, Ruhe, Sicherheit und Sittlichkeit»: Mit diesem fast absolut verstandenen Auftrag leitete Kurt Furgler seine beschwörenden Reden zum Staatsschutz jeweils ein. Und er dehnte diese Pflicht auf die argwöhnische Bespitzelung aller kritischen Bürger aus: «Aufmerksamkeit ist auch jenen staatsgefährlichen Handlungen zu schenken, die, ohne strafbar zu sein, darauf abzielen, in unobjektiver, tendenziöser Weise unsere staatlichen Einrichtungen anzugreifen und Werte, die unser Leben und unsere Gemeinschaft massgebend bestimmen, die unserer Rechtsordnung zugrundeliegen, allmählich zu zerstören.» Das Programm des totalen Staatsschutzes war 1972 damit formuliert, Busipo und Riesencomputer sollten den Wahn der absoluten Sicherheit in Wirklichkeit umsetzen helfen. Für das Selbstverständnis der Politischen Polizei war der dynamische Justizminister aus der Ostschweiz eine zentrale Figur.

Die gleiche Botschaft richtete Hans Walder ans Volk; er förderte fleissig die allgemeine Verwirrung darüber, wo tatsächlich Wühler am Werk seien und wo aufmüpfige Demokraten sich artikulierten, wer Staatsfeind sei und wer erneuerungswilliger, aktiver Bürger. «Als Normalbürgerin kann ich mir Subversion, als Unterwühlung unseres Rechtsstaates durch fremde Ideologien, schlecht vorstellen. Mir scheint bei uns alles überschaubar, kontrollierbar und das Volk von gesundestem Instinkt.» Dieser realistische Blick auf die helvetische Landschaft wurde einer Journalistin im Gespräch mit dem Bundesanwalt gründlich vernebelt, der ihr einbleute, die Subversion existiere: an Schulen, Universitäten, in gewissen Redaktionen, einigen Gewerkschaften, Parteien und Betrieben. «Das alles ist ein wenig unheimlich», zitterte die Redaktorin nach dem Walder-Interview, «gerade so, als stiesse man mit dem Fuss an einen harmlosen Stein und darunter wimmle es von unbekanntem Ungeziefer.»

Walder selbst konnte Kritiker mit arroganten Schnoddrigkeiten ohne Zögern in die Nähe von Verbrechern stellen. In seltener Süffisanz hielt er 1973 der SPS-Rechtsstaatkommission, die Vorschläge für eine Neuordnung der Bundesanwaltschaft erarbeitet hatte, entgegen: «Im allgemeinen sind es nur die Extremisten, Anarchisten, Agenten von Geheimdiensten, Falschmünzer usw., die es gern sähen, wenn der Bundesanwalt weniger Kompetenzen besässe.»

X

Die Dunkelkammer der Nation

Die Bundespolizei entwickelt sich zum Staat im Staat und operiert ohne Kontrolle – fällt Licht auf ihre Methoden wie im Fall Nowosti, zeigt sich Stümperei

Ein Mann, zutiefst gedemütigt und ausser sich vor Zorn, kritzelt an einem Wochenende im Mai 1983 auf zwei lose Blätter Stichworte für die nächste Bundesratssitzung. Die in krakeligen Buchstaben auf die karierten Seiten geworfenen Gedächtnisstützen sind verbale Ohrfeigen: Zehn Jahre arbeite er nun schon in der Landesregierung mit, politische Differenzen hätte es zwar immer wieder gegeben, doch seien die Departementschefs bislang «Kollegen über Grenzen hinweg» gewesen. Diese Kooperation habe «erst geändert, als Sie kamen, Sie sind kein Kollege», sondern ein «blindwütiger Mann, dem es nur darum geht, eig. Fehler mit Diffamierung v. Kollegen zu verdecken». Nicht einmal vor dem Spitalbett mache der «Schnüffler» halt, dem «jedes Mittel recht ist gegen Soz. Infam und dümmlich sei solche Politik».

Bis heute blieb es ein gut gehütetes Geheimnis, ob der in seiner Ehre verletzte Finanzminister Willi Ritschard, der sich (wohl weniger aus gesundheitlichen denn aus taktischen Gründen) ins Spital verkrochen hatte, den Abbruch der Beziehungen zu EJPD-Vorsteher Rudolf Friedrich schliesslich in dieser schneidenden Schärfe im Kollegium vorgetragen hat. Der Zorn Ritschards allerdings war nicht mehr zu besänftigen. Genau in jener Woche, als er an der wöchentlichen Sitzung der Siebnerrunde im Bundeshaus fehlte, hatte ihn Friedrich der wohl echoreichsten Indiskretion der letzten Jahre bezichtigt: Der Solothurner mit dem SP-Parteibuch sei Urheber des Streuversandes des geheimen «AMTSBERICHTES der Bundesanwaltschaft über die Aktivitäten der sowjetischen Presseagentur NOWOSTI». Der hagere, eckige Winterthurer FDP-

Rechtsaussen Friedrich war damals erst wenige Monate im Amt. Anfang 1983 hatte er Kurt Furgler im Chef-Büro des Justizressorts abgelöst. Der von den Linken als überständiger Kalter Krieger abgelehnte und verhöhnte Sicherheits- und Militärpolitiker brachte das klassische Weltbild des real existierenden Staatsschutzes mit. (Allerdings sperrte sich der damalige SPS-Präsident Helmut Hubacher nach einem Nachtessen und einem politischen Gedankenaustausch mit dem unnahbaren Einzelgänger nicht mehr gegen eine Kür des Advokaten.) In welchen Kategorien der Sicherheitsfanatiker dachte, legte er stets offen dar. Als Nationalrat noch beunruhigte ihn ernsthaft das Interesse der Deutschen Bücherei Leipzig an Werken der helvetischen Kartographie, die in allen Buchhandlungen oder Papeterien zum freien Verkauf auslagen. Auch nervten ihn die Lastwagen aus osteuropäischen Ländern, welche, vollgepackt mit elektronischen Gerätschaften, durch westliche Staaten kurvten. 1982 erregte er sich, dass man einen «Teppich»-Transporter der sowjetischen Aeroflot, der über militärisch interessantem Gebiet in der Südschweiz regelmässig von der vorgeschriebenen Luftfahrtstrasse abkam, zwar zur Landung in Kloten gezwungen hatte, aber nicht näher inspizierte: «Gegebenenfalls», tadelte Friedrich den Bundesrat, sollten die Behörden «ein Flugzeug auch mal von innen anschauen. Mehr Härte wäre da erforderlich.»

Heute ist der Prinzipienreiter – neben dem leserbriefschreibenden früheren Bundesanwalt Hans Walder – der einzige der Verantwortlichen, der sich publizistisch noch immer für den integralen Staatsschutz ins Zeug legt. «Die Aufdeckung eines Tatbestandes», doziert er in der NZZ, «ist nämlich meist ein Mosaik aus unzähligen kleinen Teilchen, und die Erfahrung lehrt, dass es oft gerade scheinbar Belangloses ist, das schliesslich auf die richtige Fährte führt.» Im Konflikt zwischen Persönlichkeitsschutz und ungehemmter Datensammlerei seien die «staatlichen Interessen» ohne weitere Reflexion «als vorrangig» einzustufen. Friedrichs Bekenntnis zur umfassenden Kontrolle der Bürger trägt den Untertitel «Wie war es denn eigentlich?» Es war so, dass die Polizisten unermüdlich Banalitäten aneinanderreihten, wobei die Schnitzeljagd bisweilen bös in der Sackgasse endete – zum Beispiel in der «Affäre Nowosti».

Am warmen Frühlingstag vom 29. April 1983, einem Freitag, richten die Redaktionen sich bereits aufs Wochenende ein, als ein Meldeläufer aus dem Justiz- und Polizeidepartement einen Stapel Communiqués vom Bundeshaus West ins Journalistenzimmer des Parlamentsgebäudes trägt und damit landesweit in den Schreibstuben und Chefetagen der Medien grösste Hektik auslöst. Der Titel der zweiseitigen Pressemitteilung – im Stile einer dringlichen Depesche in konsequenter Kleinschrift gehalten – lautet: «schliessung des berner nowostibüros – ausweisung des sowjetischen leiters.» Der Knall ist gewaltig; noch wochenlang rumort es.

Vorgeworfen werden dem russischen Leiter der Nachrichtenagentur Nowosti (APN), Alexei Dumow, und den beiden Schweizer Mitarbeitern Martin Schwander und Philippe Spillmann, beide eingeschrieben bei der PdA, «die beeinflussung von teilen der schweizerischen friedensbewegung, die ideologische schulung und kriminalisierung jugendlicher, die wahrnehmung eigentlicher desinformationsaufträge sowie die organisation von zahlreichen demonstrationen, politischen aktionen und kundgebungen aller art».

Im Dezember 1981 hat die erste, eindrückliche Friedenskundgebung Zehntausende von Menschen nach Bern geführt; eine neue Veranstaltung für 1983 wird vorbereitet (an der schliesslich wiederum weit über 50 000 Menschen teilnehmen werden). Die plötzliche Attacke aus dem Bundeshaus kann kein Zufall sein. Der «Blick» setzt die politische Botschaft der Staatsschützer in die gewünschte Grosslettern-Formel um: «Friedensdemo, Chaoten: Moskau mischte mit!» Der Beweis, dass der sowjetische Geheimdienst KGB an seinem langen Arm in der Schweiz friedenstrunkene Marionetten tanzen lasse, scheint erbracht.

Rudolf Friedrich hebt den Mahnfinger und schiebt Tage später die Verlautbarung nach, dass die «Art und Weise, wie sich die sowjetische Nachrichtenagentur für die Tätigkeit der

Schweizerischen Friedensbewegung interessiert, deren Verantwortliche zur Vorsicht mahnen muss und die Frage aufwerfen sollte, wie sich die Friedensbewegung von der Schützenhilfe Moskaus distanzieren kann». Eine Differenzierung ist tatsächlich angebracht: Die «Schweizerische Friedensbewegung» (SFB) ist eine strukturierte Organisation mit eigenem Büro in Basel und propagiert als Frontgruppe des Moskauer Weltfriedensrates die Ideologie der östlichen Supermacht. Die bunte Jedermann-Bewegung hingegen zeichnet sich aus als Plattform der unterschiedlichsten Vereinigungen und Zirkel. Allerdings reagieren diese nicht nach Friedrich-Diktat: Nicht der Spaltpilz pflanzt sich fort, vielmehr schliesst die Empörung über derartige obrigkeitliche Anweisungen die Reihen.

Der Sturm auf Nowosti glich einer Kommandoaktion mit langem Anlauf. Denn der Amtsbericht wurde bereits im Dezember 1982 noch unter Kurt Furgler zusammengeschustert; der hyperaktive St. Galler hätte seine Zeit im EJPD nur zu gerne mit einem knalligen Polit-Feuerwerk beendet. Ihm fiel aber Staatssekretär Raymond Probst, Direktor des Bundesamtes für Aussenwirtschaft, in den Arm. Zu dürftig sei der Rapport der Bundespolizisten, protestierte der Spitzenbeamte, und die neben der Schliessung des Berner Nowosti-Büros vorgesehene Sanktion (Ausweisung des sowjetischen Diplomaten Leonid Owtchinnikow) wäre in jeder Hinsicht überrissen. Owtchinnikow galt als eigentlicher Oberaufseher über die Nowosti-Filialen in Bern und Genf und kehrte im Frühjahr 1983 nicht mehr auf seinen Posten in die Schweiz zurück. Damit konnte das Dossier wieder behutsam beliebt gemacht werden:

Nur 24 Stunden vor der ordentlichen Sitzung des Bundesrates vom 27. April wurde unter grösster Geheimhaltung den sieben Landesvätern das 25seitige Sündenregister der APN-Leute aufs Pult geschoben, verbunden mit der Order, die Bupo-Prosa nach gehabter Lektüre schleunigst wegzusperren. Ohne Kontroversen konnte sich das Gremium an seiner Mittwochsrunde jedoch nicht einigen; der Hardliner Friedrich musste sich erst gegen die vielen Einwände des sozialdemokratischen Aussenministers Pierre Aubert durchsetzen. Dem auf allseitig gute Beziehungen achtenden Entspannungspolitiker behagte mögliches diplomatisches Ungemach gar nicht, zumal die Helsinki-Schlussakte der Konferenz für Sicherheit und Zusammenarbeit in Europa (KSZE) die journalistische Arbeit ausdrücklich unter Schutz stellte: Die legitime Ausübung seiner beruflichen Tätigkeit dürfe nicht zur Ausweisung eines Journalisten führen, hatte auch die Schweiz sich am 1. August 1975 verpflichtet. Werde die Massnahme gegen einen akkreditierten Medienschaffenden dennoch ergriffen, sei dieser über die Gründe zu unterrichten; zudem müsse ihm das Recht auf einen Antrag zur Überprüfung eingeräumt werden.

So pfleglich ging das offizielle Bern mit Herrn Dumow nicht um: Am Morgen des 29. Aprils wurde er vom Pressechef des Departements für auswärtige Angelegenheiten zitiert, der ihm in insgesamt fünf Sätzen den bundesrätlichen Beschluss eröffnete, nämlich die Berner Filiale zu schliessen, fürderhin keine APN-Journalisten mehr in der Bundesstadt zu dulden und den Chef des Büros auszuweisen.

«Das Berner APN-Büro entfaltete in den letzten Jahren in zunehmenden Masse eine nicht mit seinen ihm zugewiesenen Aufgaben zu vereinbarende Tätigkeit, welche vor allem auf die beiden vollamtlich für die APN tätigen Journalisten SCHWANDER und SPILLMANN zurückzuführen ist», heisst es im vertraulichen Amtsbericht: «Diese pflegten zahlreiche Kontakte und Verbindungen und entfalten Aktivitäten, die dem Interesse der Sowjetunion und der Förderung des Weltkommunismus dienen und die sich gegen unser Land und seine demokratischen Einrichtungen richten.» Aufgelistet wurden von Polizisten, welche die Ohren ununterbrochen am Nowosti-Telefon hatten und ausgedehnte Überwachungen nicht scheuten: das Vorbereiten von acht Demonstrationen und Kundgebungen von «antiamerikanischem» Einschlag (was immer für ein Delikt das sein soll), «eine – wenn auch nach aussen nicht erkennbare – wesentliche Rolle» bei der Organisation der ersten grossen Friedenskundgebung auf dem Bundesplatz und die ideologische Schulung einer «Che-Guevara-Jugendgruppe Münchenbuchsee». So nannte sich ein kurzlebiger Bund von 14- bis 15jährigen Schülern der Berner Vorortsgemeinde, die den «Kampf gegen den Imperialismus» suchten. Gemeinsam hätten sie «im Wald eine Kampfbahn angelegt und paramilitärische Übungen exerziert».

Mit drohenden Nebentönen liessen es sowohl Bundesrat Friedrich wie auch sein Informationschef Ulrich Hubacher zuerst bewusst offen, ob gegen die beiden Schweizer Journalisten Anklage erhoben werde, gehe es doch «um Molotow-Cocktails» und um «Vorbereitungshandlungen». Der Hagel kritischer Fragen (Der verdatterte Bundespolizei-Chef Peter Huber: «Ich bin über die Reaktionen erstaunt!») liess die Behörden zum erstenmal krebsen: Nein, strafrechtlich relevant seien die Handlungen der zwei Journalisten nicht. Die Rolle Schwanders bei den Spielen mit Brandflaschen wurde neu mit «Inspizient» umschrieben, niemand aber mochte den unscharfen Begriff aus der Theaterwelt näher präzisieren. Mit stets wechselnden Formeln wurde auch der Part von Dumow skizziert. Leute, die mit ihm zu tun gehabt hatten, rühmen ihn nicht gerade als «Kirchenlicht»: «Seine Interessen waren eher punktuell: Erika Hess oder Fritz Platten, Liechtenstein, eine halbe Doktorarbeit über das Rätoromanische.» Zuerst wurde er als eigentlicher «Drahtzieher» einer breiten Subversionskampagne bezeichnet, wobei «die Übungsanlage doppelt perfid» (Pressechef Hubacher) gewesen sei, weil nur die beiden Schweizer Mitarbeiter politisch gehandelt hätten, jedoch «im Auftrag und unter Verantwortung von Dumow». Der Rückzieher folgte rasch: Die Rolle des sowjetischen Büroleiters sei «hauptsächlich indirekter Art» gewesen.

«Erstunken und erlogen» seien die Berichte aus der Bundesanwaltschaft, wehrten sich die beiden PdA-Leute Schwander und Spillmann, sie hätten lediglich ihre verbrieften politischen Rechte als Bürger wahrgenommen. In den APN-Büros seien keine Flugblätter verfasst oder gedruckt worden – und die angeblich wesentliche Vorbereitungsarbeit für die Friedenskundgebung habe darin bestanden, vier Mitgliedern der Deutschen Kommunistischen Partei den Weg ins Zentrum der Bundesstadt zu beschreiben. Trotz der Flut von offenen Fragen legten EJPD-Chef Friedrich und seine Getreuen die Beweise für ihre Thesen nicht auf den Tisch: Aussage stand gegen Aussage, zu einzelnen behaupteten Missetaten lagen drei bis vier (behördliche) Versionen vor.

Bis ein Jemand, der noch heute nicht decouvriert ist, sich zu «aktiven Massnahmen» durchringt, den Geheimbericht in genügender Anzahl fotokopiert, am 17. Mai 1983 den Stapel zur Berner Schanzenpost schleppt und mit einem Massenversand zahlreiche Redaktionen des Landes mit Lesestoff versorgt. Die in monatelanger Kleinstarbeit gefertigte politisch-polizeiliche «Bombe» platzte, dem Wind der Wirklichkeit ausgesetzt, wie eine bunt schillernde Seifenblase. Nachdem die publik gewordenen nachrichtendienstlichen «Erkenntnisse» sich bei kritischer Nachschau als nicht resistent erwiesen hatten, musste Bundesrat Friedrich zur Notlüge greifen, es stehe hinter dem nun nicht mehr so geheimen Bericht ein weiterer, noch geheimerer Geheimrapport. Was kaum mehr jemand ernst nehmen mochte, zumal der Entscheid der eidgenössischen Exekutive ja ausschliesslich auf dem enthüllten Schriftsatz fusste.

Die «Affäre Nowosti» oder «Affäre Friedrich», wie die Linke die Groteske umbenannte, hätte bereits in den frühen 80er Jahren Auslöser des Fichen-Skandals sein können. Auf 25 amtlichen Seiten wurden alle Strukturelemente der bundespolizeilichen Recherche-Methoden weithin sichtbar: ein omnipräsenter, jedoch wenig reflektierter Antikommunismus, die Anhäufung von Detailkram, Willkür in der Interpretation und Ungenauigkeit. Daraus resultierte, wie ein ranghoher Mann der Bundesverwaltung schon damals den «Amtsbericht» zerzauste und diesen heute noch kritisiert, «eine schlimme Mischung von Fakten, Vermutungen und Fehlern». Sogar bürgerliche Kommentatoren schrieben von einem «Pfusch».

Ein Beispiel dafür: APN-Redaktor Martin Schwander wurde ideologische Schulung und gar Militarisierung von Jugendlichen vorgeworfen. Die «Che»-Gruppe sei auch verantwortlich für Schmierereien an Schule und Kirche von Schönbühl und habe damit einen Schaden von 100 000 Franken (!) angerichtet. Die tatsächlichen Kosten der Fassadenreinigung betrugen indes nicht einmal 4000 Franken, die Verunstalter der sauberen Wände hatten nichts mit dem bereits versprengten «Che»-Klüblein zu tun, und alle als Fakten gehandelten und in die Bupo-Registratur geschobenen Angaben basierten einzig auf den ungeprüften Aussagen zweier abgesprungener Mädchen. Der hellhörige Dorfpolizist hatte die Denunziation, ohne zu zögern, nach Bern übermittelt. Nur behaupteten die beiden Gören später, sie hätten gar nie ausgesagt, Schwander habe an paramilitärischen Übungen und an Trainings mit Molotow-Cocktails teilgenommen. Verifiziert werden konnte gar nichts mehr: Ein Protokoll hatte der Landjäger nie angefertigt...

Die Bundesanwaltschaft, wenig bemüht, die Belege für ihre «Beweise» herauszurücken, war damit ausgelastet, mit Einvernahmen und kriminaltechnischen Kunststückchen aller Art den indiskreten Übeltäter zu entlarven, der den peinlichen Geheimbericht den Medien geöffnet hatte. Just während Ritschards Abwesenheit überraschte Friedrich das Restkollegium mit dem Verdacht, der populäre Sozialdemokrat könnte der Urheber der Aktion gewesen sein. Tatsächlich war dessen Exemplar entheftet und fotokopiert worden, aber auch andere Nachdrucke befanden sich im Umlauf. Willi Ritschard hatte zugegeben, er habe den Bericht einigen seiner ungläubigen Vertrauten zur Lektüre überlassen – um diese von der Angemessenheit der bundesrätlichen Massnahmen gegen die Kommunisten zu überzeugen! Die Haltung der Sozialdemokraten zur Nowosti-Schliessung blieb ambivalent: Als die beiden Zürcher Nationalräte Walter Renschler und Hansjörg Braunschweig die Fraktion informierten, dass sie mit einem Vorstoss ihr Unbehagen anmelden und eine Rechtfertigung durch den EJPD-Chef verlangen wollten, wurden sie von ihren Genossen brüsk gebremst.

Die Bundesanwaltschaft hat in einem Spezialdossier alle Artikel zu dieser Staatsschutz-Burleske gesammelt. 1989 wurde das Berner Nowosti-Büro wieder zugelassen (jenes in Genf war nie geschlossen worden). Die Geschichte ist damit aber noch nicht zu Ende; die Bundesbehörden müssen sich nochmals mit der unrühmlichen Zeit befassen. Im Dezember 1989 nämlich erreichte Bundesrat Arnold Koller, den jetzigen EJPD-Chef, aus Finnland ein Brief des ehemaligen APN-Journalisten Philippe Spillmann, der sich als von der Bundesanwaltschaft geschädigt erklärte: Acht lange Monate sei er arbeitslos gewesen (wie auch sein Kollege Schwander); erst im Ausland habe er wieder Anstellung und Verdienst gefunden. In Sippenhaftung wurde auch seine Frau genommen: Als die Direktion der Berner Kantonalbank das Eheaufgebot einer ihrer Buchhalterinnen mit dem Ex-Nowosti-Mann las, stellte sie die langjährige Mitarbeiterin kurzerhand auf die Strasse. Spillmann will nicht nur materielle Entschädigung («Das kann man nicht mehr gutmachen; ohne dass wir uns in einem öffentlichen Verfahren hätten wehren können, wurden wir geteert und gefedert.»), sondern verlangt seine volle Rehabilitierung. Solches aber kann wohl nicht geschehen. Ex-Bundesrat Friedrich jedenfalls sieht «nicht den geringsten Grund», wie der Dogmatiker in seinem harten Stakkato beharrt, den damaligen Entscheid heute anders zu werten. «Mir ist bisher kein Fall bekannt», behauptet er im erwähnten NZZ-Beitrag, «wo jemand zu Schaden gekommen wäre, der nicht gegen gesetzliche Vorschriften verstossen hätte.» Finanziell liegt für den früheren Nowosti-Schreiber Spillmann eher etwas drin. Martin Keller, Abteilungschef im Bundesamt für Justiz, der für die Staatsschutz-Aufräumarbeiten freigestellt worden ist und auch die Begehren von Bürgern sichtet, die sich durch bundesanwaltschaftliche Interventionen beruflich oder materiell geschädigt fühlen: «Das ist eines der Gesuche, das wir näher anschauen müssen.»

Hinter den Kulissen war Nowosti überall. Jeden Spionagefall versuchten EJPD und Bundesanwaltschaft zur landesbedrohenden Katastrophe emporzustilisieren – gegen den regelmässigen Widerstand der anderen Ressorts, die sich an den Realitäten orientierten. Als 1982 der libysche Geschäftsträger Mohammed Abdelmalek des verbotenen Nachrichtendienstes bezichtigt wurde, hätte er mit einem Getöse, das die Schweizer gehörig erschrecken sollte, ausgewiesen werden sollen. Der Angriff des EJPD blieb allerdings bereits im Vorgelände stecken.

Das EDA lehnte ab und insistierte, «que le rappel formel d'Abdelmalek n'est pas la meilleure solution pour sauvegarder nos intérêts» (so Aussenminister Pierre Aubert im Mitbericht). EMD-Chef Georges-André Chevallaz erteilte seinem Kollegen Furgler und dem Bundesanwalt gar juristischen Nachhilfeunterricht: «Diese Aktivität kann unseres Erachtens jedoch keinesfalls als verbotene nachrichtendienstliche Tätigkeit gewertet werden. Beim fraglichen – übrigens nicht klassifizierten – Reglement handelt es sich nämlich lediglich um einen Separatdruck der Militärartikel der Bundesverfassung und des Bundesgesetzes über die Militärorganisation. (...) Nach unserer Beurteilung liegen keine ausreichenden Gründe für eine Abberufung vor.» Der Fall des umtriebigen Abgesandten Gadaffis wurde dann diskret erledigt – womit die Bundesanwaltschaft sich offensichtlich aber nicht abfinden mochte. Als gegen die amerikanische Bardame Alexandrea, die im Berner «Bellevue» sich immer dann äusserst kontaktfreudig gebärdete, wenn Beamte und Politiker aus dem nahen Bundeshaus becherten und sanften Halt suchten, wegen Spionage ermittelt wurde, konnten die Staatsschützer der bundesanwaltschaftsnahen Presse den Namen Abdelmalek dennoch stecken: Der Leiter des libyschen Volksbüros in Bern wurde als Auftraggeber der Mini-Mata-Hari in der Bundesstadt verdächtigt. Die Dame wurde verurteilt; der Diplomat hatte die Schweiz bereits verlassen.

Gänzlich erfolglos blieben Furgler und seine Polizisten in einer versuchten pompösen Inszenierung des Bagatellfalls des ungarischen Handelsrates László Nagy. Der Diplomat hatte in seinem Gepäck technologische Güter (zehn Messgeräte amerikanischer Provenienz) im Werte von 6000 Franken verschoben. Turnusgemäss kehrte er 1982 nicht mehr in die Schweiz zurück. Um einen «Abschreckungseffekt» zu erzielen, das «Sicherheitsbewusstsein zu verbessern» und die Bereitschaft der Eidgenossenschaft zu dokumentieren, dass sie Umgehungsgeschäfte bei mit einem Embargo belegten Gütern unterbinde, wollten Bundesanwaltschaft und EJPD beim ungarischen Botschafter einen geharnischten Protest deponieren und per Communiqué das Volk aufrütteln. Dazwischen stand diesmal FDP-Bundesrat Fritz Honegger, Vorsteher des Volkswirtschaftsdepartements, der dem Justizressort eine ausführliche rechtliche Lektion angedeihen liess: Es handle sich hier keinesfalls um technisch besonders sensible Ware, weder für die Schweiz noch für die am Deal beteiligte Lausanner Firma gehe es «um irgendwelche Geheimnisse, die zu schützen wären». Der EJPD-Text sei «irreführend», wenn er von «strategisch bedeutsamer Technologie der Computer- und Mikroelektronik» spreche: «Es handelt sich vielmehr um sogenannte Listenwaren, die allenfalls für die USA ‹strategisch bedeutsam› sein mögen», kanzelte der EVD-Chef den voreiligen Kollegen Furgler ab, und er pochte – in Kenntnis wohl des wahren Urhebers der wilden Aktion – auf gelebte Neutralität: «Die schweizerischen Behörden sollten nicht den Eindruck aufkommen lassen, als handelten sie als Ausführungs- und Kontrollorgane für international höchst umstrittene wirtschaftliche Kampfmassnahmen einer fremden Macht.» Obendrein versuchte Honegger, mit seiner Kritik an der staatsschützerischen Semantik auch das Weltbild der Wächter zurechtzurücken: Ausdrücke wie «nachrichtendienstlicher Fall» seien «deplaziert»; der Begriff «Embargokontrolle» müsse als völlig verfehlt vermieden werden, da die neutrale Schweiz sich bekanntlich nicht an wirtschaftlichen Kampfaktionen beteilige (und auch nicht ins Sperrlisten-System der USA eingebunden sei). Überdies seien unpräzise oder falsche Wörter wie «Ostblock», «Satelliten Moskaus», «westliche Länder» (unter Einschluss der Neutralen) oder «gesperrte Waren» in offiziellen Mitteilungen tunlichst zu vermeiden. Die saftige Schelte zeitigte Wirkung: Der Fall wurde ohne Publikumsbeteiligung hinter der Bühne erledigt; der von Furgler und seinen Sekundanten erhoffte Theaterdonner blieb aus.

Unterbunden wurden solche Experimentierstücke allerdings nicht immer, obwohl die Landesregierung sehr genau im Bild war über die Tendenz der Bundesanwaltschaft nach lückenloser Observation und ihren Drang zu steter Betriebsamkeit. Die Opfer nämlich übten sich ab und zu auch als Täter.

Als Alexander Euler, Basler SP-Nationalrat und Präsident des Nordwestschweizer Aktionskomitees gegen Atomkraftwerke (NWA), seine Fiche – zwölf Karten mit rund 130 Einzeleintragungen aus 29 Jahren – durchsieht und auch seine völlig legalen Aktivitäten gegen den Bau von Atommeilern in Kaiseraugst und anderswo registriert findet, klärt ihn der hilfreiche Beamte auf: Der damalige Energieminister Willi Ritschard höchstpersönlich habe die Überwachung der AKW-Gegner angeordnet. In der Tat hatte ein 1977 publik gewordenes Geheimprotokoll einer Sitzung der Atomlobby darauf hingedeutet, dass die Anti-Atomkraft-Bewegung bespitzelt werde. «Willi Ritschard, ein eifriger Promotor nuklearer Stromproduktion, wollte die bösen von den guten Kernkraftgegnern scheiden», nimmt Euler den verstorbenen Parteikollegen in Schutz.

Damals beeilte sich Ritschard indessen, öffentlich zu erklären, von einer Observierung dieser politischen Gruppe könne keine Rede sein, die Bundesanwaltschaft wäre sogar berechtigt, solche Verleumdungen mit einer Klage zu kontern. Er habe, wand sich der Magistrat, im Hinblick auf die Revision des Atomgesetzes sich und die gesamte Regierung über die «Stimmung im Lande gegenüber den A-Werken» informieren wollen. Auf sein Ersuchen hin habe die Bundespolizei bei den kantonalen Polizeikorps Informationen über die zahlenmässige Stärke der Anti-AKW-Komitees eingeholt. Dabei sei eine wachsende Opposition festgestellt worden. Eine «Bespitzelung», so die verquere behördliche Logik, habe jedoch nie stattgefunden. Ein halbes Jahr später musste der Schaffhauser Kantonspolizei-Kommandant Kurt Stauber dann zugeben, dass seine Mannen Listen über AKW-Gegner nachführten und dass sogar eine Lauscherin in den Anti-Atom-Kreis eingeschleust worden war.

Das bundespolizeiliche Interesse an dieser Bürgerbewegung erläuterte 1981 Peter Huber, damals stellvertretender Chef der Bupo: «Gruppen mit zum Teil ideellen Zielen» wie «Atomkraftwerkgegner, Armeegegner usw.», die nicht grundsätzlich als «Links-Organisationen einzustufen sind, die jedoch oft durch geschickte Manipulation für kommunistische Ziele missbraucht werden», müssten selbstredend politpolizeilich kontrolliert werden. Als an sich näherliegendes Argument nicht verwendet hat Huber die diversen Anschläge auf den Kaiseraugster Informationspavillon, auf Strommasten oder Autos und Ferienhäuser von Kernenergie-Exponenten.

Denn da wagte es Alexander Euler, öffentlich den Verdacht zu äussern, dass diese Anschläge auch eine gezielte Diskreditierung und Kriminalisierung der friedlichen AKW-Gegner sein könnten. Offenbar seien hier Profis am Werk, in den Anti-AKW-Organisationen kenne man aber keine Anarchisten. Die Reaktionen auf dieses laute Denken waren mehr als rüde. «Die Kontroverse tobte lange. Und von all dem steht kein Wörtchen in meinen sonst ausführlichen Fichen», wundert sich Euler: «Merkwürdig.» Die Vermutung, dass die Atomgegner mit Diffamierungen zu moskauhörigen Subversiven gestempelt werden sollten, förderte der undurchsichtige Hauptmann Rudolf Moser, ein ehemaliger Kampfgefährte des famosen früheren Geheimdienstobersten Albert Bachmann. Im Namen einer «Arbeitsgruppe besonderes Basel» verbreitete er per Massenzirkular die Mär, die Widerständler gegen das Kaiseraugster Projekt bezögen ihr Propagandamaterial aus dem Ostblock. Er stoppte seine Desinformationskampagne auch nicht, nachdem die Bundesanwaltschaft die Vorwürfe als haltlos erklärt hatte.

Die Staatsschützer jedoch ordneten neue Probleme ebenfalls mit Vorliebe auf dem vertrauten, wenn auch zunehmend untauglicheren Ost-West-Schema ein. Am 19. Juni 1984 beispielsweise widmete der höhere Beamte Jörg Rösler, damals 1. Stellvertreter des Chefs der Bundespolizei und heute Besonderer Untersuchungsrichter für Wirtschaftsdelikte im Kanton Bern, den Asylsuchenden die Schmähschrift «Einige Erkenntnisse und Gedanken zu Asylgesuchen der letzten Zeit». Der 16seitige «Bericht» diente der Nationalen Aktion (NA) sofort als heiss begehrtes und vielfach nachgedrucktes fremdenfeindliches Propagandamaterial. Das wenig qualifizierte Elaborat, in dem reiner Rassismus Beamten-Wort wurde, schimpfte die Asylsuchenden abwechselnd Lügner, Schmarotzer, Diebe, Betrüger, Heiratsschwindler oder Unzüchtler: «Nicht selten lassen sich die afrikanischen Asylbewerber auch völlig neu einkleiden und sich eine Wohnung einrichten, um dann kurz darauf, natürlich unter Mitnahme der Wertgegenstände und Zurücklassens offener Rechnungen, spurlos zu verschwinden.» Rösler, dem die angestrebte Karriere in der Bundesanwaltschaft verwehrt wurde, dichtete den Ausländern alle nur erdenkliche kriminelle Energie an.

Dabei verlor das behördliche Pamphlet aber nicht die grosse weltpolitische Linie aus den Augen, die Fernsteuerung der armen Teufel aus der Dritten Welt durch Moskau: «Da ein Hauptflüchtlingsstrom über Russland, Bulgarien und Ostdeutschland nach Westeuropa führt, stellt sich ernsthaft die Frage, ob sich die Oststaaten diese Völkerverschiebung letztlich nicht im Rahmen ihrer Destabilisierungsbemühungen im Westen zunutze machen. (…) Tatsache ist auf jeden Fall, dass die Abwehrorgane durch das Asyl(un)wesen in einem entscheidenden Masse von ihrer eigentlichen Aufgabe abgehalten werden, was zu einer offensichtlichen Schwächung der Spionageabwehr geführt hat.»

Es dauerte unanständig lange, bis Justiz- und Polizeiministerin Elisabeth Kopp, welche die Bundesanwaltschaft mehr oder weniger gewähren liess und keinen erkennbaren Einfluss nahm auf diesen zunehmend autonomer handelnden Verwaltungsteil, sich nach der eindeutigen öffentlichen Kritik zur Distanzierung von dem bösartigen Papier bequemte. Offenbar war das Rösler-Konstrukt nicht nur ein individueller Ausrutscher, sondern eher Ausfluss des allgemeinen Treibhausklimas in den Stuben der Bundespolizei.

Den Staatsschutz der Endphase prägte Rudolf Gerber, 1973 überraschend als 45jähriger Staatsanwalt des Kantons Zürich zum Bundesanwalt berufen. «Das Amt ist eben nicht begehrt», kommentierten Insider die Wahl des ausserhalb der eigenen Gemarchungen unbekannten Juristen, der von Vorgänger Hans Walder empfohlen worden sei. Seine Sporen abverdient hatte Gerber sich als Leiter jener Gruppe von Bezirksanwälten, welche die Globus-Krawalle von 1968 untersuchten. In Bern profilierte sich das Vorstandsmitglied der Schweizerischen Kriminalistischen Gesellschaft als Meister der Abschottung. Zog der Landesring-Mann Walder mit seinem Ein-Mann-Grusel-Programm von BGB-Stammtisch über FDP-Zmorge zu besorgten Bürgerrunden, verbunkerte Gerber sich hinter dicken Mauern. Selbst als öffentlicher Ankläger liess der sehr kontrovers beurteilte, unfassbare Mann sich fast immer vertreten. Auch seine Mitarbeiter durften nicht an die frische Luft, um ihre Erkenntnisse, Überlegungen und Theorien dem Publikum darzulegen. «Sie haben zu analysieren, nicht zu referieren», verbot der oft grob und unzimperlich dreinfahrende Chef seinen Untergebenen den Dialog mit der Öffentlichkeit. Die interne Führungscrew setzte der sicherheitsbesessene Gerber ganz nach seinen Wünschen zusammen. Seine Stellvertreter wurden zwei junge Juristen: Markus Peter, die hochintelligente eigentliche Graue Eminenz des Amtes, avancierte zum Chef des Rechtsdienstes, Peter Huber, ein vasallentreuer Gefolgsmann aus Zürich, kommandierte ab 1982 die Bundespolizei. «An diesem Triumvirat war kein Vorbeikommen», klagt manch ein Karrieregeschädigter, «sie hatten alles im Griff, zogen nach, wen sie wollten, liessen fallen, wen sie nicht mochten.»

Entsprechend widersprüchlich lauten die Kommentare zu Gerber, der sich meist vor der Öffentlichkeit versteckt hielt. Äusserst korrekt sei er gewesen als Vorgesetzter und fordernd, lobt ihn der innere Kreis, grosse menschliche Qualitäten zeichneten den Kunstfreund aus und die für einen Strafrechtler so wichtige Sensibilität. Je entfernter die Bekanntschaft, um so negativer das Urteil: Der oberste Ankläger und Polizist des Landes sei nicht fähig gewesen zum offenen, demokratischen Dialog. Von stetem Misstrauen erfüllt, habe er immer nur defensiv agiert und jede Kontrolle über sein Amt erbittert bekämpft. Verschanzt in seiner Machtstellung, habe er die Wandlungen der Gesellschaft nicht mitbekommen (wollen). Kritiker seien mit harten Konterattacken zum Verstummen gebracht worden. Und weil sein Name regelmässig am Rande des noch immer ungeklärten Mordfalles der Zürcher Industriellen-Gattin Anne-Marie Rünzi aufgetaucht sei (Gerber hatte enge Kontakte zu dieser Frau wie auch zu ihrer zeitweise tatverdächtigen Freundin), habe er nie eine völlig unangefochtene, über jeden Zweifel erhabene Position einnehmen können.

Gerber, mit der nötigen Sehschärfe auf dem linken Auge ausgestattet, stockte die Bundesanwaltschaft personell zügig auf, jeden Spionage- oder Verratsfall geschickt ausnützend, neue Mittel anzubegehren. Paradestück für diese Taktik war die Affäre um Luftschutz-Brigadier Jean-Louis Jeanmaire, die das nervöse Parlament 1977 bewog, wieder einige zusätzliche Staatsschutzstellen zu bewilligen. Zählte die Bundespolizei 1959 – kurz nach dem Fall Dubois – neben dem Chef und zwei leitenden Beamten noch einen Kommissär und 21 Inspektoren, so hat das Personal sich mittlerweile vervierfacht: Ausser den Führungskräften werden 94 Kommissäre und Inspektoren entlöhnt. Angeheuert werden die Bundespolizisten in den Kantonen, wo Nachrichtenleute sich für den Dienst bei der Eidgenossenschaft profilieren können. Eingesetzt werden sie in einem der sechs Kommissariate, welche die gesamte Schweiz regional abdecken, wobei der Bupo-Mann aus der Berner Perspektive weiterhin sein angestammtes Territorium beobachtet. Ein Kommissariat ist darauf spezialisiert, enge Tuchfühlung mit befreundeten ausländischen Diensten zu halten. Nach fünf, sechs Jahren steigen die Inspektoren zu Kommissären (und einem sechsstelligen Jahreslohn) auf.

Dreissig Millionen Franken kostet die Bundesanwaltschaft jährlich insgesamt den Steuerzahler (1973, beim Amtsantritt Gerbers, waren es erst 7,7 Millionen, 1980 nur 15,5 Millionen Franken). Neben der Bundespolizei werden damit staatsanwaltschaftliche Aufgaben alimentiert, das Zentralpolizeibüro und der Sicherheitsdienst der Bundesverwaltung bezahlt.

Gerber wollte nicht nur Herr über die rund 200 Beamten der Bundesanwaltschaft sein, sondern auch die gut 180 kantonalen und städtischen Datenbeschaffer als direkte Handlanger enger an sich binden. Dafür heckte er das Projekt aus, die

2,5 Millionen Franken, mit denen der Bund seine Filialen der Politischen Polizei für ihre Zuträgerdienste pro Jahr entschädigt, an den Finanzdirektoren (und anderen Kontrolleuren) vorbei direkt in die dunkleren Kassen der Polizeikorps zu leiten. «Damit das Geld auch entsprechend seiner Zweckbestimmung verwendet werde», lautete die Begründung für die geplante Errichtung einer unterirdischen Finanzpipeline. Dem Bundesrat war diese verdeckte Zufuhr allerdings doch zu suspekt, weshalb er den direkten Geldverkehr von Polizist zu Polizist verhinderte.

Meistens aber klappte die Politik der verschlossenen Tür. 1981 erliess EJPD-Vorsteher Kurt Furgler die «Richtlinien für die Bearbeitung von Personendaten in der Bundesverwaltung» mit dem Ziel, die erfassten Frauen und Männer besser zu schützen. Ausgenommen von diesen Bestimmungen für mehr Transparenz wurde – wen wundert's? – allein die Staatsschutzstelle. Für diese gelten die Vorschriften rein formal zwar ebenfalls – «ausser wenn ihre Anwendung mit der Erfüllung der Aufgaben der Bundesanwaltschaft unvereinbar ist». Was «vereinbar» und was «unvereinbar» ist, entscheidet allein der Bundesanwalt. Konsequenterweise reagierte Gerber auch sehr zurückhaltend auf das 1984 von Bundesrat Friedrich erlassene Ausführungsreglement, das die Amtsstellen verpflichtet, die angelegten Register dem Dienst für Datenschutz im Bundesamt für Justiz zu melden. Die langandauernden Wort- und Schriftenwechsel zwischen den Amtstellen bewirkten lediglich, dass die Existenz von acht Karteien der Bundesanwaltschaft – eine Handballenabdrucksammlung zum Beispiel oder ein automatisiertes Fingerabdruck-Identifikationssystem mit 230 000 erfassten Personen – publik gemacht wurde. Die ominösen Spezialkarteien und die voluminöse Hauptregistratur hingegen verblieben in der Geheimsphäre. Auch der vom Bundesrat den eidgenössischen Räten vorgelegte Entwurf zu einem Datenschutzgesetz verblüfft mit grosszügigen Ausnahmeregelungen für die Staatsschutzabteilungen: Einblicke in die Daten sind nicht den Betroffenen, jedoch den interessierten ausländischen Diensten erlaubt. Und der vom Parlament gewünschte Ombudsmann für die Zentralverwaltung, so die prompte Abwehr aus der Bundesanwaltschaft, habe in ihrer Domäne nichts zu geschäften.

Der Begriff «Dunkelkammer der Nation», bereits seit Jahren im Umlauf, wurde von der Verbalattacke auf das Amt zum treffenden Synonym für die Bundesanwaltschaft, einen Verwaltungstrupp, der sich immer mehr nach seinem eigenen Gutdünken bewegte – oder eben nicht bewegte.

Nicht allzu wissbegierig stellten sich allerdings die Parlamentarier an, deren Geschäftsprüfungskommissionen (GPK) die Oberaufsicht über die Bundesverwaltung wahrzunehmen hätten. Jahrelang hofierte ein GPK-Mitglied, nach Voranmeldung, beim Bundesanwalt, wurde mit einer Tasse Kaffee willkommen geheissen und im unverbindlichen Geplauder dahingehend versichert, dass an der Taubenstrasse 16 alles in bester Ordnung sei. Den Rapporten des gezähmten Spürhundes glaubten die Volks- und Standesvertreter noch so gerne. Erst 1988 machte sich eine ganze Gruppe der GPK des Nationalrates zu einer eingehenden Inspektion des verbotenen Geländes auf. Anlass zu dieser Expedition war der Einsatz des V-Mannes und Agent provocateur Walter Truniger, der auch Bombenattrappen legte, durch die Zürcher Stadtpolizei; die Aktion war wesentlich von der Bupo mitgetragen worden. Die parlamentarischen Prüfer der Limmatstadt wie des Bundes wurden von der einen zur anderen Adresse (und wieder zurück) gewiesen und schnappten nur auf, dass Geheimverträge zwischen den Zürcher Ordnungshütern und der Bundesanwaltschaft existierten.

Immerhin erhielt die Abordnung der nationalrätlichen GPK Zutritt zum Allerheiligsten der Staatsschützer, zum Fichenraum. Ihr Misstrauen gegenüber der gigantischen Personendaten-Kollektion wurde von Bundesanwalt Gerber aber geschickt zerstreut, indem er der Delegation eine präparierte Kontrollkarte vor die Augen hielt: Es war nicht die Politbiographie eines registrierten Schweizerbürgers, sondern das Angst einflössende Blatt eines der berühmtesten und meistgesuchten internationalen Terroristen. Trotzdem schwang sich die GPK zu vorsichtig-verklausulierter Kritik an der Arbeit der Politischen Polizei auf. So sei «die Zahl der Karteikarten und damit der erfassten Personen sehr gross», tadelte sie am 14. November 1988. Die Datenhaufen, die in «unterschiedlicher Dichte und Informationsqualität» nach zufälligen Kriterien aufgetürmt worden seien, müssten auf eine «hinreichende Aktualität» reduziert werden, forderten die Parlamentarier bereits damals – noch ohne Echo. Die «Blick»-Schlagzeile «Eine Million registriert!» löste keine Bewegung, geschweige denn ein Beben aus.

Keinen Einblick hatten die Nationalräte in die Quartalsberichte der Bundesanwaltschaft, die auf mehreren Dutzend Seiten gelben Papiers der Landesregierung und den Polizeikorps streng geheim mitteilten – die Bundesräte mussten ihre numerierten Exemplare nach erfolgter Lektüre wieder an den Absender retournieren –, welche Vertreter der PdA und der Poch, aber auch der SP oder der Grünen in welchen Regionen des Landes kandidierten und gewählt wurden. Eine Reise des PdA-Nationalrats Jean Spielmann (Genf) nach Kuba wurde ebenso als staatsgefährdendes Ereignis festgehalten wie andere Ortsverschiebungen linker Politiker in kommunistisch regierte Länder. Nachgeführt war – wohl zur Beruhigung der besorgten Leser – die Totentafel der ohnehin schwindsüchtigen Partei der Arbeit. Von lebensfähigeren Organisationen wie Soldatenkomitees, Drittwelt- und Ökogruppen wurden Exponenten, Statuten, Organisation erfasst, wobei die Informationen oft aus observierten Versammlungen stammten. Ganz vereinzelt tauchten rechtsextreme Banden und Personen auf, und bisweilen war eine kurze Passage dem organisierten Verbrechen internationaler Prägung gewidmet.

«Zum grossen Teil ein völliger Stuss», schüttelt ein Empfänger dieser Fleissarbeiten den Kopf, «nicht einmal die Namensregister am Schluss stimmten. Wenn etwas Substanz hatte, beschlug es internationale Bereiche und stammte vom Nachrichtendienst der Bundesrepublik Deutschland.» Die politische Führung, das entlastet die Hundertschaft der Datenjäger, war also viermal jährlich bestens orientiert. «Was nicht aus den

Quartalsberichten abgeleitet werden konnte», begründet indes ein kritischer Rezipient die Untätigkeit des Bundesrates, «war der gigantische Unterbau, der diese Zusammenfassungen trug.»

Immerhin hätte auffallen müssen, dass das anarchistisch-libertinäre Grüppchen «Härdlütli» um Schriftsteller Sergius Golowin und CH-Rocker Polo Hofer, das nackt auf Plakaten um die Stimmen der Stadtberner buhlte, während Jahren die Aufmerksamkeit der Staatsschützer derart erregte, dass der lose Zusammenschluss der kulturellen Provokateure weit über seine Zeit politischer Aktivitäten hinaus in den Berichten Erwähnung fand.

XI
Rudolf Gerber fängt sich in der eigenen Falle

Wie Drogenfahnder Jacques-André Kaeslin das Bollwerk des Bundesanwalts zum Einsturz bringt und den Fichen-Skandal auslöst

Am Freitag, dem 2. März 1989, klopfen zwei Männer bei der Parlamentarischen Untersuchungskommission (PUK) an. Der Ausschuss hat eben damit begonnen, die Amtsführung der kurz zuvor schmählich verjagten ersten Bundesrätin Elisabeth Kopp sowie die in der Öffentlichkeit stark kritisierten Manöver und Unterlassungssünden der Bundesanwaltschaft schonungslos abzuklären. Die beiden Beamten, die aus eigenem Antrieb aussagen wollen, sind engagierte Mitarbeiter in den unteren bis mittleren Chargen des Justiz- und Polizeidepartements: Jacques-André Kaeslin, Drogenfahnder in der Bundespolizei, und Mario Jelmini, Jurist im Bundesamt für Polizeiwesen. Sie sind nervös, ungehalten, ja aufgebracht. In den Vortagen hat sie der frühere Bundesgerichtspräsident Arthur Haefliger, der eine Administrativuntersuchung gegen Bundesanwalt Rudolf Gerber führt, intensiv befragt über einzelne Vorkommnisse im Amt und im Departement, über die Leitung der Bundesanwaltschaft und über die Vorwürfe, dass die internationale Drogenkriminalität höchstens als lästiger Störfaktor, ihre Verfolgung jedoch nicht als zentraler Aufgabenbereich verstanden werde. Die zwei Beamten haben noch so gerne und bereitwillig Auskunft gegeben, denn endlich schienen sie mit ihrer intern längst formulierten Kritik durchzudringen. Seit Jahren wurden ihre Pläne, die in der Schweiz kaum gestörten Grossdealer und Geldwäscher anzugreifen, systematisch torpediert. Dieser Überzeugung jedenfalls sind die beiden Männer, welche die Duplikate ihrer Rapporte gar in privaten Banksafes versteckt halten.

Wieder aber drohen sie in die Maschen des Netzes zu geraten, das der misstrauische Bundesanwalt zu seinem eigenen Schutz rund um die Enquête Haefligers gespannt hat. Acht Stunden lang, einmal fünf und dann nochmals drei, wird Kaeslin von Kollegen der Bundesanwaltschaft ausgequetscht. Er muss detailliert Auskunft erteilen über alle ihm gestellten Fragen, über seine Antworten und über allfällig herausgegebene Berichte. Gerber und seine Führungscrew versuchen, auf diese Weise die gesamte Untersuchung zu rekonstruieren. «Vorgesetzte haben sich nicht darum zu kümmern, was Untergebene aussagen. Künftig wird die PUK dafür zu sorgen haben, dass diese Regel beachtet wird», hält der präzise, aber vornehm-zurückhaltende Haefliger in der Zusammenfassung seines Berichtes fest. Die trotz ihrer scheinbaren Allgemeinheit mühelos zu entschlüsselnde Bemerkung zielt auf den Bundesanwalt.

Die PUK hört die Klagen der zwei Beamten und handelt. Noch am selben Tag eilt Kommissionspräsident Moritz Leuenberger zu Justizminister Arnold Koller und verlangt vom niemals voreiligen Appenzeller die Suspendierung oder die Absetzung des Bundesanwalts, der seine Mitarbeiter bespitzelt und drangsaliert habe. Am Montag, dem 5. März, wird der oberste Ankläger und erste Polizist der Eidgenossenschaft bis zum Datum seiner vorzeitigen (unfreiwilligen) Pensionierung beurlaubt. Die tragende Säule des traditionellen Staatsschutzes ist geknickt. Einen Monat zuvor hatte Gerber in den Medien noch Selbstsicherheit markiert: «Ich wage da vorauszusagen, dass wir absolut sauber aus der PUK-Untersuchung hervorgehen werden.» Jetzt distanzieren sich auch bürgerliche Politiker von ihm: «Er war ein Mann einer anderen Generation.» Rudolf Gerber hatte sich mit einem perfektionierten Sicherheitsdispositiv in den immer höheren Mauern seiner Dunkelkammer selbst gefangen.

Ein kleiner Drogenfahnder war «homme fatal» für eine Bürokratie, die nur noch verharrte und sich damit immer weiter weg bewegte von den Realitäten. Das von aussen uneinnehmbare Bollwerk wurde von innen her geschleift. Jacques-André Kaeslin, ein unauffälliger, fast schüchtern wirkender, aber unerbittlicher Detektiv, vom Neuenburger Polizisten zum Beamten im Zentralstellendienst der Bundesanwaltschaft aufgestiegen, rieb sich als einsamer und erfolgloser Kämpfer gegen Devisenhandelsfirmen, die des Waschens von Drogendollars verdächtigt wurden, und gegen einschlägig bekannte Geldkuriere auf. Seine Rapporte zum Schweizer Part dieses weltweiten schmutzigen Geschäfts wurden schubladisiert oder knallhart abgeblockt; gerichtspolizeiliche Verfahren wurden nicht eröffnet – oder dann versandeten sie still.

Als 1988 der damalige Staatsanwalt des Sopraceneri und heutige Tessiner Staatsrat Dick Marty zusammen mit Drogenspezialisten anderer Kantone und Länder (und gemeinsam mit Bundespolizist Kaeslin) mit der sorgsam vorbereiteten «Aktion Eiger» den Gipfel bezwingen und die gesamte Tektonik der dreckigen Welt der Schmuggler, Grossdealer und Geldsäuberer freilegen wollte, erreichte er sein Ziel zwar nicht, denn erste Verhaftungen wurden vorzeitig publik. Nebenprodukte der Gipfelstürmerei aber waren drei Kaeslin-Rapporte, in denen der Name eines Geldinstituts immer wieder auftauchte: die Shakarchi Trading AG in Zürich, in deren Verwaltungsrat der wendige Wirtschaftsanwalt Hans W. Kopp sich als Vizepräsident sonnte. Zum Teil in der Freizeit hatte der kleine Fahnder italienische Untersuchungsberichte ausgewertet und übersetzt.

Wirkung erzeugte die Fleissarbeit, als der gedemütigte Beamte die Papiere – auf einem Schleichpfad, da der Dienstweg versperrt war – ins Bundesamt für Justiz hinüberreichte. Die Sachbearbeiterin für einen Geldwäschereiartikel im Strafgesetzbuch, rechtfertigte sich Kaeslin später, sollte mit Anschauungsmaterial versorgt werden. Neue Erkenntnisse gewann indes vor allem die Departementschefin Elisabeth Kopp, der die unangenehme Kunde alsbald hinterbracht wurde. Mit einem «ganz kurzen Telefonat» und in grosser Sorge um ihr und der Familie Image, bat die Justizministerin ihren Gemahl, sofort aus dem Verwaltungsrat der Shakarchi abzuspringen. Das tolpatschige Manöver war intern rasch einem Dutzend von Mitarbeitern bekannt; als die welsche Zeitung «Le Matin» die faktische Verletzung von Amtsgeheimnissen der Bevölkerung mitteilte, kostete dies nicht nur die machtbewusste Dame Amt und Ansehen, die Neuigkeit leitete auch die Kaskade von Untersuchungen ein, an deren Ende der Skandal um die Politische Polizei stand.

Anfang 1989 nahm Arthur Haefliger, ein akribisch und hartnäckig arbeitender Grandseigneur, seine Ermittlungen auf zur Koppschen Indiskretion sowie zur passiven Rolle der Bundesanwaltschaft in dieser Affäre und bei der Verfolgung des Drogengrosshandels. Der Jurist, in seiner lakonischen Ausdrucksweise nicht zu überbieten, ortete in seinem Bericht höchst exakt die Fehlentwicklung der Schweizerischen Bundesanwaltschaft: Um zehn bis fünfzehn Jahre hinke die Eidgenossenschaft bei der Bekämpfung des internationalen Verbrechens hinter den heutigen Realitäten her. «Unser Land ist zu einem zentralen Platz der Geldwäscherei geworden. Das verwundert nicht», klagt Haefliger in seiner emotionslos-präzisen Juristen-Prosa, die gesetzlichen, personellen und organisatorischen Voraussetzungen für einen wirkungsvollen Abwehrkampf fehlten völlig. In der Tat versuchten lediglich fünf Beamte der Bundesanwaltschaft, die multinationalen Gangsterbanden und -kartelle zu zerschlagen, während Dutzendschaften sich als Linkenfänger im Land tummelten. Auch den Fall Shakarchi wertete der allseits Respekt geniessende einstige Bundesrichter anders als der zaudernde Gerber: «Nach meinem Ermessen wäre es opportun gewesen, etwas zu unternehmen.» (Später wurde bekannt, dass der schillernde libanesische Devisenhändler eng mit dem Nachrichtendienst des Kantons Zürich liiert war!)

Solch gefährliche Verbindungen legte die Parlamentarische Untersuchungskommission offen, als sie am 24. November 1989 Bericht erstattete über ihre Nachschau in den dunklen Höhlen des EJPD und im Dickicht der Bundesanwaltschaft. Die PUK, ein politisch sorgfältig mit Vertretern aller wichtigen Parteien ausbalanciertes Gremium, schockierte mit dem einmütig verabschiedeten Befund, der Staatsschutz sei ausser Kontrolle geraten. 900 000 Fichen über Einzelpersonen (ein knappes Drittel davon Schweizer), Organisationen und Ereignisse füllen die zu einem monströsen Gebilde gewucherte Hauptregistratur. Nicht nur die in jeder Hinsicht unverhältnismässige Zahl – ungefähr jeder zwanzigste Bürger und wohl jeder dritte Ausländer sind erfasst –, sondern auch die nach und nach an die frische Luft gelangenden abstrusen Inhalte dieser Karteikarten schürten die Empörung. Nach einem Blick in die Aufzeichnungen zu seiner Person benotete Bundespräsident Arnold Koller die fiebrige Schnüffelei mit dem Prädikat «dilettantisch». Die einsetzende allgemeine Kritik war eine Wiederholung der Vorwürfe, die seit der Errichtung der Institution vor hundert Jahren nicht verstummt waren: Die bienenfleissigen Beamten arbeiteten fehlerhaft, ohne klares Konzept, politisch einseitig und ohne das Sensorium für den grossen Unterschied zwischen dem Staatsfeind und dem demokratisch aktiven Veränderer.

Neu aber waren die Reaktionen; eine Parallelbewegung zu den Demokratisierungsprozessen in den zerfallenden osteuropäischen Diktaturen gewissermassen schüttelte die in vielen Belangen erstarrte Eidgenossenschaft: Mit dem Zusammenbruch der kommunistischen Regimes verdorrte auch der Antikommunismus als Nähr- und Stützwurzel des helvetischen Staatsverständnisses. (Er bleibt das noch zu analysierende prägende Phänomen der Nachkriegszeit.) Die Fichenaffäre zwang die Schweiz zu einem Schritt, den bislang noch kein Staat hatte tun müssen: Sie versprach den Bürgern Einblick in die über sie gespeicherten Daten. Rund 320 000 Menschen wollten wissen, ob über sie in den Archiven zu Bern eine Schattenbiographie nachgezeichnet wurde. Das Volk aber forderte, die halbgeöffnete Tür sei ganz aufzustossen: In allen Ämtern der Zentralverwaltung und in den nachrichtendienstlichen Zweigstellen der Kantone und Städte wurde nach Registraturen und Fichen geforscht.

Am 14. Februar 1990 sitzt Peter Huber, nunmehr interimistischer Leiter der Bundesanwaltschaft, Chef der Bundespolizei und in Personalunion überdies Verantwortlicher der Abteilung Abwehr in der Una des EMD, wie immer in seinem Büro. Der Bundesrat ist zu seiner wöchentlichen Sitzung zusammengetreten, in aufgewühlter Stimmung. Nach diversen Informationen, die an die Öffentlichkeit gelangt waren, konnte nicht länger abgestritten werden, was während Wochen mit Halbwahrheiten und Falschmeldungen vertuscht worden war: Auch der Nachrichtendienst des EMD führt Fichen, Personendossiers und geheime Listen. Im Verlaufe des Vormittags läutet bei Peter Huber das Telefon. Er werde mit sofortiger Wirkung (bei vollem Lohn von runden 175 000 Franken jährlich und vager Aussicht auf eine Rückkehr) beurlaubt, lässt ihm die Landesregierung mitteilen, bevor sie die Medien orientiert. Als Freunde ihn anrufen, weint der Familienvater an seinem Pult: «Ich habe doch immer nur meine Pflicht getan. Die Vorgesetzten haben genau gewusst, was sie von uns verlangt und was wir gemacht haben. Ich bin ein Opfer.» In einem Verfahren gegen die Eidgenossenschaft strebt der Jurist, der Gerber treu ergeben war, seine Rehabilitierung an.

Den Sturz des Bupo-Bosses hat Bundespräsident Koller eingeleitet: Am Freitag, dem 2. Februar 1990, interviewt die «Weltwoche» den Justizminister in seinem Amtszimmer im Bundeshaus West. Der oberste Verantwortliche zur Bewältigung des Fichen-Skandals, der sich zu einer allgemeinen Vertrauenskrise ausgeweitet hat, stellt sich ohne Einschränkung vor Huber. Auch auf einen anderen Einwurf ist er vorbereitet: «Die Abwehr des EMD bewegt sich doch weitgehend parallel zur Bundesanwaltschaft. Es ist also anzunehmen, dass ähnliche Fehler gemacht wurden, was Bedrohungsbild und Personendaten betrifft.» Die dürre Antwort Kollers: «Bundesrat Kaspar Villiger als EMD-Chef hat öffentlich erklärt, dass in seinem Departement keine solchen Dateien geführt werden. Die EMD-Dienste werden auch von der Geschäftsprüfungskommission kontrolliert.» Die Nachfrage bohrt im gleichen Terrain: «Als hartnäckiges Gerücht hält sich, dass für den Krisen- oder Kriegsfall eine Liste mit mehreren tausend Namen geführt werde von Bürgern, die interniert, in Schutzhaft genommen oder sonstwie isoliert würden.» Sechs Wörter lang ist die spröde offizielle Antwort des Bundespräsidenten: «Eine solche Liste gibt es nicht.»

Aufs Tonband sagt Koller zusätzlich: «Gut, ich habe das noch abchecken lassen, auch beim EMD und bei mir. Es gibt eindeutig keine solche Liste.» Nun werden Interviews mit Bundesräten, bevor die Abschrift in Druck geht, den Befragten zur Autorisierung vorgelegt. Dabei passiert ein Malheur, das die abgewimmelten Fragesteller der Wahrheit näherbringt. Auf einem Blatt, das aus dem Bundeshaus versehentlich der «Weltwoche» rückübermittelt wird, ist das Wort «eindeutig» durchgestrichen und durch die Version «seit längerem» ersetzt. An den Rand hat ein eifriger Sachbearbeiter – gedacht nur zur internen Information des Chefs – präzisiert: «Es gab eine solche Liste der BA (Bundesanwaltschaft, der Verf.) bis Mitte der 70er Jahre.» Koller aber hält an seiner – falschen – Aussage fest: «Eine solche Liste gibt es nicht.» In jesuitischer Manier rechtfertigt sich der Zauderer an der Spitze des EJPD, er antworte schliesslich bloss auf die Frage, ob diese schwarze Kartei zum jetzigen Zeitpunkt existiere.

Auch wenn die Wahrheit – wie bereits im Fall Kopp – nur in Raten nach aussen dringt und lediglich zugegeben wird, was ohnehin bekannt ist, erschüttert das Nachbeben die Schweiz noch fast gewaltiger als die Fichen-Affäre selbst. In Nebenräumen der Bundesanwaltschaft werden weitere Registraturen entdeckt. «Wir sind wieder fündig geworden», hebt ein verlegen-zerquält lächelnder Koller Tage später vor der eiligst zusammengerufenen Presse an und erzählt von «Extremistenlisten», «Verdächtigtenkarteien» und einem Archiv des Schweizerischen Roten Kreuzes, das die Namen von ausländischen Kindern enthält, die nach dem Zweiten Weltkrieg in der Schweiz einen Ferien- oder Erholungsurlaub verbrachten. Die Entrüstung über die Schnüffler erreicht ihren Höhepunkt; die PUK, die einzige Instanz, zu der das Volk noch Vertrauen hat, muss erneut an die Arbeit.

Die mittlerweile ortskundigen parlamentarischen Kontrolleure kamen mit einem Rapport wieder, der eine neue Qualität der Ungeheuerlichkeit feststellt: Bundesanwalt Walder hatte (zusammen mit Chefbeamten der PTT) ab 1969 den gesamten Telegrammverkehr nach der DDR abfangen, registrieren und auch dem deutschen Bundesnachrichtendienst übermitteln lassen. 1986 wurde die Aktion, welche die PUK als Verletzung rechtsstaatlicher Grundsätze scharf kritisierte, von einem in die Bundesrepublik übergelaufenen DDR-Agenten ausgeplaudert und darauf eingestellt. Als mögliche Verstösse gegen das Amtsgeheimnis erwähnte die PUK ausserdem den «Staatsschutz», den ein Zollbeamter über Jahre hinweg betrieb: Der Funktionär kontrollierte Postsendungen, kopierte Karten und Briefe sowie Warendeklarationen und trug die Ablichtungen der Bundesanwaltschaft zu. Auch in den Postcheck-Verkehr von Personen und Organisationen erhielt die Politische Polizei Einblick; ganze Abonnentenlisten von Zeitungen und Zeitschriften wurden ihr von Pöstlern weitergereicht. Die Klage der PUK, ein Spitzenbeamter der Bundesanwaltschaft habe sie angelogen, war das Detail, welches das düstere Schlussbild komplettierte. Der Bundesrat musste einen Besonderen Vertreter des Bundesanwalts einsetzen, der wegen möglicher Verletzung des Amtsgeheimnisses und allfälligen anderen Verstössen der Zöllner und Pöstler ermittelt. Nötigenfalls sollen die Untersuchungen auch auf Politpolizisten und ihre Vorgesetzten ausgedehnt werden: 102 Jahre nach der Gründung der stets umstrittenen Institution verbringen die obersten Verantwortlichen ein otium sine dignitate (einen nicht so würdevollen Ruhestand) und warten auf eine allfällige Vorladung des Untersuchungsrichters.

Die Auslegeordnung der PUK brachte erstmals (auch für die Akteure selbst) einen Überblick über das chaotische Schaffen: Neben der Hauptregistratur wird eine Fotosammlung à jour gehalten, die das Konterfei von 126 000 Menschen birgt (bei besonders wichtig scheinenden Anlässsen haben Bupo-Leute eigenhändig den Auslöser betätigt und in ihrer Brennweite auffällige Bürger auf Zelluloid gebannt). Ins Archiv der Fotopasskontrolle gesteckt wurden alle beim Grenzübertritt heimlich kopierten Ausweispapiere von Ostreisenden. Auf roten Zetteln haben die Ficheure nach eigenem Gusto Sachkarteien zu selbstgewählten Themen angelegt. Belauschte Bürger sind in Telefonabhörberichten («TAB-Fichen» im Polizistendeutsch) erfasst. Die Hauptkartei wird regelmässig mikroverfilmt; die Meinungen darüber, wie viele Kopien angefertigt wurden und wo diese eingelagert seien, gehen indes bei den verantwortlichen Beamten auseinander...

Früher eingeschlafen waren die Arbeiten an anderen Spezialverzeichnissen: 1965 endeten die Eintragungen in die Separatisten-Kartei, welche tausend Personen umfasste, die im Umfeld der Anschläge der Jura-Kämpfer beobachtet wurden. Bis Anfang der siebziger Jahre zählte die Verdächtigen-Kartei 10000 «unzuverlässige» Subjekte. In der Folge hiessen diese «Extremisten»: Unter diesem Begriff wurden bis 1986 rund 8000 Menschen gesondert registriert. Die Verdächtigtenliste, bis Mitte der 70er Jahre nachgeführt, enthielt 309 Kurzbiographien von Leuten, die für eine vorsorgliche Internierung gemäss Geheimverordnung vom 12. Januar 1951 (siehe Kapitel 6) vorgesehen waren. Bis Oktober 1989 gar gab es «vertrauensunwürdige und verdächtige Bundesbeamte»: 300 Staatsdiener mussten sich diese Qualifikation und die Einreihung in ein Spezialdossier gefallen lassen. Den erratischen Block bildete die 1978 in die Bundesanwaltschaft gezügelte Kinderhilfe-Kartei des SRK, die in sechs Hochschränken die Personalien von 183000 jungen Ausländern und die Adressen ihrer Schweizer Pflegefamilien verwahrt. Bis zur Krise in der Tschechoslowakei von 1968 wurden Aufenthalte von Kindern aus andern Staaten verzeichnet. Wozu das Monstrum tatsächlich diente, ist niemandem mehr erinnerlich. Anfang der siebziger Jahre soll die Bundespolizei mit Hilfe der SRK-Dossiers die Identität eines der Spionage Verdächtigten eruriert haben.

Am Bild «weitgehender Konzeptions- und Führungslosigkeit» brachte die PUK mit einem Ergänzungsbericht noch einige kräftige Striche an: «Der Begriff des blossen Dilettantismus wird diesem Phänomen nicht mehr gerecht.» Beamte, die nach eigenem Ermessen Mitbürger in verschiedene Gefährlichkeitskategorien einteilten und diese in ihren Persönlichkeitsrechten schmälerten, handelten staatspolitisch höchst gefährlich, urteilte das Allparteien-Gremium. Es sei «grotesk, dass auch über jeden Verdacht erhabene Bürger in der Extremistenkartei verzeichnet» seien. «Bereits eine von den Mehrheitsverhältnissen abweichende politische Meinung, die Mitgliedschaft in einer sich am demokratischen Willensbildungsprozess beteiligenden Partei, die Ausübung gewerkschaftlicher Rechte, die Teilnahme an einer bewilligten Veranstaltung oder gar das Abonnieren einer bestimmten Zeitung» seien für die Politische Polizei Gründe gewesen, Menschen zu überwachen, lautete das vernichtende Verdikt.

Diese jahrzehntelange Irrfahrt soll nun gestoppt werden – nicht mit der Notbremse, sondern im hierzulande üblichen sachten Renovationsverfahren. Im Dezember 1989 bereits hatte das Parlament alle von den Höhlenforschern der PUK beantragten Reformen als Aufträge dem Bundesrat zugeschoben: Die Machtfülle des Bundesanwalts, diktierten die Räte jetzt, müsse eingeschränkt, dessen Doppelfunktion als öffentlicher Ankläger und als Chef der Politischen und der gerichtlichen Polizei entflochten werden. Der Datenschutz sei mit präzisen Kriterien für die Erfassung von Informationen, mit Einsichts- sowie Berichtigungsrechten für Betroffene zu ergänzen. Stellenbewerber müssten bei einer Sicherheitsüberprüfung orientiert werden, sie seien über das Ergebnis zu informieren. Von privaten Arbeitgebern dürften künftig keine Aufträge mehr entgegengenommen werden, Mitarbeiter politisch zu röntgen. In der unverbindlicheren Form von Postulaten verlangten beide Kammern eine neue Skizze für ein Bedrohungsbild und eine schlagkräftigere Equipe zur Bekämpfung des internationalen Verbrechertums. Klare rechtliche Grundlagen schliesslich sollen den fröhlichen Informationsaustausch mit interessierten ausländischen Diensten in geordnete Bahnen lenken. In eigener Regie, so gelobten sich die Räte, wollen sie die Kompetenzen der Geschäftsprüfungskommissionen ausbauen, damit die Oberaufsicht über die Verwaltung so wahrgenommen werden kann, wie es der Begriff dem Bürger verspricht.

Die Landesregierung stellte für das Aufräum- und Wiederaufbauprogramm («Projektorganisation BASIS» mit offiziellem Namen) ein Grüppchen von Funktionären des Bundesamtes für Justiz frei und heuerte aussenstehende Experten an. Die

Firma «TC Team Consult AG», spezialisiert auf den Umbau und die Effizienzsteigerung von Polizeikorps, leitet sechs von neun Reorganisationsbereichen. Für die Analyse der Bedrohungslage, die Bewertung von Informationsquellen, die Organisation der Datenbeschaffung, die Triage der Meldungen, die Information der politischen Führung und die Zusammenarbeit mit ausländischen Diensten stellen die TC-Fachleute die Grundlagen bereit. Leitbild der Firma ist ein umfassender Sicherheitsbegriff, der «Sicherheit des einzelnen, der Gesellschaft, die sichere Ausübung der Grundrechte, aber auch die Sicherheit von Natur und Umwelt» einschliesst. Von «Geldwäscherei» und von «Drogenhandel» ist bei der Konkretisierung dieser Prinzipien weniger zu hören als von den überkommenen Begriffen und Feindbildern, als da waren und sind «Subversion» und «Terrorismus». Grundsätzliche Kritiker der traditionellen Staatsschutz-Arbeit warten darum skeptisch ab, ob dieses Renovationsvorhaben mehr sein wird als das Vorspannen neuer Tapeten.

Zaghafte Sofortmassnahmen hatte Bundesrat Arnold Koller im Januar 1990 eingeleitet, als er den in Bern versammelten kantonalen Justiz- und Polizeidirektoren eine «vorläufige Negativliste» diktierte als Richtlinie für eine gedrosselte Observations- und Meldetätigkeit der regionalen Nachrichtenleute und für eine sorgsamere Informationsaufbereitung durch die Bundesbeamten. Bis zur «Neubeurteilung der Bedrohungslage» und zum Erlass definitiver Regelungen darf nicht mehr registriert werden, wer seine politischen Rechte wahrnimmt, Petitionen unterschreibt, an rechtmässig durchgeführten Veranstaltungen teilnimmt, ins Ausland reist. Ihre neugierigen Blicke lassen sollen die Polizisten auch von der politischen Arbeit von Parteien, Parlamentariern und Regierungsmitgliedern. Tabu bleiben zudem die Aktivitäten von Ausländern, sofern sie schweizerische Interessen «nicht erheblich beeinträchtigen». Vorbehalten sind jedoch stets «ausdrückliche Aufträge» und Weisungen von oben, welche die selbstverständlichen Beschränkungen der bisherigen Willkür wieder durchbrechen können.

Bereits diese halbherzige Orientierung an demokratisch-liberalen Normen werteten die Traditionalisten als Verrat an den Prinzipien und als Selbstaufgabe der allmächtigen Kontrolleure. Mit solchen Fesseln, wetterten die beiden Polizeidirektoren Hans Hofmann (SVP, Zürich) und Urs E. Kohler (FDP, Zug) in der Konferenz, könnten die Staatsschützer ihre Arbeit geradesogut einstellen. Auch der nur bescheidene Schutz des Bürgers vor dem Grossen Bruder ging ihnen schon viel zu weit.

Er könne «seine Hand nicht dafür ins Feuer legen, dass die ‹Negativliste› in allen Fällen eingehalten» worden sei: In erstaunlicher Freimütigkeit kommentierte Mitte August 1990 Josef Hermann, der Datenschutzbeauftragte der Bundesanwaltschaft, das Beharrungsvermögen der Institution. Es war ruchbar geworden, dass sie innert dreier Monate eine neue Kartei mit 10000 Fichen aufgebaut hatte. Die Praxis zeigt, dass der Raum für selbstgewählte Registriertätigkeiten weiterhin fast unbegrenzt ist: Am 24. März 1990 wurde auch des Verfassers Name auf eine Fiche gesetzt und eine seiner Handlungen notiert – nicht im Zusammenhang mit Terrorismus oder andern gemeingefährlichen Aktionen, sondern wegen einer kleinen Anfrage: Vorläufiger Inhalt des schmalen Dossiers sind ein Gesuch um Einsicht in die Akten zur Affäre Heusser/Wintsch (siehe Kapitel V) und die (positive) Antwort der Bundesanwaltschaft...

XII
Der Bürger sei frei

*Die Politische Polizei soll nicht abgeschafft,
aber in enge Schranken gewiesen werden*

Die Staatsräson verlangt erneut nach Schönfärberei. «Der jüngste Quartalsbericht beweist, dass die Beamten der Bundesanwaltschaft lernwillig und lernbereit sind», diktierte EJPD-Vorsteher Arnold Koller Anfang Februar 1990 der «Weltwoche». Die Beschwichtigung der aufgebrachten Opfer der überbordenden Kontrolle kann nicht mehr sein als die leere Wunschvorstellung des betulichen Justizministers, der sich in der Bewältigung der Affäre der Politischen Polizei durch zögernde Schrittchen in unbestimmte Richtung profiliert hat. Das Gegenteil der behördlichen Verlautbarungen kommt der Wahrheit allerdings näher.

Die Aufdeckung des Fichen-Skandals ist die bislang gefährlichste Aktion von Staatszersetzung. Dies jedenfalls ist die Meinung der Ordnungshüter, die in der Logik des über hundert Jahre hinweg gewachsenen Systems weiterfunktionieren und sich in diesen unsicheren Zeiten gegenseitig zu gesteigerter Wachsamkeit und zu doppeltem Einsatz aufmuntern. «Solche Zustände», leitartikelt «Der Polizeibeamte» im Sommer 1990 zum neuen Bewusstsein vieler Menschen, «kommen unseren anarchistischen und sonstwie staatsfeindlichen Mitbürgern sehr gelegen, bieten sie doch bestens Gewähr dafür, unseren Staat weiterhin zu untergraben.» Die neue Gefahr also sind die Bürgerinnen und Bürger der Schweiz, die beginnen, ihre Grundrechte zu reklamieren, und versuchen, die Vormundschaft der Bundesanwaltschaft abzuschütteln. Feinde sind die vielen, die den Sinn des ausufernden Schutzes des Staates (und dessen Repräsentanten) bezweifeln und lieber Freiheit atmen, ja mit Risiken leben wollen. Objekt der Observation wird die halbe Schweiz, die vernehmlich laut nach Veränderungen ruft.

Die bedrängten Wächter handeln: Monatlich rutschen wieder weit über hundert Schweizerinnen und Schweizer in die hastig erstellte neue Fichensammlung. Massstab der Arbeit bleibt die alte Angst der Staatsschützer; neue «Qualität» gewinnt diese Registratur lediglich dadurch, dass sie nun computerisiert geführt wird. Nach der ersten Verunsicherung hat sich an der Taubenstrasse der Widerstand gegen einschneidende Reformen und eine politische Kontrolle des Nachrichten- und Informationsdienstes gründlich organisiert. Die Regeln auf dem Feld des Staatsschutzes werden weiterhin von den ertappten Foulspielern selbst aufgestellt: Ab 1991 soll eine «Positivliste» jene Parteien und Organisationen, die auch künftig auszuhorchen, zu beobachten und zu registrieren sein werden, abschliessend aufzählen. Als Akt der klaren politischen Führung und Verantwortung hat Bundespräsident Koller – in ungewohntem Eigenlob – diese neuen Leitplanken gepriesen. Zu früh.

Zusammengebastelt hat den Katalog der Staatsfeinde der 90er Jahre die Bundesanwaltschaft in eigener Regie; der Wunschzettel wurde dem EJPD-Chef überreicht, damit er den Versand an die kantonalen Instanzen besorge, die an den gravierenden Missständen nicht unwesentlich mitschuldig sind. Die regionalen Spitzelfilialen konnten sich zur Liste der argwöhnisch Beobachteten äussern und somit zusammen mit der Bundespolizei die Arbeitsvorgaben bestimmen, welche die politisch Verantwortlichen zu sanktionieren hatten. Dem Bundesanwalt – mittlerweile liess als «Übergangspapst» oder «Verlegenheitslösung» der 62jährige Bündner Willy Padrutt sich auf diesem Sessel nieder – wird es überdies erlaubt sein, die Liste zu aktualisieren, den Entwicklungen anzupassen – nach Bedarf zu ergänzen. Und somit können die Staatsschützer, wie gehabt, ihre Ziele inskünftig in eigener Souveränität wählen und die Menschen, die ihnen verdächtig erscheinen, selbst bezeichnen. Ganz der Tradition verpflichtet ist zudem, dass diese «Positivliste» geheim zu bleiben hat. Der Sämling der Willkür ist bereits wieder eingepflanzt.

Die Vergangenheit wird demnach auch die nächste Zukunft sein. Das von Koller zur allseitigen Beruhigung der Juristen, welche die fehlende gesetzliche Basis sowohl der ungehemmten Überwachung und Datenrafferei wie der unzimperlichen Verwendung der Informationen angeprangert hatten, in Aussicht gestellte Staatsschutzgesetz lag ein Jahr nach der Publikation des Berichtes der PUK noch nicht einmal als Ideenskizze vor. Ausserdem soll der Erlass allein auf die ungeschriebene Generalklausel abgestützt sein, wonach die Eidgenossenschaft mit geeigneten Massnahmen ihre Sicherheit und Unabhängigkeit zu schützen habe.

Just diese Begründung aber diente bislang vor allem als Rechtfertigung jedwelchen Überbordens der Staatsschützer und der steten Ritzung verschiedener Rechtsgüter durch die Bundespolizei. Mit dem neuen Gesetz werden überkommene Verhaltensmuster und Mentalitäten zementiert und nicht geändert. Der Schnitt muss tiefer angesetzt werden, soll die Eiterbeule sauber entfernt werden.

Denn die Tradition ist verankert. «Im Bereich des Staatsschutzes haben grundrechtliche Sicherungen nicht versagt, weil man sie unbeachtet liess, sondern weil sie überhaupt nicht existierten», analysiert der Berner Rechtsprofessor Walter Kälin: «Diese Domäne ist ganz bewusst von der rechtsstaatlichen Kontrolle ausgenommen worden. Die Politische Polizei leistet die Verteidigung der äusseren Unabhängigkeit an der inneren Front, wurde als sicherheitspolitisches Instrument verstanden.» Damit war die Eigengesetzlichkeit der Institution sanktioniert. Der Staatsrechtler hat eine (zwar überholte, aber immer noch fest verankerte) Denkweise freigelegt, die tatsächlich bestehende, häufig aber auch nur vorgeschobene nationale Sicherheitsbedürfnisse stets über die individuellen Grundrechte der Bürger stellte.

Diese Doktrin wurzelt in der Vorstellung, dass das Verhältnis der Staaten untereinander keinen Regeln gehorche und ein «permanenter Ausnahmezustand» herrsche. Eifriger Förderer dieser Lehre war ein Staatsrechtler, der von den eidgenössischen Behörden – insbesondere von der Bundesanwaltschaft – in den dreissiger und vierziger Jahren vor delikaten Entscheiden immer wieder als Gutachter aufgeboten wurde: der Basler Walter Burckhardt. Er verbreitete und verfestigte in Bern die Auffassung, «dass das erste Erfordernis für einen Staat ist, zu bestehen, und dass erst in zweiter Linie seine innere Einrichtung kommt». Die Sorge um den Bestand eines Staates «im Gedränge seiner Mitstaaten», betonte Burckhardt, gehe grundsätzlich der Sorge um die Erhaltung der (demokratischen) Einrichtungen, mithin der Bürgerfreiheiten und individuellen Rechte vor. Dies gab den Staatsschutzbehörden freie Hand bis auf den heutigen Tag – ohne dass sie je besondere Rücksicht nehmen mussten auf Rechtsgrundsätze im Innern und ohne dass sie eingeengt wurden durch Ansprüche der Bürger.

Dass solch schnittige Instrumente gleich auch zum Schutz der Magistraten und der sogenannt staatstragenden Parteien dienten, war ein willkommener Nebeneffekt. Den Menschen aber blieben kaum Mittel, ihre Privatsphäre zu verteidigen. Der hierarchische, obrigkeitliche Staat war etabliert, die Idee der basisdemokratischen Gemeinschaft freier, konfliktfreudiger Bürger verkümmerte.

Die von der PUK gerügte «Konzeptionslosigkeit» ist das Resultat der während Jahrzehnten geübten Praxis, aus stark zeitbedingten Bedürfnissen heraus die momentan opportun erscheinenden Waffen einzusetzen – und als ständig erweiterte Arsenale beizubehalten. Auch bürgerliche Strafrechtler stellten wiederholt fest, die Staatsschutzbestimmungen entbehrten jeder Systematik, sie seien eher ein krudes Sammelsurium und kein durchdachtes System.

Längst haben die von der Völkergemeinschaft angestrebten Regeln der Konfliktlösung, die tatsächlichen internationalen Beziehungen wie die zunehmend stärkere Betonung der Individualrechte die Theorie des uneingeschränkten Abwehrkampfes gegen innen überholt. Dennoch ist er heute noch helvetische Wirklichkeit. In der gerichtlichen Praxis, beklagt Professor Kälin, setze sich die Tendenz, die Grundrechte der Bürger angemessen zu gewichten, nur äusserst zögernd durch:

«Gegen ‹Verfügungen auf dem Gebiete der innern und äusseren Sicherheit des Landes, der Neutralität, des diplomatischen Schutzes und der übrigen auswärtigen Angelegenheiten› beispielsweise sind keine Verwaltungsgerichtsbeschwerden an das Bundesgericht möglich. Zwei Rechtstraditionen stehen in einem Konflikt.»

Und zwei politische Entwürfe der Schweiz bilden diese Widersprüche ab: Die Behörden und die Mehrheit der bürgerlichen Politiker wollen noch keinen Abschied nehmen vom Gestern; ein zorniger Trupp hingegen, eine breite Formation aus der gesamten Linken, den Grünen, den Gewerkschaftern und einzelnen Landesringlern, will die Staatsschutzstellen liquidieren. «Die Politische Polizei ist abgeschafft»: Mit diesem Satz, fordert das «Komitee Schluss mit dem Schnüffelstaat», soll ein neuer Artikel 65bis in der Bundesverfassung beginnen. Die anderen Elemente der Volksinitiative verschwinden hinter diesem Unterschriftenmagneten: «Niemand darf bei der Wahrnehmung ideeller und politischer Rechte überwacht werden. Die Verfolgung strafbarer Handlungen bleibt vorbehalten.» Konsequenz und Klarheit könnte man dem Volksbegehren «S.o.S. – Schweiz ohne Schnüffelpolizei» auf den ersten Blick zubilligen.

Nun stürzen die Initianten sich aber in grösste Widersprüche. Aufgehoben würde nach ihrem scheinbaren Maximalplan nämlich nur eine Institution (respektive bloss deren Name), aber keine ihrer Aufgaben. Weiterhin stünden im Strafgesetzbuch Paragraphen, die ein vorsorgliches Eingreifen der Polizei nicht nur erlauben, sondern sogar erfordern. Der «verstärkte Staatsschutz», Gesetz geworden 1950, beschlägt ja ausdrücklich das «Vorfeld», die «Vorphase»; und die StGB-Revision von 1981 zielt explizit auf «Vorbereitungshandlungen». Ob diese Fahnder-Equipe, die mögliche spätere Übeltäter aushorchen darf, nun Politische Polizei heisst oder gerichtliche Polizei oder sonstwie, ist von nebenrangiger Bedeutung.

Bei ihrer Generalattacke auf die Politische Polizei stehen die Initianten sich überdies selbst im Wege. Wenn sie eine präventiv präsente Polizei gegen Drogengrosshändler, Waffenschieber, Terroristen, Spione und Rechtsradikale handeln lassen wollen, wenn sie eine Strafnorm gegen Rassismus (Bestrafung rassistischer oder den Glauben verletzender Äusserungen und Propaganda) verlangen, wenn sie vom Bundesrat einen ausführlichen Bericht über den Rechtsextremismus in der Schweiz fordern, dann setzen sie immer just jene Truppe in Bewegung, die sie in die sofortige Pension entlassen möchten.

Die einzig korrekte Frage lautet somit, auf welchen genau abgegrenzten Feldern die Politpolizei in Zukunft vorsondieren, welche Mittel sie dazu verwenden darf und wie die demokratische Kontrolle dieser Eingriffe in die Persönlichkeitsrechte garantiert werden kann. Um klare Verhältnisse zu schaffen, genügt – dies als Gegenvorschlag zum populistischen Programm des «Komitees gegen den Schnüffelstaat» und als klare Alternative zur billigen Kosmetik der Bundesbehörden – ein einziger neuer Satz in der Verfassung, der da etwa lauten könnte: «Niemand darf bei der Wahrnehmung seiner persönlichen, politischen oder andern Rechte überwacht und registriert werden.»

Nur das Parlament (und allenfalls das Volk) dürfen künftig in einem demokratischen Verfahren der Gesetzgebung die Ausnahmen von diesem ausdrücklich verankerten Grundrecht des Schutzes vor Bespitzelung beschliessen. Die Generalvollmacht für eine Polizeiarbeit auf Vorrat fällt weg; in einem transparenten politischen Prozess werden enge Schranken für die Wächter errichtet.

Mit der Umkehr der Beweislast würde der liberale Staat wieder hergestellt: Nicht der einzelne Bürger muss mühsam und oft genug ohne Erfolg (wie manifeste oder verdeckte Berufsverbote und andere Benachteiligungen beweisen) gegenüber den staatlichen Autoritäten seine Freiheitsrechte durchsetzen, sondern der Staat hat jede Verletzung von Individualrechten exakt und überzeugend zu begründen.

Gewinnt der Bürger diese Freiheit zurück, geht eine Epoche zu Ende, die vor gut hundert Jahren begann. Damals wurde die wilde, urtümliche und konfliktreiche Demokratie allmählich in einen Obrigkeitsstaat umgebaut; veränderungsfreudige

Bürger wurden nicht mehr in der politischen Arena bekämpft, sondern mit Hilfe von Polizeinetzen blockiert, wie sie in den umliegenden autoritären Systemen installiert waren. In der Zeit, als die Politische Polizei und die Bundesanwaltschaft eingerichtet wurden, verbündeten sich die bisher feindlichen Lager des Freisinns und der Katholisch-Konservativen: 1891 wurde der Bund mit der Wahl des Luzerner KK-Führers Joseph Zemp in die Landesregierung besiegelt; neue soziale Bewegungen wie die Sozialdemokratie waren von dieser Allianz ausgeschlossen.

Im gleichen Jahr wurde der Blick weggelenkt von der revolutionären Umgestaltung der Eidgenossenschaft in der ersten Hälfte des 19. Jahrhunderts. Im Mythos von 1291 fand die erste 1.-August-Feier den alten und zugleich neuen Bezugspunkt der Schweiz. Der bürgerlich-konservative Staat war zum Bollwerk gegen fortschrittliche Kräfte geworden: Der Grütliverein und andere linke Gruppen lehnten eine Teilnahme an den patriotischen Veranstaltungen zum 600-Jahr-Jubiläum der Eidgenossenschaft denn auch ausdrücklich ab – aus Protest gegen die Errichtung der Bundesanwaltschaft. Die Parallelen zum «Kulturboykott» im Jubeljahr 1991 sind frappant.

*

Der Wunsch, mit polizeilicher Wehr lasse sich ein Leben ohne Gefahr einrichten, mit der hektischen Aufrüstung der Truppen an der innern Front sei Sicherheit zu gewinnen, mündete letztlich nur in den Widerspruch, der beharrlich verdrängt wurde: Führt die Unterdrückung von Gegnern der demokratischen Gesellschaft zum Ziel, so ist sie in der Regel unnötig (die Partei der Arbeit wäre auch ohne staatliche Repression nie über ihre Randexistenz hinausgewachsen); ist die Bekämpfung bei einer ernsthaften Bedrohung der liberalen Einrichtungen hingegen angezeigt, so hilft sie, wie ausländische Beispiele beweisen, kaum – und birgt in sich die Keime neuer, womöglich grösserer Gefahren für die Demokratie. Prävention gegen solche Attacken, kann nur der möglichst offene demokratische Prozess sein, der dem Bürger alle nötigen Artikulationsformen gewährt, um die gesellschaftlichen Probleme zu benennen. Der integrale Staatsschutz aber, von dem viele Politiker sich immer noch nicht trennen mögen, verbaut den Weg in die offene Gesellschaft, zur Toleranz gegenüber Andersgesinnten, zur Freiheit und zur Entfaltungsmöglichkeit des Individuums sowie zum Mut zur harten Auseinandersetzung.

Die unglückselige Geschichte der Politischen Polizei hätte nicht nachgezeichnet werden müssen, wenn die Besonnenheit eine Mehrheit gefunden hätte, zu der 1885 Generalanwalt Eduard Müller zum Abschluss seiner Anarchisten-Untersuchung gemahnt hatte (siehe Kapitel I). «Die Errichtung der Polizei, welche die ausschliessliche Bestimmung hat, eine politische Partei oder eine soziale Bewegung zu überwachen» sei «mit grossen Gefahren verbunden», warnte Müller im offiziellen Schlussbericht: «Übertriebener Diensteifer, Ungeschicklichkeit, unter Umständen sogar persönlicher Hass, können zur Verletzung der Rechte und Freiheiten der Bürger führen.» Die tatsächliche Entwicklung der Institution über 102 Jahre hinweg ist der späte Beweis für die Richtigkeit der These des späteren Bundesrates Müller. Die Radikalität seines urliberalen Programms muss die Leitlinie für die Veränderungen sein. Die Chance darf nicht noch einmal vertan werden.

Die obersten Staatsschützer seit 102 Jahren

Die Vorsteher des Eidgenössischen Justiz- und Polizeidepartements (EJPD)

1884–1893	Antoine-Louis John Ruchonnet (FDP, Waadt)
1894–1895	Eugène Ruffy (FDP, Waadt)
1896	Eduard Müller (FDP, Bern)
1897–1900	Ernst Brenner (FDP, Basel-Stadt)
1901	Robert Comtesse (FDP, Neuchâtel)
1902–1907	Ernst Brenner (FDP, Basel-Stadt)
1908	Ludwig Forrer (FDP, Zürich, bis 30. Juni)
	Josef Anton Schobinger (KK, Luzern, ab 1. Juli)
1909–1911	Ernst Brenner (FDP, Basel-Stadt)
1911	Arthur Hoffmann (FDP, St. Gallen)
1912	Eduard Müller (FDP, Bern)
1913	Camille Decoppet (FDP, Waadt)
1914–1919	Eduard Müller (FDP, Bern)
1920–1934	Heinrich Häberlin (FDP, Thurgau)
1934–1940	Johannes Baumann (FDP, Appenzell-Ausserrhoden)
1941–1951	Eduard von Steiger (BGB, Bern)
1952–1958	Markus Feldmann (BGB, Glarus/Bern)
1959	Friedrich Traugott Wahlen (BGB, Bern)
1960–1971	Ludwig von Moos (Kons.-chr.soz., Obwalden)
1972–1982	Kurt Furgler (CVP, St. Gallen)
1983–1984	Rudolf Friedrich (FDP, Zürich)
1984–1989	Elisabeth Kopp (FDP, Zürich)
1989–	Arnold Koller (CVP, St. Gallen)

Die Bundesanwälte

1889–1898	Albert Scherb (TG)
1899–1915	Otto Kronauer (ZH)
1916–1948	Franz Stämpfli (BE)
1949–1955	Werner Lüthi (BE)
1956–1957	René Dubois (NE)
1958–1967	Hans Fürst (ZH)
1968–1973	Hans Walder (ZH)
1974–1989	Rudolf Gerber (ZH)
1990–	Willy Padrutt (GR)

Chronik der Staatsschutz-Ereignisse

1885:
- Anarchisten-Untersuchung durch Generalanwalt Eduard Müller verläuft weitgehend ergebnislos.

1888:
- Ein geheimes Kreisschreiben an die Kantone bereitet die Einrichtung der Politischen Fremdenpolizei vor.

1889:
- Die Wohlgemuth-Affäre führt unter dem Druck von Reichskanzler Bismarck zur raschen Einrichtung der Bundesanwaltschaft ohne verfassungsrechtliche Grundlage.
- Albert Scherb, Thurgauer Demokrat, wird erster Leiter des Drei-Mann-Amtes.

1894:
- Anarchisten- oder Sprengstoffgesetz erlaubt Ahndung von Vorbereitungshandlungen gegen die öffentliche Sicherheit.

1898:
- Luigi Luccheni, ein geistesverwirrter Italiener, ermordet in Genf die österreichische Kaiserin Elisabeth, genannt «Sissi».
- Am internationalen Anti-Anarchismus-Kongress in Rom werden zwischenstaatliche Polizeihilfen vereinbart: Ausgewiesene werden direkt den Behörden des Heimatstaates überstellt; die gegenseitige Information wird institutionalisiert.
- Der Zürcher Oberrichter Otto Lang veröffentlicht seine Schrift «Gegen die politische Polizei».

1903:
- Das Zentralpolizeibüro wird eingerichtet und später der Bundesanwaltschaft angegliedert.
- Das Volk verwirft das «Maulkrattengesetz».

1905:
- Der Zürcher Kantonsrat deckt Spitzelaffären auf und beschliesst verschiedene Einschränkungen für die Tätigkeit der Politischen Polizei.

1906:
- Nach einem Artikel des Italo-Tessiners Luigi Bertoni im «Le Réveil» wird die «Lex Silvestrelli» erlassen, welche die Verherrlichung von Gewalttaten unter Strafe stellt.

1910:
- Es wird publik, dass die Bundesanwaltschaft auch systematisch Schweizer observiert.

1914:
- Bei Ausbruch des Ersten Weltkriegs lässt sich der Bundesrat weitgehende Vollmachten erteilen zur «Vornahme aller Massnahmen, die für die Behauptung der Sicherheit, Integrität und Neutralität» geboten scheinen.

1916:
- Der Aufgabenbereich der Bundesanwaltschaft wird ausgeweitet; sie wird nun auch zuständig für die Spionageabwehr.

1917:
- Zusammenstösse zwischen Streikenden und der Armee in Zürich fordern vier Todesopfer.

1918:
- Der Versuch eines Generalstreiks in der Schweiz mobilisiert Behörden und Armee; antibolschewistische Kampagnen. Die sowjetische Mission wird ausgewiesen, ohne dass ihr Einmischung in die inneren Angelegenheiten der Schweiz nachgewiesen werden kann.
- Die Kommunisten werden generell zu Staatsfeinden erklärt und verfolgt.

1919:
- Aus den Bürgerwehren entsteht der «Schweizerische Vaterländische Verband» (SVV), der einen privaten politischen Nachrichtendienst einrichtet und sehr eng mit der Bundesanwaltschaft zusammenarbeitet.

1922:
- Die «Lex Häberlin I», die sogenannte Umsturznovelle, wird vom Volk verworfen.
- Ein Waadtländer Gericht spricht Moritz Conradi, den Mörder des sowjetischen Diplomaten Waclaw Worowski, frei. Der ungeschickt agierende Bundesrat eröffnet einen über zwanzig Jahre währenden diplomatischen Kleinkrieg mit der Sowjetunion.

1923:
- Die Schutzhaft-Initiative wird massiv abgelehnt.

1929:
- Das Zentralpolizeibüro mit Erkennungsdienst (Fingerabdrucksammlung, Verbrecher-Spezialitätenregister, polizeilicher Nach-

richtendienst, anthropometrische Sammlung) und Zentralstrafregister werden der Bundesanwaltschaft angegliedert.

1932:
- Per Bundesratsbeschluss wird die Entfernung aller Kommunisten aus dem Bundesdienst angeordnet.
- Den Mitgliedern der Nationalsozialistischen Deutschen Arbeiterpartei (NSDAP) wird das Tragen von Uniformen verboten.
- Unerfahrene Truppen erschiessen in Genf 13 Arbeiter, die an einer antifaschistischen Demonstration teilgenommen haben. 65 Menschen werden verletzt.
- Die linke Stadtregierung von Zürich geht gegen Streikende und Demonstranten vor: ein Todesopfer und Verletzte.

1934:
- Das Volk verwirft knapp die «Lex Häberlin II», das sogenannte Ordnungsgesetz.
- Erste Massnahmen zur Zensur der Presse werden beschlossen.

1935:
- Wilhelm Gustloff, Leiter der NSDAP-Landesgruppe Schweiz, ordnet einen Treueeid auf Hitler an.
- Der Jude Salomon Jacob wird aus der Schweiz nach Deutschland verschleppt, nach massiven Protesten aber wieder freigegeben. Der Bundesrat reagiert mit dem «Spitzelgesetz» und dem Aufbau der Bundespolizei als eigenständiger Abteilung der Bundesanwaltschaft.
- Die frontistische Volksinitiative zur Totalrevision der Bundesverfassung wird verworfen; nur vier katholisch-konservative Stände stimmen zu.

1936:
- Der junge Jude David Frankfurter ermordet in Davos den NSDAP-Chef Gustloff und wird zu 18 Jahren Zuchthaus verurteilt. Die NSDAP-Leitung wird offiziell verboten, jedoch von der deutschen Gesandtschaft aus weitergeführt.
- Das Parlament verabschiedet das Gesetz gegen Angriffe auf die Unabhängigkeit der Schweiz.
- Der Bundesrat erlässt Massnahmen gegen die kommunistischen Umtriebe in der Schweiz.
- Der Bundesrat unterstellt Reden von Ausländern einer Bewilligungspflicht.

1937:
- Einzelne Kantone verbieten auf ihrem Gebiet die Kommunistische

Partei der Schweiz (KPS); die Bundesversammlung gewährleistet die geänderten Verfassungen.

1938:
- Die Bundesanwaltschaft wendet sich gegen ein kantonales Verbot der Fronten, wie es Basel-Stadt anstrebt.
- Der Bundesrat beschliesst «Massnahmen gegen staatsgefährliche Umtriebe und zum Schutze der Demokratie», die sogenannte erste Demokratieschutz-Verordnung.

1939:
- Hitler löst mit dem Angriff auf Polen den Zweiten Weltkrieg aus. Am 28. August bietet der Bundesrat die Grenztruppen auf; am 30. August wählt die Vereinigte Bundesversammlung Henri Guisan zum General und erlässt den Vollmachtenbeschluss («Massnahmen zum Schutze des Landes und zur Aufrechterhaltung der Neutralität»), 24 Stunden später gibt der Bundesrat die übliche Neutralitätserklärung ab, am 1. September folgt die Allgemeine Mobilmachung.
- In der Folge werden verschiedene Erlasse zur Kontrolle der Presse, zum Verbot staatsgefährlicher Propaganda und zur Wahrung der Sicherheit des Landes in Kraft gesetzt. Bis Kriegsende werden 58 notrechtliche Schutzbestimmungen erlassen. Die Basis für die Abteilung Presse und Funkspruch, zuständig auch für die Medien-Zensur, wird geschaffen.

1940:
- Auflösung der frontistischen «Nationalen Bewegung der Schweiz».
- Auflösung der Kommunistischen Partei der Schweiz (KPS).

1941:
- Auflösung der «Fédération socialiste suisse» des Genfers Nicole.
- Weitere kommunistische Organisationen und Einrichtungen werden verboten.
- Die Abteilung Presse und Funkspruch im Armeestab wird den politischen Behörden unterstellt.

1942:
- Das Schweizerische Strafgesetzbuch (StGB) tritt in Kraft.

1943:
- Die frontistischen «Eidgenössische Sammlung» und die «Nationale Gemeinschaft Schaffhausen» werden aufgelöst.
- Als erster Sozialdemokrat wird Ernst Nobs in den Bundesrat gewählt.

1944:
- Als indirekte Nachfolgeorganisation der KPS wird die Partei der Arbeit (PdA) gegründet.

1945:
- Parteiverbote werden aufgehoben.
- Am 1. Mai wird die Landesgruppe Schweiz der Nationalsozialistischen Deutschen Arbeiterpartei vom Bundesrat aufgelöst.
- Am 7. (Reims) und 8. Mai (Berlin) unterzeichnet die deutsche Wehrmacht die Gesamtkapitulation.
- Am 8. Mai starten Bundespolizei und kantonale Behörden eine Grossaktion gegen Landesverräter.
- Die auf Vollmachtenbasis gestützten Staatsschutzerlasse (Demokratieschutzverordnungen) werden verlängert und sogar verschärft.

1947:
- Dritte Demokratieschutzverordnung.
- Mit der Affäre Heusser/Wintsch fliegt die jahrzehntelange Kooperation des privaten Nachrichtendienstes des «Schweizerischen Vaterländischen Verbandes» mit der Bundesanwaltschaft und der Zürcher Stadtpolizei auf.
- Das AHV-Gesetz wird angenommen. Die Sozialdemokratie wird in die Konkordanzpolitik eingebettet.

1948:
- Die vierte Demokratieschutzverordnung bedroht mit Strafe, wer die verfassungsmässige Ordnung «stört oder ändert».
- Der Umsturz in der Tschechoslowakei, den die PdA provozierend in «Siegesfeiern» applaudiert, leitet den Kalten Krieg ein.
- Die Schweiz tritt dem Marshallplan-Abkommen (OEEC) bei.

1950:
- Mit einer Revision des Strafgesetzbuches werden die früher notrechtlichen Staatsschutzerlasse ordentliches Recht und massiv verschärft. Ein Referendum gegen die weitgehenden Strafnormen kommt nicht zustande.
- Der Koreakrieg heizt die internationale Spannung an und schürt den Antikommunismus in der Schweiz.

1956:
- Die Unterdrückung des Volksaufstandes in Ungarn mobilisiert in der Schweiz weite Kreise, besonders die Studenten. Die öffentliche Empörung über die kommunistischen Regimes erreicht ihren Höhepunkt. PdA-Mitglieder werden zu Unpersonen erklärt.
- Die Suez-Krise beschwört die Gefahr eines Nahost-Krieges und des Eingreifens der Supermächte herauf.

- In der Schweiz bekämpfen sich algerische Freiheitskämpfer des Front de Libération National (FLN) und Agenten des französischen Geheimdienstes.

1957:
- Die enge und illegale Kooperation der Bundesanwaltschaft mit dem skrupellosen französischen Agenten Marcel Mercier platzt nach geschickten Manövern der ägyptischen Botschaft, deren Telefone von den Schweizern abgehört wurden.
- Bundesanwalt René Dubois erschiesst sich.
- Bundespolizei-Inspektor Max Ulrich wird verhaftet und später zu dreissig Monaten Gefängnis verurteilt.

1958:
- Der Bundesrat lehnt die völlige Trennung von Bundesanwaltschaft und Bundespolizei ab, beschliesst aber eine teilweise Entflechtung. Im Bundesratsbeschluss wird der Nachrichten- und Informationsdienst der Politischen Polizei festgeschrieben. Die Landesregierung erlässt neue Weisungen im Verkehr mit ausländischen Nachrichtendiensten.

1959:
- Die Zauberformel für die Landesregierung wird gefunden: Zwei Sozialdemokraten, zwei Freisinnige, zwei Konservativ-christlichsoziale und ein Vertreter der Bauern-, Gewerbe- und Bürgerpartei bilden künftig den Bundesrat.

1963:
- Ein Jahr nach der Atomverbots-Initiative wird auch das obligatorische Referendum für nukleares Kriegsmaterial abgelehnt. Die Friedensbewegung erleidet ihre entscheidende Niederlage.

1968:
- Der Jura-Konflikt wird gewalttätiger geführt: Spengstoff- und Brand-Anschläge erschüttern die Region. Armeeverbände werden auf Pikett gestellt.
- Die studentischen Proteste greifen auf die Schweiz über. Bei den «Globus-Krawallen» liefern sich in Zürich Jugendliche und die Polizei die schwersten Auseinandersetzungen seit den dreissiger Jahren. Das erschreckte Bürgertum vermutet sowjetische Drahtzieher.

1969:
- Das vom Eidgenössischen Justiz- und Polizeidepartement (EJPD) allen Haushaltungen verteilte Büchlein «Zivilverteidigung« ist das

behördliche, gedruckte Manifest des Kalten Krieges. Es wird von links und von liberaler Seite vehement zurückgewiesen.

1970:
- Palästinensische Untergrundkämpfer bringen bei Würenlingen eine Swissair-Maschine zum Absturz. Der Anschlag, der die Reaktion auf die Verurteilung der Attentäter des versuchten Anschlags auf eine israelische Maschine in Zürich-Kloten (1969) war, fordert 47 Menschenleben.
- Ein Swissair-Flugzeug wird nach Zerqa in der jordanischen Wüste entführt und gesprengt.
- Das Gefühl greift um sich, in einem Zeitalter des Terrorismus zu leben.
- Die Kantone Schwyz und Genf verwerfen in Referendumsabstimmungen das Projekt einer Interkantonalen Mobilen Polizei (IMP); damit ist das Vorhaben einer zentralen Ordnungstruppe von 600 Mann bereits erledigt.
- In Zürich scheitert das Experiment mit der «Autonomen Republik Bunker».

1971:
- Eine «Antifaschistische Woche» an der Universität Zürich ist der Höhepunkt der Studentenrevolte.

1975:
- Bundesrat und Parlament lehnen eine Trennung von Bundesanwaltschaft und Bundespolizei, wie sie von Sozialdemokraten gefordert wird, ab.

1976:
- Die Jeanmaire-Affäre platzt. Der Luftschutz-Brigadier wird beschuldigt, der Sowjetunion «geheimste» (EJPD-Chef Kurt Furgler) Informationen geliefert zu haben. Der Verräter wird in einem geheimen Verfahren zu 18 Jahren Zuchthaus verurteilt, ohne dass Gerüchte und Spekulationen verstummen würden. Das Personal der Bundesanwaltschaft wird in der gewaltigen Empörung über den «Jahrhundertverräter» aufgestockt.

1978:
- In einer Referendumsabstimmung lehnt das Volk die Bundessicherheitspolizei (Busipo) ab.

1980:
- Die Unrast der Jugend verschafft sich in Krawallen und wüsten Schlachten mit der Polizei Luft. Die Jugendbewegung trägt irrationale, anarchistische Züge.

1981:
- Der Souverän genehmigt in einer Referendumsabstimmung eine Ausweitung der Bestimmungen des Strafgesetzbuches auf Vorbereitungshandlungen.

1983:
- Der Bundesrat schliesst das sowjetische Pressebüro Nowosti in Bern und verweist dessen Leiter Alexei Dumow des Landes. Als der «Amtsbericht», der Grundlage zu diesen Massnahmen war, durch eine Indiskretion publik wird, erheben sich laute Kritik an den Methoden der Bundespolizei und Zweifel an der Stichhaltigkeit der vorgelegten «Beweise».

1989:
- Nach dem Rücktritt von Bundesrätin Elisabeth Kopp, die ihren Mann telefonisch vor einer möglichen Verwicklung der Shakarchi Trading AG in Geldwäscherei-Affären gewarnt hat, setzen die eidgenössischen Räte eine Parlamentarische Untersuchungskommission (PUK) ein, die neben der Amtsführung der EJPD-Vorsteherin auch die Bundesanwaltschaft unter die Lupe zu nehmen hat.
- Bundesanwalt Rudolf Gerber wird beurlaubt und schliesslich vorzeitig pensioniert, weil er mit der Kontrolle von Beamten die gegen ihn laufenden Untersuchungen zu überwachen suchte.
- Die PUK kommt in ihrem Bericht zum Schluss, dass die Bundespolizei, von einem überlebten Bedrohungsbild ausgehend, einen unsystematischen, willkürlichen und einseitigen Staatsschutz betreibt. 900 000 Menschen, davon knapp ein Drittel Schweizer, sind in der Hauptregistratur der Bundesanwaltschaft verzeichnet.
- EJPD-Chef Arnold Koller wertet die Arbeit der Politischen Polizei als «dilettantisch».

1990:
- Der Fichenskandal weitet sich aus. Bis Ende März begehren rund 320 000 Personen Einsicht in ihre Fichen und Dossiers.
- Der Bundesrat muss zugeben, dass auch bei der Untergruppe Nachrichtendienst und Abwehr (Una) im EMD Personendossiers geführt werden. Gleichzeitig werden neue Karteien und Verdächtigenlisten entdeckt. Peter Huber, Chef der Bundespolizei und zugleich Chef Abwehr in der Una, wird beurlaubt.
- Die PUK nimmt ihre Arbeiten wieder auf.
- Eine PUK II für das EMD und den Bereich Una wird eingesetzt.
- Der Zusatzbericht der EJPD-PUK enthüllt illegale Machenschaften einzelner Bundespolizisten sowie von PTT- und Zollbeamten, die den Telegramm- und Postverkehr in osteuropäische Länder durchschnüffelt hatten. Die Gesamtarbeit der Politischen Polizei wird als «konzeptions- und führungslos» gerügt. Der Bundesrat

setzt einen Besonderen Vertreter des Bundesanwalts ein, der die Vorwürfe abzuklären hat.
- Die Arbeiten zur Reorganisation der Bundesanwaltschaft laufen an.
- Ein «Komitee Schluss mit dem Schnüffelstaat» lanciert eine Volksinitiative zur Abschaffung der Politischen Polizei.
- Das Berner Büro von Nowosti nimmt seine Arbeit wieder auf.
- Nach Berechnungen des Eidgenössischen Finanzdepartements kostet die Bewältigung der Staatsschutzaffäre rund 50 Millionen Franken, verteilt auf die Jahre bis 1994.
- Mitte August wird publik, dass die Bundespolizei ab Mai bereits wieder 10 000 neue Fichen angelegt hat.

Verwendete Literatur

Bericht des Bundesrates an die Bundesversammlung über die antidemokratische Tätigkeit von Schweizern und Ausländern im Zusammenhang mit dem Kriegsgeschehen 1939–1945. Drei Teile. Bundesblatt 1946, Bd. I und II.
Comtesse, Frédéric Henri. Der strafrechtliche Staatsschutz gegen hochverräterische Umtriebe im Schweizerischen Bundesrecht. Zürich 1942.
Dejung, Christoph. Schweizer Geschichte seit 1945. Frauenfeld 1984.
Documents diplomatiques Suisses. Bde. 3 und 8. Bern 1986/1988.
Dreyer, Dietrich. Schweizer Kreuz und Sowjetstern. Zürich 1989.
Frischknecht, Jürg u.a. Die unheimlichen Patrioten, Politische Reaktion in der Schweiz. 6. Auflage. Zürich 1987.
Gautschi, Willi. Geschichte des Kantons Aargau. Dritter Band. Baden 1978.
Gruner, Erich. Arbeiterschaft und Wirtschaft in der Schweiz 1880–1914. Bd. III. Zürich 1988.
Kirchheimer, Otto. Politische Justiz. Frankfurt 1981.
Kälin, Walter. Verfassungsgrundsätze der schweizerischen Aussenpolitik. Referate und Mitteilungen des Schweizerischen Juristenvereins, Heft 3. Basel 1986.
Kauer, Hans. Der strafrechtliche Staatsschutz der Schweizerischen Eidgenossenschaft. Bern 1947.
Langhard, Johannes. Die anarchistische Bewegung in der Schweiz. Berlin 1903.
Langhard, Johannes. Die politische Polizei der Schweizerischen Eidgenossenschaft. Bern 1909.
Lüthi, Werner. Die schweizerische Bundesanwaltschaft. Bern 1923.
Lüthi, Werner. Der verstärkte Staatsschutz. In: Zeitschrift des Bernischen Juristenvereins, Band 87. Bern 1951.
Mutter, Paul Siegfried. Die schweizerische Bundesanwaltschaft als Behörde der politischen Fremdenpolizei. Zürich 1916.
Müller, Martin. Die Entwicklung der Bundespolizei und ihre heutige Organisation. Zürich 1949.
«Politische Polizei und Spitzelwirtschaft». Hrsg. von der Sozialdemokratischen Fraktion des Zürcher Kantonsrates. Zürich 1905.
«Schnüffelstaat Schweiz. Hundert Jahre sind genug». Hrsg. vom Komitee «Schluss mit dem Schnüffelstaat». Zürich 1990.
Spindler, Katharina. Die Schweiz und der italienische Faschismus. Basel und Stuttgart 1976.
Stratenwerth, Günter. Schweizerisches Strafrecht. Bern 1984.
Thut Rolf/Bislin Claudia. Aufrüstung gegen das Volk. Zürich 1977.
Vorkommnisse im EJPD. Bericht der Parlamentarischen Untersuchungskommission (PUK). Bern 1989.

Ergänzungsbericht der Parlamentarischen Untersuchungskommission. Bern 1990.

Walder, Hans. Probleme des Staatsschutzes. In: Zeitschrift des Bernischen Juristenvereins, Band 110. Bern 1974.

Würms, Alfons. IMP und BUSIPO. Zur Geschichte zweier sicherheitspolizeilicher Projekte. Zürich 1989.

Register der Personen

Abdelmalek Mohammed, libyscher Geschäftsträger: S. 197, 198
Abt Roman, Nationalrat: S. 109, 110
Alexander III., russischer Zar: S. 25
Amstein André, Chef der Bundespolizei: S. 135, 140, 141, 142, 180, 184, 185
Anderfuhren Johann, Kommunist: S. 66
Apollinaire Guillaume, Dichter: S. 174
Arnold Max, Nationalrat: S. 105, 123
Attenhofer Eduard, Subversiven-Jäger: S. 23, 24
Aubert Pierre, Bundesrat: S. 192, 198
Aubert Théodore, Nationalrat: S. 91
Baader Andreas, RAF-Terrorist: S. 168
Bachmann Albert, Geheimdienstoberst: S. 158, 201
Bagockij, Vertreter Russisches Rotes Kreuz: S. 58
Bakunin Michael, Anarchist: S. 17
Balabanowa Angelika, Angehörige der Sowjetmission in Bern: S. 58
Balsiger Werner, Chef der Bundespolizei: S. 99
Barth Karl, Theologe: S. 95, 149
Baumann Johannes, EJPD-Chef: S. 62, 68, 69, 74, 75, 76, 84, 108
Baumer, aargauischer Bezirkshauptmann: S. 24
Bebel August, deutscher Sozialdemokrat: S. 20
Berlinguer Enrico, Eurokommunist: S. 182
Bernardi Philippe, päpstlicher Nuntius in Bern: S. 110
Bernasconi Giacomo, Gewerkschaftssekretär: S. 134
Bernstein Eduard, Schriftsteller und Sozialdemokrat: S. 21
Bertoni Luigi, Anarchist: S. 38, 39, 40
Bertschi Marcel, Zürcher Bezirksanwalt: S. 173
Berzin Jan, Leiter der Sowjetmission in der Schweiz: S. 56
Bibra Hans Sigismund Freiherr von, Legationsrat: S. 78, 109, 110
Bieri Ernst, Nationalrat: S. 132, 152
Bircher Eugen, Nationalrat, Oberstdivisionär: S. 88, 89, 90, 91, 92, 96
Bismarck Otto von, Reichskanzler: S. 17, 19, 20, 21, 24, 25, 29
Bochensky Joseph, Philosophieprofessor: S. 178
Bodenmann Marino, Nationalrat: S. 133
Bontempi Teresa, Irredentistin: S. 82
Borchert Wolfgang, Dichter: S. 172
Borer Léon, aargauischer Kripo-Chef: S. 170
Braunschweig Hansjörg, Nationalrat: S. 196
Brenner Ernst, EJPD-Vorsteher: S. 46, 49
Bresci Gaetano, Anarchist und Mörder: S. 38, 39
Bringolf Walther, Nationalrat: S. 76, 104, 105, 148
Brodmann Roman, Publizist: S. 153
Brunner Alfred, Zürcher Staatsanwalt: S. 53, 54, 55
Brupbacher Fritz, Arzt und Anarchist: S. 17

Brüstlein Alfred, Nationalrat: S. 39, 49, 55
Buchbinder Heinrich, Publizist: S. 149, 150
Bühler Gottlieb, Nationalrat: S. 109
Bülow Otto von, deutscher Gesandter in Bern: S. 24
Burckhardt Walter, Staatsrechtler: S. 224
Burri Franz, Frontist: S. 71
Calonder Felix F., Bundesrat: S. 56
Canova Gaudenz, Nationalrat: S. 74
Carlin Gaston, Schweizer Gesandter in Rom: S. 36, 39
Celio Nello, Bundesrat: S. 183
Chanson André, Führer der 68er Bewegung in Zürich: S. 163
Chevallaz Georges-André, Bundesrat: S. 198
Ciacchi Eugenio, italienischer Freiheitskämpfer: S. 36
Ciano Edda, Tochter Mussolinis: S. 112
Ciano Galeazzo Graf, faschistischer Aussenminister: S. 112
Cincera Ernst, Nationalrat: S. 184, 185, 186
Colombi Emilio, Irredentist: S. 82
Comtesse Frédéric, Strafrechtler: S. 118, 119
Conradi Moritz, Mörder: S. 50, 51
Conzett Conrad, Sozialdemokrat: S. 18
Crosier Henri, Redaktor: S. 51
Cuénod Martin, Einbrecher: S. 168
Curti Theodor, Nationalrat: S. 24
Däniker Gustav, Stabschef Operative Schulung: S. 152
Danuser Menga, Nationalrätin: S. 165
Dätwyler Max, Friedensapostel: S. 153
Decoppet Camille, Bundesrat: S. 88
Derrer «Häsi», Agent provocateur: S. 66, 67
Dick Friedrich, Chef der Bundespolizei: S. 139, 140
Diesbach Roger de, Oberstleutnant: S. 58
Droz Numa, Bundesrat: S. 21, 25, 26
Dubois René, Bundesanwalt: S. 135, 136, 138, 139, 140, 141, 142, 143, 144, 145, 166, 204
Dumow Alexei, Leiter der Agentur Nowosti: S. 190, 193, 194
Dutschke Rudi, deutscher Studentenführer: S. 162
Eibel Robert, «Trumpf Buur»-Redaktor: S. 81
Elisabeth, Kaiserin von Oesterreich: S. 33, 34
Ernst Alfred, Oberstdivisionär: S. 151
Etter Philipp, Bundesrat: S. 73, 113
Eugster Jakob, Oberauditor der Armee: S. 122
Euler Alexander, Nationalrat: S. 200, 201
Fahti al Dib Mohammed, ägyptischer Geheimdienstler: S. 138, 139
Farner Konrad, PdA-Mitglied: S. 133
Farner Rudolf, PR-Stratege: S. 152
Fatzer Heinrich, Inspektor der Bundespolizei: S. 103, 106
Feldmann Markus, EJPD-Chef: S. 98, 109, 110, 111, 135, 136, 139, 140, 141, 142

Fischer Hanspeter, Nationaltrat: S. 161
Fischer Jakob, Zürcher Polizeihauptmann: S. 14, 20, 24
Fleig Hans, Journalist: S. 154
Fleischhauer, Nazi-Propagandist: S. 71
Flückiger Ernst, Nationalrat: S. 99
Forrer Ludwig, Nationalrat, Bundesrat: S. 27, 49
Franco Francisco, spanischer Diktator: S. 127, 160
Frankfurter David, Mörder: S. 77
Franz Joseph, Kaiser von Oesterreich: S. 34
Frey Theodor, Zürcher Kantonsrat: S. 44
Friedli Franz, Frena-Leiter: S. 98, 99
Friedrich Rudolf, EJPD-Chef: S. 187, 189, 190, 191, 192, 194, 195, 196, 197, 205
Frisch Max, Schriftsteller: S. 154, 180
Früh Kurt, Regisseur: S. 95
Furgler Kurt, EJPD-Chef: S. 166, 177, 178, 179, 180, 181, 186, 187, 190, 192, 198, 199, 205
Fürst Hans, Bundesanwalt: S. 157, 164, 165, 166
Ganz Josef, Emigrant: S. 103
Gehlen Reinhard, deutscher Geheimdienstchef: S. 138
Gelpke Rudolf Arnold, Nationalrat: S. 59
Gerber Rudolf, Bundesanwalt: S. 202, 203, 204, 205, 206, 209, 210, 212, 214
Gilfert Walter, Nazi: S. 76
Giovanoli Fritz, Nationalrat: S. 149
Gloor Otto, Untersuchungsrichter: S. 78, 129
Goebbels Joseph, Nazi-Propagandaminister: S. 159
Göhring, Nazi-Kreisleiter der Westschweiz: S. 77
Golowin Sergius, Schriftsteller: S. 208
Gottwald Klement, tschechischer Kommunistenführer: S. 125, 128
Graber Achille, Gewerkschaftsführer: S. 48, 49
Graber Ernest-Paul, Nationalrat: S. 52
Grendelmeier Alois, Nationalrat: S. 120, 139
Greulich Herman, Sozialdemokrat: S. 30, 41, 45, 46
Gribi, Solothurner Polizeihauptmann: S. 69
Grimm Robert, Streikführer, Nationalrat, Regierungsrat: S. 53, 55, 58, 93, 94, 119
Gruner Erich, Politologe: S. 31, 40
Guisan Henri, General: S. 90, 108
Guisan Louis, Nationalrat: S. 143
Gustloff Wilhelm, Nazi, Gauleiter Schweiz: S. 68, 74, 75, 76, 77
Häberlin Heinrich, EJPD-Chef: S. 61, 62, 63
Haefliger Arthur, alt Bundesrichter: S. 209, 210, 212
Hammer, Leiter des Zürcher Nachrichtendienstes: S. 67
Hasler Eugen, Bundesrichter: S. 96
Haupt Christian, Lockspitzel: S. 21
Hausamann Hans, Leiter des Büros Ha.: S. 99

Heeb Fritz, Jurist: S. 145
Henne Rolf, Frontist: S. 70, 83
Hermann Josef, Beamter der Bundesanwaltschaft: S. 220
Hess Rudolf, Hitler-Stellvertreter: S. 75, 84
Heusser Gustav, Zürcher Politpolizist: S. 100
Heusser Kurt, Zürcher Polizeileutnant: S. 100
Heusser Otto, Kommandant Stadtpolizei Zürich: S. 99, 100, 101, 102, 103, 104, 220
Heydrich Reinhard, Chef des Reichssicherheitshauptamtes: S. 103
Hitler Adolf, Nazi-Führer: S. 75, 76, 77, 79, 96, 126, 138, 159
Hodler Fritz, Sekretär der Bundesanwaltschaft: S. 23, 47
Hofer Polo, Musiker: S. 208
Hofer Walther, Nationalrat: S. 183
Hoffmann Josef, stv. Sekretär des «Vaterländischen Verbandes»: S. 101
Hoffmann, Arthur, Bundesrat: S. 57
Hofmann Ernst, Frontist: S. 84
Hofmann Hans, Regierungsrat: S. 220
Honegger Fritz, Bundesrat: S. 199
Hubacher Helmut, Nationalrat: S. 125, 126, 133, 134
Hubacher Ulrich, Pressechef EJPD: S. 194
Huber Ahmed A., Journalist: S. 172, 173
Huber Arnold, Sekretär des «Vaterländischen Verbandes»: S. 101, 103, 104, 105, 106
Huber Hans, Verleger: S. 184
Huber Johannes, Nationalrat: S. 119
Huber Peter, Chef der Bundespolizei: S. 162, 163, 169, 170, 171, 173, 194, 200, 201, 203, 213, 214
Huft Wilhelm, Frisör: S. 15
Humbert-Droz Jules, Nationalrat: S. 83
Imboden Max, Staatsrechtler: S. 147
Iselin Isaac, Nationalrat: S. 36
Jacob Berthold Salomon, Journalist: S. 79, 80, 81
Jaeckle Erwin, Nationalrat: S. 120
Jahn Walter, Oberstdivisionär: S. 127
Jeanmaire Jean-Louis, Brigadier: S. 204
Jelmini Mario, EJPD-Beamter: S. 209
Jotti Ettore, italienischer Freiheitskämpfer: S. 36
Kaeslin Jacques-André, Bundespolizist: S. 209, 210, 211
Kägi Jakob, Nationalrat: S. 105
Kälin Walter, Staatsrechtler: S. 223, 224
Kammerer Anton, anarchistischer Terrorist: S. 18
Kästner Erich, Schriftsteller: S. 151
Kauer Hans, Jurist: S. 121
Keller Martin, EJPD-Beamter: S. 197
Keller Max Leo, Frontist: S. 84
Keller René, Oberauditor der Armee: S. 156
Kittelmann Hellmut, Bundesstenograph: S. 79

Klöti Emil, Zürcher Stadtrat: S. 100
Klotz Hermann, Schriftsteller: S. 82
Knellwolf Arnold, Nationalrat: S. 59
Kobelt Karl, Bundesrat: S. 94, 95
Köcher Otto Carl, deutscher Gesandter in Bern: S. 83, 110, 111
Kohler Urs E., Regierungsrat: S. 220
Koller Arnold, EJPD-Chef: S. 180, 197, 210, 213, 214, 215, 219, 221, 222
Kopp Elisabeth, Bundesrätin: S. 131, 186, 202, 209, 211, 212, 215
Kopp Hans W., Anwalt: S. 211
Kordt Theo, Angehöriger der deutschen Gesandtschaft: S. 114
Krapotkin Peter, Anarchoterrorist: S. 17
Krause Petra, RAF-Terroristin: S. 170
Kröcher-Tiedemann Gabriele, RAF-Terroristin: S. 170
Kronauer Otto, Bundesanwalt: S. 42
Kruszyk Florian, Botschafts-Besetzer: S. 178
Lang Otto, Sozialdemokrat, Oberrichter: S. 30, 31
Lang Paul, Frontist: S. 70
Langhard Johann, Publizist: S. 48
Lenin Wladimir, Bolschewikenführer: S. 53, 54, 55, 57, 92, 112
Leuenberger Moritz, Präsident der PUK: S. 210
Liebermann Rolf, Komponist: S. 95
Luccheni Luigi, Anarchist und Mörder: S. 33, 34, 35
Lüthi Werner, Bundesanwalt: S. 26, 117, 122, 124, 128
Lutz Balthasar, Lockspitzel: S. 24
Lutz Oskar, Jurist: S. 75
Maerki Didier, Einbrecher: S. 168
Marty Dick, Tessiner Staatsanwalt: S. 211
Masaryk Jan, tschechischer Aussenminister: S. 126
Masaryk Thomas, tschechischer Staatsgründer: S. 126
Maurer Max, Kommissär der Bundespolizei: S. 103
Meinhof Ulrike, RAF-Terroristin: S. 168
Mercier Marcel, französischer Geheimdienstler: S. 136, 137, 138, 139, 140, 141, 142, 143, 144
Metzger Wilhelm, deutscher Lockspitzel: S. 41, 46
Meyer Karl, Frontist: S. 83
Meyer Werner, Frontist: S. 70
Minger Rudolf, Bundesrat S: 108, 109
Miville Carl jun., Ständerat: S. 125
Miville Carl sen., Basler Regierungsrat: S. 95, 126
Möller Christian, RAF-Terorist: S. 171
Moser Rudolf, Geheimdienst-Offizier: S. 201
Mössinger Max, Präsident «Pro-Libertate»: S. 134, 148
Most Johann, Anarchist: S. 16, 35, 40
Motta Giuseppe, Bundesrat: S. 50, 51, 58, 73, 85
Müller Eduard, Generalanwalt, Bundesrat: S. 14, 15, 16, 38, 228
Müller Richard, Nationalrat: S. 177

Münzenberg Willi, Kommunist: S. 54
Mussolini Benito, faschistischer Diktator: S. 39, 73, 82, 109, 112
Musy Jean-Marie, Bundesrat: S. 50, 51, 73, 119
Nagy Imre, ungarischer Ministerpräsident: S. 131
Nagy László, ungarischer Handelsrat: S. 198
Naine Charles, Nationalrat: S. 52
Nasser Gamal Abd el, ägyptischer Staatschef: S. 137, 138
Netschajew Sergej, Anarchist: S. 17
Neve Johann, Anarchist: S. 13
Nicole Léon, Linkssozialist: S. 59, 95, 99, 128
Nicole Pierre, PdA-Mitglied: S. 128
Nobs Ernst, Streikführer, Bundesrat: S. 32, 53, 55, 56
Obrecht Hermann, Bundesrat: S. 68
Oprecht Hans, Nationalrat: S. 67, 95, 104, 105
Ossietzky Carl von, Nobelpreisträger: S. 79
Owtchinnikow Leonid, sowjetischer Diplomat: S. 192
Padrutt Willy, Bundesanwalt: S. 222
Parvus-Helphand Alexander, Lenin-Vertrauter: S. 92
Perrier, Generalstabsoberst: S. 94, 95
Peter Markus, Substitut des Bundesanwalts: S. 203
Petitpierre Max, Bundesrat: S. 142
Petrzilka, Zürcher Staatsanwalt: S. 66, 67
Pilet-Golaz Marcel, Bundesrat: S. 63, 84, 109, 110, 113, 126
Planta Alfred von, Schweizer Gesandter in Berlin: S. 87
Platten Fritz, Kommunist: S. 54, 194
Probst Raymond, Staatssekretär: S. 192
Quisling Vidkun, norwegischer Verräter: S. 128
Radek Karl, Kommunist: S. 57
Ragaz Leonhard, Theologe: S. 95
Rainer Margrit, Schauspielerin: S. 95
Rapold Hans, Stabschef Operative Schulung: S. 186
Rappold Niklaus, Zürcher Polizeihauptmann: S. 42, 44, 46
Rasser Alfred, Schauspieler: S. 95, 155
Reichling Rudolf sen., Nationalrat: S. 110, 111
Reinhardt Urs C., CVP-Generalsekretär: S. 161
Reiss Ignaz, abgesprungener Sowjetagent: S. 65
Renschler Walter, Nationalrat: S. 131, 132, 196
Reynold Gonzague de, Staatsphilosoph: S. 72
Ribeaud José, Journalist: S. 178
Richter Walter, Nazi-Agent: S. 80
Ritschard Willi, Bundesrat: S. 189, 196, 200
Rösler Jörg, Beamter der Bundespolizei: S. 201, 202
Roth Arnold, eidgenössischer Gesandter in Berlin: S. 25, 26
Ruchonnet Antoine-Louis, Bundesrat, EJPD-Chef: S. 21, 23, 27
Rüegsegger Ernst, Frontist: S. 83
Rünzi Anne-Marie, Mordopfer: S. 204
Russell Bertrand, Nobelpreisträger: S. 151

Sager Peter, Nationalrat: S. 126, 162, 185
Salazar Antonio de Oliveira, portugiesischer Staatschef: S. 160
Salten Felix, Schriftsteller: S. 174
Saurer Helmuth, EMD-Beamter und mutmasslicher Verräter: S. 113, 114
Saurer-von Pétéry Elmira, mutmassliche Spionin: S. 114, 115
Schaffner Jakob, Frontist, Schriftsteller: S. 84
Schalcher Heinrich, Nationalrat: S. 161
Schelsky Helmut, Soziologe: S. 183
Schenk Karl, Bundesrat: S. 13
Scherb Albert, Bundesanwalt: S. 27, 36
Scheurer Karl, Bundesrat: S. 88, 92, 95
Schibler Johann Oskar, aargauischer Regierungsrat: S. 89
Schleyer Hanns Martin, deutscher Arbeitgeberpräsident: S. 170
Schmid Karl, Literaturprofessor: S. 147
Schollenberger Jakob, Staatsrechtler: S. 28
Schröder Paul, Lockspitzel: S. 20
Schulthess Edmund, Bundesrat: S. 57
Schultze Moritz, Anarchist: S. 13
Schürch Ernst, Chefredaktor: S. 98
Schütz Otto, Nationalrat: S. 113
Schwander Martin, Journalist: S. 191, 193, 194, 195, 196, 197
Schwarzenberger Eva, Spionin: S. 155
Schwarzenberger Otto, Spion: S. 155
Schweitzer Albert, Urwalddoktor: S. 149
Selzam Edwart von, Angehöriger der deutschen Gesandtschaft: S. 114
Silvestrelli Giulio, italienischer Gesandter in Bern: S. 39
Singer Paul, deutscher Sozialdemokrat: S. 20
Sonderegger Viktor, Sekretär des «Vaterländischen Verbandes»: S. 90, 91
Speiser Ernst, Ständerat: S. 149
Speroni, italienischer Freiheitskämpfer: S. 36
Spielmann Jean, Nationalrat: S. 207
Spillmann Philippe, Journalist: S. 191, 193, 194, 197
Spindler Katharina, Historikerin: S. 72
Spühler Willy, Bundesrat: S. 148, 154
Stähli Hans, Ständerat: S. 110, 111
Stalin (Josef Dschugaschwili), sowjetischer Diktator: S. 127
Stämpfli Franz, Bundesanwalt: S. 62, 65, 69, 71, 77, 81, 84, 99, 101, 110, 117, 124
Stampfli Oskar, Regierungsrat Solothurn: S. 68, 69
Stauber Kurt, Schaffhauser Polizeikommandant: S. 200
Stauffer Erwin Oskar, «Heer und Haus»-Offizier: S. 184
Steck Albert, Sozialdemokrat: S. 22
Steiger Albert von, Bruder des Bundesrats: S. 115
Steiger Eduard von, EJPD-Chef: S. 104, 105, 107, 108, 109, 110, 111, 112, 113, 115, 116, 119, 120, 121, 122, 123, 124
Stellmacher Hermann, anarchistischer Terrorist: S. 18

Stössel Johannes, Zürcher Polizeivorstand: S. 24
Stratenwerth Günter, Strafrechtler: S. 118, 129
Thurnheer Walter, Adjunkt im Politischen Departement: S. 87
Thut Rolf, Journalist: S. 174
Tobler Robert, Frontist: S. 78
Tödtli Boris, Frontist: S. 71
Trachsler Johann Jakob, EJPD-Sekretär: S. 23
Trüb Henri, Gewerkschaftssekretär: S. 134
Trump Georg, deutscher Presseattaché: S. 110
Truniger Walter, Agent provocateur: S. 206
Tschudi Hans Peter, Bundesrat: S. 148
Ulrich Max, Inspektor der Bundespolizei: S. 139, 140, 141, 142, 143, 144
Umberto I., König von Italien: S. 38
Villard Arthur, Nationalrat: S. 153
Villiger Kaspar, Bundesrat: S. 214
Vittorio Emanuele III., König von Italien: S. 39
Vögeli Robert, «Heer und Haus»-Offizier: S. 123, 185, 186
von Moos Ludwig, EJPD-Chef: S. 157, 158, 159, 160, 161
Wagner Rolf Clemens, RAF-Terrorist: S. 171
Wahlen Friedrich Traugott, Bundesrat: S. 149
Walder Hans, Bundesanwalt: S. 141, 142, 144, 166, 167, 169, 172, 173,
    174, 175, 176, 177, 181, 182, 183, 184, 187, 190, 202, 203, 215
Walther Heinrich, Nationalrat: S. 110
Weber Max, Bundesrat: S. 148
Weber Rolf, Nationalrat: S. 144
Welti Franz, Kommunist: S. 63
Wesemann Hans, Kopfjäger: S. 80
Widmer Sigmund, Nationalrat: S. 151
Wiesendanger Albert, Kommandant Zürcher Stadtpolizei: S. 100
Wili Hans, Pressesprecher EJPD: S. 181
Wintsch Hans, Polizeiwachtmeister: S. 101, 103, 104, 220
Wohlgemuth August, preussischer Polizeiinspektor: S. 24
Woog Edgar, Nationalrat: S. 129, 130, 133
Worowski Waclaw, sowjetischer Diplomat: S. 50
Wyler Berthold, Journalist: S. 136
Zander Alfred, Frontist: S. 83
Zellweger Eduard, Nationalrat: S. 66
Zemp Joseph, Bundesrat: S. 29, 47, 227
Zürcher Emil, Rechtsprofessor: S. 36, 37
Zust Franz Karl, Ständerat: S. 116

Fürst Otto von Bismarck, Eiserner Kanzler: Die aggressiven Eingriffe in die innern Angelegenheiten der Eidgenossenschaft zeitigen Erfolg; die Schweiz beugt sich dem Druck Berlins und beginnt mit der organisierten Schnüffelei gegen immigrierte und einheimische Sozialdemokraten. (1)

Abschrift.

Polizei-Rapport

des Polizisten *Sigg Matthias*

vom *9. Decbr.* 1878

Beklagter: *Greulich, Redactor der Tagwacht, wohnhaft in Hirslanden, seit ½ Jahr Bürger*

Zeit: *in dort, verheirathet, Besitzer eines eigenen Häuschens*

Ort:

Handlung: *Rädelsführer, Agitator, Redner in den Arbeiterversammlungen der Internationalen, besudelt in seinem Blatte öfters rechtschaffene Bürger, ein entschiedener Feind der besitzenden Klasse, eine sehr bekannte Persönlichkeit in der Schweiz & Deutschland.*

Für Richtigkeit der Abschrift
Zürich den 30/X 1879
Der Polizei-Lieutenant
C. Zuppinger.

Bereits elf Jahre vor Errichtung der Bundesanwaltschaft werden Arbeiterführer fichiert. 1878 wertet ein Zürcher Polizeirapport den gemässigten Herman Greulich: «Greulich, Redactor der Tagwacht, wohnhaft in Hirslanden, seit ½ Jahr Bürger indort, verheiratet, Besitzer eines eigenen Häuschens. Rädelsführer, Agitator, Redner in den Arbeiterversammlungen der Internationalen, besudelt in seinem Blatte öfters rechtschaffene Bürger, ein entschiedener Feind der besitzenden Klasse, eine sehr bekannte Persönlichkeit in der Schweiz & Deutschland.» (2)

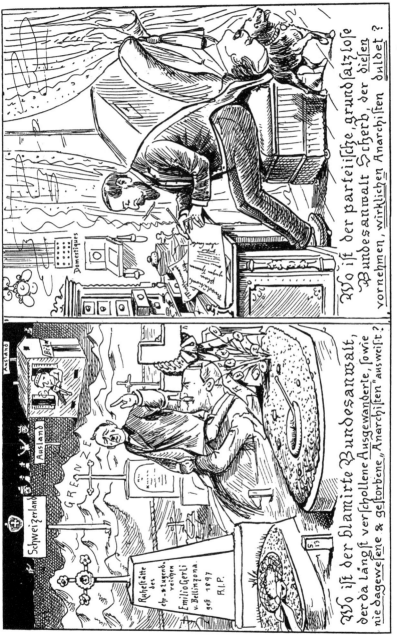

Der erste Bundesanwalt, Albert Scherb, im Vexierbild des satirischen Monatsblatts «Der neue Postillon»: Selbst verstorbene italienische Republikaner werden «ausgewiesen», Saboteure der spanischen Republik bleiben unbehelligt. (3)

Bern, den 21. April 1890

Der Generalanwalt

der

schweizerischen Eidgenossenschaft

An die Justiz- und Polizeidirection des Kantons

Zürich.

Herr Regierungsrath!

Wie Ihnen bekannt, hat der internationale Arbeitercongress in Paris im Jahre 1889 beschlossen.

Es soll eine grosse einheitliche Manifestation der Arbeiter aller Länder derart veranstaltet werden, dass am 1. Mai 1890 in allen Ländern beziehungsweise allerorts die Arbeiter die Vertreter der herrschenden Gewalt auffordern, die gesetzliche Dauer des Arbeitstages auf 8 Stunden zu beschränken.

Voraussichtlich wird diesem Beschlusse auch in der Schweiz, wenigstens theilweise, Folge gegeben werden. Der Arbeitertag in Olten, welcher

Im April 1890 weist der Bundesanwalt (damals «Generalanwalt») die Kantone an, alle 1.-Mai-Kundgebungen zu beobachten. Die Praxis hat sich bis fast auf den heutigen Tag erhalten. (4)

Der Neue Postillon

Nº 11.   Zürich, November 1905.   XI. Jahrgang.

Humoristisch-satirisches Monatsblatt der schweizerischen Arbeiterschaft.

Abonnement: Schweiz jährlich Fr. 2.40, halbjährlich Fr. 1.20; Ausland jährlich Fr. 3.—, halbjährlich Fr. 1.50. Bei der Post bestellt 10 Cts. Zuschlag.

~ ~ ~ ~ Heil dir, Helvetia! ~ ~ ~ ~

Gekrönte Häupter: Sehr schöne Spitzelzucht! Ah, kann fast Vergleich mit der unsrigen aushalten.

Beifall der autokratischen Monarchen: Karikierter Spitzelförderer Ernst Brenner, FDP-Bundesrat und EJPD-Chef. (5)

Am 10. September 1898 erdolcht der geistesgestörte Italiener Luigi Luccheni in Genf die österreichische Kaiserin «Sissi». Der Mörder ist seit dem

CONFÉDÉRATION SUISSE

Canton de Vaud

DÉPARTEMENT
DE
JUSTICE ET POLICE

Adresse télégraphique
DÉPARTEMENT POLICE LAUSANNE

N° 4863

Lausanne, le 19 août 1898.

Monsieur le Procureur général
de la Confédération

à   BERNE.

Nous avons l'honneur de vous transmettre sous ce pli un rapport de notre police de sûreté, du 18 courant, concernant le nommé L o u c h i n i, Louis, Italien, à Lausanne.

Ce rapport est accompagné d'un recueil manuscrit intitulé " Cantici anarchici ".

p. Le Chef du Département
de Justice & Police du canton de Vaud,

Le Chef de service,
L. Favre

2 annexes.

Akten im Dossier
Luchesi Luigi

August zwar registriert (Meldung an den Bundesanwalt, oben), das Verbrechen kann dennoch nicht verhindert werden. Wo war der Bundesanwalt? höhnt «Der neue Postillon» (links). Dieser beklagt in einem deftigen Brief an die deutsche Regierung den Tod seines «Schöpfers» Bismarck. (6)

Die chinesische Gesandtschaft be

Forrer: „Welche unserer republikanischen Einrichtu
Chinese: „Den Bundesanwalt"!

«Postillon»-Persiflage des Besuchs einer Gesandtschaft des chinesischen Monarchen bei Bundespräsident Forrer und den Bundesräten Brenner und Müller im Jahre 1906: Bundesanwalt Otto Kronauer (links oben) und die Devise «Mein Wille ist das höchste Gesetz» sind allgegenwärtig. (7)

№ 11. Zürich, November 1901. VII. Jahrgang.

Der Neue Postillon

Humoristisch-satirisches Monatsblatt der schweizerischen Arbeiterschaft.

» Bundesschuggerei. «

„Solch unbequeme Weiber werden nunmehr abgethan! — Die eine, die ist fertig, gleich kommt die andre dran!"

Ernstli (grosshansig): Du häsches dasmal mit em lätze ztue, i ziehe halt eso us!

Hermi (kaltblütig): Und i eso!

Der sozialdemokratische Nationalrat Herman Greulich kann (nach «Postillon») noch so viele Rededuelle gegen EJPD-Vorsteher Brenner gewinnen – am Ausbau der Bundesanwaltschaft durch den polizeigläubigen Bundesrat ändert er nichts. (9)

Linke Seite: Für die Linke der Schlächter der Ideale der freiheitlichen Demokratie: Bundesanwalt Otto Kronauer. (8)

Der «Centralverband der Schweizerischen Sozialen Jugendorganisation» marschiert am 23. Mai 1915 auf den Zürichberg (oben). Die Polizeidirektion rügt den Spitzel-Wachtmeister Steiner wegen unkorrekter Ausführung dieses Überwachungsauftrags (rechts): «Solche Festzüge sind jeweilen bis zum Schluss d.h. bis zur völligen Auflösung zu beobachten.»

Zürich, den 29. Mai 1915.

Titl.

Polizeikommando

Zürich.

In Anbetracht, dass während der ganzen Veranstaltung auf dem Zürichberg, nichts neutralitätswidriges vorgekommen - und beim Festzug, den wir von Anfang bis zum Ende genau kontrollierten, auch keine aufreizende Inschrift vorhanden waren, unterliessen wir es den Zug bis an den Helvetiaplatz, wo er sich auflöste, zu begleiten.

Somit hatten wir das Anhalten des Strassenbahnwagens nicht gesehen.

Steiner, Wachtm.

Vfg. an die Tit. Polizeidirektion Zch.

Zch, 31. V. 15

Für das Pol.kommando.

[Unterschrift]

An das Polizeikommando zurück mit dem Auftrage, dem Rapportierenden zu eröffnen, dass solche Festzüge jeweilen bis zum Schluss d.h. bis zur völligen Auflösung zu beobachten sind und dass es, wenn auch diesmal von der Erteilung eines formellen Verweises abgesehen wird, immer hin als fehlerhaft bezeichnet werden muss, dass dies nicht geschehen ist. Auch hätte die Aufschrift: „Wir Proletarier haben kein Vaterland!", die bei den heutigen Zeitverhältnissen als anstössig zu betrachten ist, im Berichte erwähnt werden sollen.

Zürich, den 1ten Juni 1915.

Direktion der Polizei:

Wettstein

Akten.

Grimm

F

Vorname: Robert

auch

Nat. Rat Gemeinderat Grimm

BUNDESARCHIV BERN
ARCHIVSIGNATUR
Bestands-Nr.:	Archiv-Nr.:
21	8916

Eltern: Albert a Louise geb. Kunz

Beruf: Typograph (Interimist. Tagwacht Redaktor) arbeitersekretär

Geburt: 1881 (16. April) in Wald (Zürich)
† 8.3.1958

Heimat: Hinweil (Zürich)

Wohnort: Bern (Neufeldstr. 26ᵃ) Basel Bern.

Ausgewiesen aus:

ROBERT GRIMM
auf dem Weg der Genesung

Signalement:
- Größe 1 m   Statur:
- Haare:
- Augenbrauen:
- Bart:
- Schnurrbart:
- Augen:
- Stirn:
- Nase:
- Mund:
- Zähne:
- Kinn:
- Gesicht.   Farbe:
- Sprache:

eckblatt einer Grimm-Fiche der Bundesanwaltschaft aus den zwanziger ahren (mit privatem Foto, das ein eifriger Zuträger sich zu beschaffen /usste, links). Auch als Magistrat (oben), als der Generalstreik-Führer zum räsidenten des Nationalrats und des Regierungsrates des Kantons Bern ufgestiegen war, wurde er noch kontrolliert. (11)

Schweizer Illustrierte Zeitung

Momentaufnahme vom Abtransport der russisch. Soviet-Gesandtschaft aus Bern.

Die Ausweisung der russischen Soviet-Gesandtschaft aus Bern.

Spezialaufnahmen für die „Schweizer Illustrierte Zeitung" von R. Vaucher.

..n, Jean Berzine (X), wird ..en Volksmenge geschützt.

Angelica Balbano

... in Bern, die vom Bundesrate ausgewiesen wurde, verläßt im Auto unter dem ...

usweisung des späteren prominenten kommunistischen Publizisten Willi
Münzenberg (sechster von links): Zum Abschied versammeln sich die füh-
enden Köpfe der Jungsozialisten auf dem Zürcher Platzspitz, auf der
Mauer stehend Fritz Platten, Ernst Nobs und Emil Arnold (von links). (13)

inke Seite: Unter der falschen Anschuldigung, den Generalstreik mit-
rganisiert zu haben, werden die Angehörigen der Sowjet-Mission in Bern
n November 1918 ausgeschafft. (12)

Abstimmungsplakate aus dem Jahr 1934: FDP-Bundesrat und EJPD-Chef Heinrich Häberlin will den Staatsschutz durch Beschränkung der Vereins- und Versammlungsfreiheit stärken. Das Volk lehnt, wie fast immer bei Staatsschutzvorlagen, ab. (14)

Wahrt eure Freiheit!

Lex Häberlin **NEIN**

Wilhelm Gustloff, Leiter der NSDAP Gau Schweiz, wird 1913 in Davos beerdigt. Die Bundesbehörden duldeten seine Aktivitäten. (16)

Linke Seite: «Motta, Bupo und Co. für Burgos – wir für Madrid»: Demonstration gegen einseitige Parteinahme der Bundesbehörden zugunsten der faschistischen Bürgerkriegspartei in Spanien im Jahre 1937 (oben), gegen ausländische faschistische Agitatoren 1936 (unten). (15)

Spionage- und Sabotagefall Reutlinger und Konsorten
Schematische Darstellung

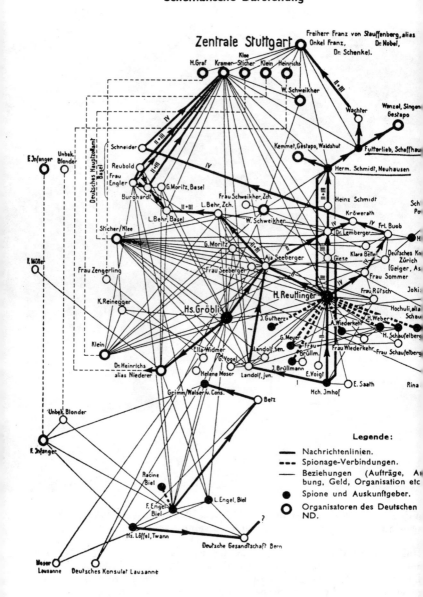

Bundesrat Eduard von Steiger amtet im Zweiten Weltkrieg und in den Nachkriegsjahren als oberster Staatsschützer (oben). Seinen Aufstieg in die Landesregierung bereiteten die Nazis vor. (18)

Linke Seite: Von der Bundesanwaltschaft minutiös rekonstruiertes Verräternetz: Nach dem Krieg legt der Bundesrat Rechenschaft ab über die Staatsschutzarbeit. Nazis und Fröntler wurden sehr genau beobachtet – zugegriffen allerdings wurde erst nach der deutschen Kapitulation. (17)

Otto Heusser, von der roten Stadtregierung 1928 abgesetzter Kommandant der Zürcher Stadtpolizei, richtet einen illegalen Aktentransfer zwischen dem «Schweizerischen Vaterländischen Verband» (SVV), der Stadtpolizei Zürich und der Bundesanwaltschaft ein. (19)

Neue Heerführer

Oberstdivisionär Eugen Bircher

Deutschland-Bewunderer und rechtsextremer Subversivenjäger aus Leidenschaft: Eugen Bircher, Oberstdivisionär, Arzt, Nationalrat und Spiritus rector des SVV (Karikatur aus dem «Freien Aargauer»). (20)

Franz Stämpfli, Bundesanwalt von 1916 bis 1948, prägte das Amt nach haltig (oben). Werner Lüthi (unten), Bundesanwalt von 1949 bis 195 stimmte den Staatsschutz auf den Kalten Krieg ein. (21)

Rechte Seite: Konrad Farner, Kunsthistoriker und PdA-Mitglied, wird 195 das prominenteste Opfer an der inneren Front: Rechtsbürgerliche Kreis hetzen den Mob auf seine Familie: «Er soll wissen, dass wir keine Ge meinschaft mit ihm haben.» (22)

ACHSAMKEIT!

Wir wollen frei sein von Verrätern!

An die Männer und Frauen von Thalwil

Leider wissen wir es erst seit kurzem: In unserer Mitte lebt und wohnt ein Todfeind der Demokratie. Einer, der seit Jahrzehnten kaum etwas anderes tut, als Klassenkämpfer im Sinne Moskaus auszubilden und alle Verbrechen der Imperialkommunisten zu beschönigen, ja zu verherrlichen. Man darf ihn mit recht als einen Handlanger Moskaus bezeichnen! **Er heißt Dr. Konrad Farner.**
Wir werden ihn und sein Tun Euch noch genauer vorstellen. Für heute nur dies: Dr. Farner ist der Ideologe der schweizerischen Kommunisten, das ist der Mann, der sie lehrt, wie man ahnungslose demokratische Mitbürger politisch übertölpelt, lähmt und versklavt.
Dieser Mann leitet kommunistische Schulungskurse für die Durchführung des Klassenkampfes, d. h. zur Erreichung einer Diktatur nach imperialkommunistischem Muster auch in der Schweiz.
Dr. K. Farner verteidigte die Verbrechen Stalins, wie er die Verbrechen in Ungarn öffentlich verteidigt. Er fährt von Zeit zu Zeit in die Oststaaten. Was macht er wohl dort? Dieser Dr. Farner, von dem man heute in Thalwil noch nicht weiß, woher seine Mittel kommen, wohnt in einem Hause, dessen Wert von über Fr. 100 000.— er versteuern sollte.
Wir werden Dr. K. Farner solange als einen Verräter an der Sache der Freiheit und Menschlichkeit bezeichnen, als er nicht an dieser Stelle in eindeutiger Weise zu den Vorgängen in Ungarn Stellung nimmt.
Vor allem aber wollen wir, nach allem, was wir wissen, einen solchen „Schweizer" aufs tiefste verachten. Es soll ihm nicht ans Blut und nicht ans Gut gehen — das denkt er *uns* zu! — aber er soll wissen und spüren, daß wir keinerlei Gemeinschaft mit ihm haben. Wir wollen keinem, der morgen schon unser Henker sein kann, heute die Hand geben, kein aufrechter Thalwiler soll ihn grüßen, keine aufrechte Thalwilerin ihn und seine Familie in den Läden von Thalwil bedienen.
Wer aber zwischen diesem Moskauhörigen und seiner Familie Unterschiede machen möchte, dem seien die in Ungarn gemordeten Kinder und Frauen in Erinnerung gerufen und das Schicksal, welches unsere Kinder unter imperialkommunistischer Herrschaft erleiden würden.
Wir wollen und können unser Dorf von diesem Totengräber der Freiheit säubern, der bis jetzt gelacht hat über die schafsköpfigen Demokraten. Wir wollen und können ihn in Acht und Bann tun an jedem Ort unserer Heimat, bis er endlich ins Land der gelobten Verbrechen zieht. Dann nämlich wird er für seine Auftraggeber nichts mehr wert sein!

Dieser Aufruf wird erlassen von der

Aktion »Frei sein« Thalwil

die an dieser Stelle vor allem auch an die Jugend appelliert, das Haus Mühlebachstraße 11, wo dieser Dr. K. Farner wohnt, nicht zu beschädigen, (gebt die Franken für Bußen und Wiederinstandstellung lieber der Ungarnhilfe).

Wir werden unsere Aufklärungs-Aktion über das Treiben dieses Dr. K. Farner in den nächsten Nummern dieser Zeitung fortsetzen.

Bundesanwalt René Dubois (rechts unten) erschiesst sich am 23. März 1957: Er war in die Falle getappt, die ihm der undurchsichtige französische Nachrichtendienstler Marcel Mercier (rechts oben) gestellt hatte. Hauptlieferant geheimer Unterlagen an die Franzosen ist allerdings Bundespolizei-Inspektor Max Ulrich (oben, mit Fliege), der zu dreissig Monaten Gefängnis verurteilt wird. (23)

Anfang der sechziger Jahre werden auch unabhängige kritische Menschen zu «Staatsfeinden»: Friedensmarsch mit Friedensapostel Max Dätwyler (24).

Rechte Seite: Studentendemonstration gegen die obersten Stadtzürcher Polizisten, Stadtrat Albert Sieber und Kripo-Chef Walter Hubatka (oben). Szene aus den Zürcher Globuskrawallen vom 29./30. Juni 1968 (unten): Gewalttätigste Auseinandersetzungen seit den dreissiger Jahren. (25)

Staatsschützer an der vordersten Front, der dem Terrorismus die internationale Vernetzung der Sicherheitsorgane entgegenstellt: CVP-Bundesrat Kurt Furgler (26)

Rechte Seite: Palästinensische Freischärler sprengen 1970 in der jordanischen Wüste eine Swissair-Maschine (oben).
Im Klima der Angst wird der Flugverkehr von Polizisten, nichtuniformierten «Tigers» und vom Militär gesichert (unten). (27)

Gegen Terroristen, Sex und Porno: Hans Walder, Bundesanwalt von 1968 bis 1972 (oben); Waffenlager der von Walder ausgehobenen Kommune an der Zürcher Bändlistrasse 73 – die Gruppe entpuppt sich als diffuser Klüngel ohne Schlagkraft. (28)

Anti-AKW-Gruppen werden auf Geheiss von Bundesrat Willi Ritschard überwacht. Polizisten schützen Atomkraftwerk-Gelände gegen Demonstranten. (29)

Zwei grosse Friedenskundgebungen ziehen 1981 und 1983 weit über 50 0
Menschen nach Bern. Die bunte Bewegung bleibt draussen vor dem Bu
deshaus. (30)

Rechte Seite: EJPD-Chef und Hardliner Rudolf Friedrich: «Die Fra
sollte aufgeworfen werden, wie sich die Friedensbewegung von der Schü
zenhilfe Moskaus distanzieren kann.» (31)
«Ein Mann einer anderen Generation»: Rudolf Gerber, Bundesanwalt v
1973 bis 1990, der sich in seine Dunkelkammer einmauerte (unten). (3

Am 24. November 1989 breitet die Parlamentarische Untersuchungskommission (PUK) die unglaubliche Dimension einer hundertjährigen Schnüffelarbeit aus (unten), am 3. März 1990 demonstrieren 35 000 Menschen auf dem Bundesplatz in Bern gegen den Überwachungsstaat (oben). Die Staatsschützer werden gezwungen, die Fichen (vgl. rechts) den Registrierten offenzulegen. (33)

| Gegenstand | Fiche Nr. |

E: Notiz über L., welcher am 25.5.82 beim DDR-Konsulat
Transitvisum verlangt hat. Machen einen Hilfstranspor
en. L. ist in Luzern mit Zweitdomizil in Liebefeld/BE
Liebefeld hat er sich jedoch nicht angemeldet.

BE: Bericht zu ▮▮▮▮ v. 10.11.82 - Besuch einer Studen
der UNI Wroclaw in Bern ; als Begleiter wurden festgeste
▮▮▮▮ - Dieser Besuch bei ▮▮▮▮ fand am 1
Vorgängig hatte ▮▮▮▮ eine Anzahl Gegenstände aus dem
seines Wagens ins Kanzleigebäude getragen. Es könnte sic
erflaschen gehandelt haben.

BE: Ermittlungen über Verantwortliche der Berner Regional
A (Gruppe Schweiz ohne Armee). Anhänger dieser Gruppe vor
m Kino Royal (gezeigt wurde 'The Day After') beil. Flugbl

von Kontaktpersonen der GSoA., Gruppe Bern, so L.

po BE: Ueberwachungsbericht. Gemäss ▮▮▮▮ und
▮▮▮▮ vereinbarte L. für den 18.5.84, 16 Uhr, ein RV
▮▮▮▮ in der russ. Botschaft in Bern.
fen wurde festgestellt. L. ist freier Journalist bei
«tra B". Er wollte ein Interview machen.

▮▮▮▮ L. besucht am 16.8.84 um 14.15 Uhr
▮▮▮▮ in der russ. Botschaft.

BE: Bericht zu einer Sendung von RADIO EXTRA BE,
Titel "Ausländer in der Schweiz". Zu diesem Thema
h auch ▮▮▮▮ äussern. Die Sendung
7.7.84 durch L. moderiert. In einem ▮▮▮▮
▮▮▮▮, Mitarbeiter von RADIO EXTRA BE er-
▮▮▮▮ ist offenbar auch ▮▮▮▮
zu den Radio-Leuten gekommen. Beilage: Verzeichnis
eiter von RADIO EXTRA BE.

▮▮▮▮ verabredet sich mit
für Donnerstag, 17.1.85 um 15.00 h bei ▮▮▮▮

L. begibt sich am 25.1.85 zu
Botschaft um eine K▮▮▮

Bildnachweis

Bildarchiv zur Geschichte der Arbeiterbewegung, Zürich (Roland Gretler)*, 2, 4, 6 links, 10 oben, 10 rechts, 12, 13, 15 links oben, 15 links unten, 22
Bildarchiv zur Geschichte der Arbeiterbewegung, Zürich (Roland Gretler)*, 3, 5, 7, 8, 9, aus: «Der neue Postillon»
Bundesarchiv, Bern, 6 rechts, 11 links
Bundesblatt, siehe Literaturverzeichnis, 17
Gautschi, Geschichte des Kantons Aargau, 1803–1953, Band III, 1978, 20
Michael von Graffenried, Bern, 26, 30, 32
Keystone Press, Zürich, 27 rechts unten
Eduard Rieben, 33 unten
Ringier Pressedienst, Zürich, 27 rechts oben
Dominique Uldz, 31
Schule für Gestaltung, Plakatsammlung, Zürich, 14
Weltwoche Bildarchiv, Zürich, 1, 11 oben, 16, 18, 19, 21 oben, 21 unten, 23 rechts unten, 23 rechts oben, 23 oben, 24, 25 rechts oben, 25 rechts unten, 28 oben, 28 unten, 29 oben, 29 unten, 33 oben

* «Alle Rechte vorbehalten; insbesondere das Recht des Nachdrucks in Zeitungen und Zeitschriften, des öffentlichen Vortrags, der Übertragung durch Radio und Fernsehen auch einzelner Texte und Bilder.»

Druck: Ueberreuter Buchbinderei
         und Buchproduktion Ges.m.b.H., Korneuburg
Printed in Austria